强责任时代

新证券法时代的上市公司监管与治理

曾 斌 金祥慧 ◎著

中国法制出版社
CHINA LEGAL PUBLISHING HOUSE

推 荐 序

注册制时代资本市场的新机遇新挑战

自2020年新《证券法》正式生效以来，资本市场深化改革迈向新的阶段，其中最引人注目的无疑是证券发行注册制的落实推进。推行注册制有助于提升市场包容性，扩大资本市场直接融资，畅通企业融资渠道，促进要素资源向具有潜力领域协同共聚，加快创新资本形成。正因如此，全面推行注册制将对中国资本市场深化改革、企业投融资体制改革、金融服务实体经济等多个方面带来重要影响，也使得资本市场优胜劣汰的功能得到更好发挥，进而推动经济高质量发展。

据证监会的最新数据，从2019年到2022年3月底，在注册制下发行上市共计649家公司，其中科创板404家，创业板245家，合计占新增上市公司的55%；战略新兴行业上市公司增加893家，总数已达2 165家，占上市公司家数的4成以上；境内上市公司共4 782家，总市值80.7万亿元，规模稳居全球第二；上市公司家数和市值与2018年底相比分别增长33.4%和85.3%；实体上市公司利润占规模以上工业企业利润的比重，由2018年的近4成增长到目前的约半数；上市公司缴纳的税费，相当于全国税收收入的1/4，上市公司在国民经济中的支柱地位更加彰显。

注册制改革对我国企业来说，既是机遇，也是挑战。全面注册制的核心是加强信息披露和全方位监管，这意味着证券监管机构将更加关注上市公司的合法合规运营，加大证券违法违规行为的追责力度，并压实“关键少数”的法律责任。对企业来说，则要在个体层面不断强化控股股东、实际控制人，特别是上市公司董事会及其他高管成员的规范意识，持续做好董监高的合规治理培训，提高财务报告质量，优化内部控制体系建设，形成敬畏法治和尊重上市公司治理规则的良好氛围。

提高对中介机构的监管和处罚力度，也是注册制的必然要求。申言之，在注册制下，企业的披露文件不会受到实质性审查，这就要求中介机构能够切实承担起“看门人”的责任。资本市场是我国资源配置的关键场所，而信息披露的全面、准确和完整则是资源有效配置的重要前提，因此中介机构应敬畏法律、尊重市场，在业务开展过程中勤勉尽责，在市场竞争中以更高的服务质量取胜。在我看来，在新《证券法》下，中介机构必须始终秉持职业操守，始终坚守专业性和独立性，做到“有所为”和“有所不为”。“有所为”，是指中介机构应当勤勉尽责、恪尽职守，严格依照相关业务规则为证券的交易及相关活动提供服务；“有所不为”，则要求证券机构严守保密义务和存档义务，严禁泄露投资者的个人信息，并确保出具的文件不存在虚假记载、误导性陈述或重大遗漏，同时杜绝内幕交易、利用未公开信息交易、进行虚假陈述或信息误导等证券违法违规行为。

具体到律师事务所，首先，我们要进一步强化对新《证券法》的学习，严格遵循新增义务和禁止性规定。其次，律师在发表法律意见时，要履行必要的核查验证程序，在获取足以支撑的证据材料后审慎作出判断。最后，律师事务所应加强内部风控管理，强化内部审核把关，强化执业规范的合规培训。

新《证券法》实施下的“强责任”要求已经成为我国资本市场改革和监管的主要方向，在这个意义上，曾斌博士团队的新书可谓恰逢其时。本书从规则、案例、数据三个方面对新《证券法》进行全面的解读，对证券法律实施和上市公司最新规则进行了全面梳理，针对新法实施后的“首例”案例进行剖析，对信披违规处罚、内幕交易、董监高责任险等最新问题也提供了观察视角。全书既具有学术理论高度，又包含了一线实务经验，是一本非常难得的兼具理论和实务型的著作。

浙江天册律师事务所是中国首批获得证券从业资格的律师事务所，一直深耕资本市场，先后服务上百家公司在境内外上市。曾斌博士团队加入天册深圳分所后，为天册资本市场和证券业务注入了新鲜力量，丰富了天册服务资本市场的专业领域。曾斌博士既有经济学和法经济学的本科和博士学习经历，对《证券法》和资本市场有着深刻的理解和长期研究，又有在深交所多年从事监管的实务经验，是一位难得的复合型、研究型、实务型专才。此次他携新书嘱我作序，我以为幸，并欣然应允。

章靖忠

浙江天册律师事务所主任

第九届中华全国律师协会副会长

2022 年 6 月

代　序[①]

A股强责任时代下的几点思考

近日，康美药业特别代表人诉讼案件（以下简称康美案）一审判决出台，巨石落地，一石激起千层浪。

康美案是新《证券法》实施以来按照《证券法》第95条第3款提起的第一例特别代表人诉讼，是由中证中小投服中心作为代表人起诉的第一例案件，其创造了最多原告人数（52 000余人）、最大民事赔偿金额（24.59亿元）的证券民事赔偿诉讼新纪录，是中国证券市场投资者保护制度发展历史上一项具有里程碑意义的事件。

A股强责任时代的来临

新《证券法》自2020年3月1日实施以来，围绕全面提高违法违规成本、从严打击证券违法的决心和力度已逐步显现，A股强责任时代来临。

2021年7月，中国证监会通报了适用新《证券法》进行虚假陈述信息披露违规处罚的三宗典型案例（宜华生活、广东榕泰、中潜股份），分别对实际控制人、高管等处以250万元至450万元不等的行政罚款，“信披违规60万”处罚的历史一去不复返。

回到康美案，广州市中级人民法院对康美药业作出的一审判决中，上市公司需承担24.59亿元的民事赔偿，同时对包括实控人马某田在内的21

---

① 本文主要部分发表于2021年11月17日“法经笔记”微信公众号。

反观A股市场，相关制度规定上市公司独立董事占比不低于1/3，而A股上市公司第一大股东平均持股比例超过30%，在股东大会平均参会比例不足50%的情况下，大股东在上市公司有绝对的话语权，独立董事选聘几乎完全掌握在大股东手中，此时独立董事是“被花瓶”的，很多时候难以撕下脸面去跟提名他们的大股东进行“抗争”，把“维护中小股东利益”的使命寄希望于独董显得过于理想化。

董责险能否成为救命解药?

康美案判决出炉，随之而来的是关于董责险的话题再次成为热议，到底怎么买、值不值得买、买了能不能保?这些都是上市公司最关心的话题，因为有风险存在的地方的确就有保险分散的必要。

中国A股董责险到底是个什么情况呢?笔者对2019年末新《证券法》出台后上市公司董责险购买披露的公告（共442家上市公司）进行了统计，A股上市公司购买董责险的保费支出主要在30万元至50万元，保额大致在5 000万元至1亿元左右，总体而言，费率处于比较低的状态。

从国际上董责险的覆盖率而言，境外的上市公司董责险覆盖率几乎是100%，而平均的保险费率已经达到15%左右，远远超过了A股的水平。可以预见的是，随着康美案的判决以及整体的违法违规成本提高，未来董责险在A股市场一定还有非常大的发展空间。但是，具体分析目前董责险在A股市场发展缓慢的原因可能有以下几个方面。

第一，保险条款复杂，大多数为外文翻译，无法满足A股市场的实际需要。目前，A股董责险条款大多为上市公司在境外上市时购买的英文版本董责险的直接翻译条款，语境和措辞方面与A股市场的实际情况存在一定差异，导致很多上市公司因为看不懂条款而不敢买。当然，目前国内也有个别保险公司推出了符合A股语境的保险条款，并进行了一定的优化，效果仍有待观察。

第二，实际赔付案例少，难以形成良好的示范效应。由于对董责险的购买和赔付等情形不属于强制披露的范畴，因此即便有公司真正获得了董责险赔付，可能也出于各种原因而不愿意披露，但是从笔者了解的情况看，过去20多年来，赔付案例极少。没有赔付案例会导致上市公司对于董责险购买后赔付的信心不足。

第三，长期以来违法违规成本较低，且被查处和发现的概率较低，上市公司购买动力不足。实际上，在新《证券法》颁布之前，上市公司董监高的履职风险即便存在，大多也只是声誉风险，实质的金钱损失太少以至于不值得用一个相对复杂的董责险进行分散。

随着强责任时代的来临，笔者认为董责险必须得到上市公司的重视，同时保险公司也必定会进行一定的优化。简言之，董责险对于故意违法犯罪或重大过失造成的损失是不保的，但是董责险在美国得以广泛采纳有两大制度因素：第一，美国的诉讼法律费用是上市公司遭遇违法违规后极大的一笔开支，而购买了董责险可以在公司被调查之日开始即享受由保险支付法律服务费用，帮助公司进行相应的调查和抗辩工作；第二，美国大多数证券违法行为都是通过和解进行结案的，因此保险公司对于非故意造假形成的民事赔偿通常都会给予赔付。

回到A股市场，以康美案为例，目前董责险赔付的一大障碍在于，大多数的民事赔偿都以中国证监会行政处罚为前提（至少在特别代表人诉讼案件中仍采用行政处罚前置），而在行政处罚决定书中，通常会将包括独董在内的非执行董事认定为存在重大过失等情形，且由于存在行政处罚，导致触发董责险的除外条款。因此，笔者认为，A股市场董责险未来一定要进行改造，应当突出保险公司对违规发生后法律服务费用的提供，同时对非故意违法的责任人员进行赔付的明确约定。

但在总体制度规范不变的情况下，独立董事们会选择辞职吗？辞职以后，制度不改，上市公司又去哪里找更多的独董呢？这或许只是公司治理、证券监管总体变革时代的一个缩影而已。

2022年3月，新《证券法》实施满两周年，在制度和实践层面得到全面落实，涉及注册制、信息披露、投资者保护、上市公司收购、证券违法处罚、特别代表人诉讼等首创制度依次落地，为资本市场改革发展奠定了良好的法制基础。本书围绕新《证券法》实施以来的配套制度与监管实践，以上市公司为核心视角，以数据和案例为依托，期待为资本市场的实务工作者和研究者提供参考。

本书为浙江天册（深圳）律师事务所资本市场争议解决团队的集体智慧结晶，参与本书写作和策划的成员包括金祥慧、董胜堂、景海蓉、黄捷、方荣杰。

本书为实务工作之余的学习与梳理，难免挂一漏万，敬请各位读者批评指正。

是为序。

曾　斌

2022年6月于深圳

缩略语表

简　称	全　称
全国人大	全国人民代表大会
全国人大常委会	全国人民代表大会常务委员会
最高院	最高人民法院
最高检	最高人民检察院
中国证监会	中国证券监督管理委员会
地方证监局	中国证券监督管理委员会地方监管局
深交所	深圳证券交易所
上交所	上海证券交易所
北交所	北京证券交易所
投服中心	中证中小投资者服务中心有限责任公司
中国结算	中国证券登记结算有限责任公司
证券业协会	中国证券业协会
《证券法》（2019 年修订）、新《证券法》	中华人民共和国证券法（2019 修订）
《证券法》（2014 年修正）	中华人民共和国证券法（2014 修正）
《证券法》（2005 年修订）	中华人民共和国证券法（2005 修订）
旧《虚假陈述规定》	《最高人民法院关于审理证券市场因虚假陈述引发的民事赔偿案件的若干规定》（法释〔2003〕2 号）
新《虚假陈述规定》	《最高人民法院关于审理证券市场虚假陈述侵权民事赔偿案件的若干规定》（法释〔2022〕2 号）

第一章

新《证券法》实施的制度优化与实践

第一节　新《证券法》修订概述

一、新《证券法》修订草案的审议过程

新《证券法》修订历时多年，数易其稿，围绕新法的学习和贯彻实施是当前的一项重要工作，本部分着重从《证券法》立法和修订历程出发，简要介绍与本次修法有关的历史和立法步骤，以及对《证券法》属性的几点思考，作为理解新《证券法》修订背景的参考。

从本次修法的历史看，《证券法》修订经历了一个较长的周期，证券法律或者说金融市场的法律均有一个特点，即都经历了“先发展，后规范”的过程。例如，美国《证券法》和《证券交易法》是分别在 1933 年和 1934 年颁布的，距今不足 100 年的历史，但如果按照 1792 年纽交所诞生之日算起，美国证券市场在 100 多年的历史中并未受到统一的《证券法》的规制。我国资本市场经历了相似的历史，A 股市场的历史可以从 1990 年沪深交易所分别开市交易作为起点，但我国的第一部《证券法》的制定始于 1993 年，在 1997 年亚洲金融危机爆发、各方呼吁加强金融监管的背景下，到 1998 年底才正式获得通过，并于 1999 年 7 月 1 日正式实施。

本次《证券法》的大修，主要是在 2005 年大修版本（自 2006 年 1 月 1 日起正式实施）基础上进行的，本次修法是对过去近 15 年证券市场相关发展和规范制度的吸收。严格来说，本次《证券法》修订是从 2011 年起进入前期评估工作，到 2013 年正式纳入了第十二届人大的立法规划，历时六年才正式通过。

任何一项法律的修订都是一次多方充分博弈的过程，既要考虑基础性制度的完善，也要应对在实践中产生的新问题、新情况，往往需要综合短期和远期、成本和收益、理论和现实等多维考虑。例如，本次《证券法》

修订就面临着股票发行注册制改革的重大任务目标，同时在修法过程中又遇到 2015 年的股市异常波动，也经历了 2016 年以来的上市公司控制权争夺事件；进入 2018 年以后，则面临有关全面提高违法违规成本的总体目标，这一系列的任务目标以及现实需求在整个立法过程中都影响着修法的进程和最后的条文设计。

就本次《证券法》修订的主要立法流程和审议情况而言，按照我国《立法法》的要求，一项法律的制定或修订包括法律案的提出、法律案的审议、法律案的表决、法律的公布四个阶段。《立法法》第 29 条第 1 款规定："列入常务委员会会议议程的法律案，一般应当经三次常务委员会会议审议后再交付表决。"本次《证券法》的修订最终经历了四读，比通常法律多"读"一次，有评论认为这是因为本次《证券法》修订经历了十二届和十三届人大，必须让第十三届人大常委会对法律有两次审议。值得注意的是，本次《证券法》的修订得到了前所未有的关注，但是 2015 年 4 月的"一读"和 2017 年 4 月的"二读"实际上都没有向社会公开全文，特别是"一读"之后发生了股市异常波动让法律修订进程放慢了下来，同时也将后续的修法理念调整为基于现行法律进行修订的有限目标模式，事实证明这一模式更好地凝聚了共识、加快了重点内容的修订和完善。借着科创板注册制试点的契机，2019 年 4 月终于在《证券法》草案中将注册制的内容进行明确表述，首次亮相于公众的"三读稿"提出了有关注册制的规定，但是采取了一种相对折中的"科创板注册制特别规定"的表述，当时也引发了较多讨论。随着 2019 年 6 月科创板正式运行，为注册制改革的相应制度安排提供了实践基础，有关注册制安排以及法律责任相关条文得到了进一步完善，2019 年 12 月新《证券法》最终顺利"四读"审议通过。

二、新《证券法》的修订亮点

本次修法是自 2005 年大修以来的又一次较大幅度的修订，与 2014 年小修后的《证券法》条文（240 条）相比，新《证券法》合计 14 章 226

条，比原法新增了信息披露和投资者保护两个专章；在条文方面，合计新增 24 个条文，删除了 24 个条文，对原法超过 150 个条文进行了修订，完全没有变动的条文仅有 50 条，是名副其实的“大修”。

2020 年 2 月 29 日，国务院办公厅印发《关于贯彻实施修订后的证券法有关工作的通知》，部署做好新《证券法》的贯彻实施工作，特别是对本次新《证券法》修订的核心内容进行了概括：将“作出全面推行证券发行注册制、显著提高证券违法成本、完善投资者保护制度、强化信息披露义务、压实中介机构责任等制度改革”作为本次修法的核心亮点。其中有以下几个方面的重点修订值得关注。

一是全面推行证券发行注册制度，完善相关发行制度。新《证券法》将股票发行从核准制调整为注册制，完善公开发行条件，明确依法实施员工持股计划人数不计算在 200 人之内；规定交易所审核公开发行制度；调整上市公司再融资制度；债券发行从核准制调整为注册制。此外，新增责令回购制度，中国证监会可以责令发行人、控股股东和实际控制人在不符合发行条件和程序等情形下履行责令回购责任。

二是显著提高证券违法违规成本。为了回应证券市场违法成本过低的问题，新《证券法》针对多个条文，从罚款倍数、罚款数额和罚款比例等方面加大行政处罚力度，将行政罚款倍数上限提高至十倍；大幅提升有关比例罚的罚款比例，对于擅自发行证券募集资金和欺诈发行的，规定罚款为所募资金 10%—100%，在提升下限的同时，扩大裁量范围；大幅提高罚款数额，如将欺诈发行的罚款数额提高到了 2 000 万元。

三是完善投资者保护制度。新《证券法》新增“投资者保护”专章，对投资者保护的相关内容增设了相应的制度，具体包括新增投资者适当性制度；明确区分了普通投资者和专业投资者，规定了证券公司在与普通投资者发生纠纷时承担举证责任；新增征集投票权制度、现金分红制度；在债券投资人保护方面，新增债券持有人会议制度和债券受托人制度；新增先行赔付制度和代表人诉讼制度，明确证券民事赔偿诉讼可实行集体诉讼制度。

四是证券交易场所自律监管制度的完善。新增交易所因突发事件、异常交易等履行临时处置措施时的民事责任善意豁免制度。法律中明确了证券交易所履行自律管理应维护公共秩序的原则，规定交易所在突发事件下进行技术性停牌和临时停市的职责，并规定了异常交易处理制度，以及交易所的民事责任“善意豁免”制度。

五是完善上市公司收购制度。新《证券法》完善了上市公司收购制度，包括限定权益披露股份种类，将计算权益变动的股份限制为“有表决权的股份”；调整收购权益披露和限售规定，将增减5%的限售期延长一天；增加5%以上股东每增减1%进行报告的要求，但不限制买卖，明确对于违反权益披露超比例买入的股份在36个月内限制表决权。在权益披露的内容方面，增加了有关收购资金来源的规定。完善要约收购制度，对于变更要约收购作出了四个方面的限制性规定，并允许要约中对于不同种类股份可以给出不同收购条件。此外，规定延长收购后的限售期，将收购后的股份限售期延长至18个月。

第二节　本次修订带来的影响

一、证券发行全面推行注册制

（一）优化证券发行条件

我国首部《证券法》自1998年12月29日发布，历经五次修改变化，但只有2005年10月和2019年12月对《证券法》的修订涉及对证券发行规定的修改，其余三次修正均未涉及。证券发行具体包括首次公开发行新股、上市公司发行新股、公司债券发行等内容。现以《证券法》关于证券发行的基本规定为主线，梳理如下。

证券发行一般指公司为筹集资金而向投资者出售股票、公司债券以及国务院规定的其他证券的活动，分为公开发行和非公开发行。非公开发行主要是指向一定数量的特定对象发行证券，比如公司内部股东、员工或相关专业机构等；公开发行主要是指向社会公众发行证券，由于涉及公众利益，《证券法》要对公开发行行为进行规制。

在我国首部《证券法》制定之前，实践中证券公开发行实行的是审批制。审批制是以行政为主导，通过额度管理或指标管理来实现的，即在宏观上制定当年度的证券发行总规模（额度或指标），在确定的规模范围内推选符合条件的公司，进行发行申报审核。我国首部《证券法》重申了证券公开发行的审批制，保留了公司债券发行的审批要求，同时也明确了股票公开发行的核准制，具有向证券发行逐步市场化迈进的趋势。

随着社会经济和资本市场的发展，2005 年修订后的《证券法》明确规定证券公开发行实行核准制。核准制一般指发行人发行证券要符合证券发行的条件，证券主管机关有权依照法律法规对发行人提出的申请材料进行审核，发行人得到核准以后，才可以发行证券。核准制取消了指标和额度管理，并引入证券中介机构承担相应职责，此制度是为了保证发行上市的证券和上市公司的质量，保护投资者合法权益，是符合我国当时资本市场发展水平的。相较于“行政强制色彩”浓厚的审批制，核准制已具有相当的进步性。

注册制是以信息披露为核心，市场化程度更高的证券发行方式。按照全面推行注册制的基本定位，新《证券法》对证券发行制度作出系统修订，为全面推行注册制打开了制度之门，主要体现在如下方面。

其一，全面推行证券发行注册制度。“全面”体现在无论是首次公开发行新股，还是上市公司发行新股，以及公司债券、存托凭证等证券的公开发行均实行注册制。同时授权国务院对“证券发行注册制的具体范围、实施步骤”进行规定，为实践中注册制的有序实施提供了依据，预留了空间。

其二，精简优化证券发行条件。新《证券法》将首次公开发行新股应当“具有持续盈利能力”的要求，改为“具有持续经营能力”，同时将“财务会计文件无虚假记载”及“无其他重大违法行为”等内容进行优化及具体化。此外，取消公司公开发行债券的净资产规模要求以及“累计债券余额不超过公司净资产 40%”的要求等，大幅度简化公司债券的发行条件。

不同《证券法》版本关于证券发行的规定，如表 1-1 所示。

表 1-1 不同《证券法》版本关于证券发行的规定

《证券法》版本	关于证券发行的规定
《证券法》（1999 年）	“公开发行证券，必须符合法律、行政法规规定的条件，并依法报经国务院证券监督管理机构或者国务院授权的部门核准或者审批；未经依法核准或者审批，任何单位和个人不得向社会公开发行证券。”
《证券法》（2005 年修订）	“公开发行证券，必须符合法律、行政法规规定的条件，并依法报经国务院证券监督管理机构或者国务院授权的部门核准；未经依法核准，任何单位和个人不得公开发行证券。”
新《证券法》（2019 年修订）	“公开发行证券，必须符合法律、行政法规规定的条件，并依法报经国务院证券监督管理机构或者国务院授权的部门注册。未经依法注册，任何单位和个人不得公开发行证券。证券发行注册制的具体范围、实施步骤，由国务院规定。”

（二）调整证券发行程序

在规定国务院证券监督管理机构依照法定条件负责证券发行申请注册的基础上，取消发审委制度。明确按照国务院和国务院证券监督管理机构的规定，证券交易所等可以审核公开发行证券申请，并授权国务院规定证券公开发行注册的具体办法。截至目前，根据新《证券法》第 9 条有关过渡衔接的规定，新法实施后 A 股市场公开发行的具体情况是注册制与核准制并行，上交所科创板和深交所创业板率先实行注册制审核，沪深交易所主板仍然实行的是核准制，全市场注册制落地正在紧锣密鼓地推进之中。

二、规范交易行为

（一）内幕交易

首先，新《证券法》丰富了内幕信息知情人的界定范围，第 51 条新增可能构成内幕信息知情人的主体包括：①与公司业务往来可以获取公司有关内幕信息的人员；②上市公司收购人或者重大资产交易方及其控股股东、实际控制人、董事、监事和高级管理人员；③因法定职责对证券的发行、交易或者对上市公司及其收购、重大资产交易进行管理可以获取内幕信息的有关主管部门、监管机构的工作人员。需要注意的是，在实践中还存在某些第三方人员，例如为公司并购重组提供融资服务的银行人员、提供勘探测量服务的专业技术人员等，此类人员往往因履行工作职责而知悉内幕信息。

其次，新《证券法》第52条、第80条、第81条对内幕信息的范围进行了扩展。在原有股票相关内幕信息方面，新增事项包括：①明确公司重大投资行为的标准，公司在一年内购买、出售重大资产超过公司资产总额百分之三十，或者公司营业用主要资产的抵押、质押、出售或者报废一次超过该资产的百分之三十；②公司提供重大担保或者从事关联交易；③董事长或者经理无法履行职责；④公司的实际控制人及其控制的其他企业从事与公司相同或者相似业务的情况发生较大变化；⑤公司分配股利、增资的计划，公司股权结构的重要变化，以及依法进入破产程序、被责令关闭；⑥涉及公司的重大仲裁；⑦公司的控股股东、实际控制人、董事、监事、高级管理人员涉嫌犯罪被依法采取强制措施；⑧公司债相关重大事项。关于我国证券监管机构对内幕交易作出的行政处罚分析，请见本书第四章。

（二）利用未公开信息进行交易

新《证券法》第54条、第191条新增关于利用未公开信息交易的规定。利用未公开信息交易一直是证券市场较为常见的违法行为，在过去，中国证监会对利用未公开信息交易案件作出行政处罚的主要依据为《证券投资基金法》的相关规定，本次修法为监管机构提供了更充分的法律依据。但是，新《证券法》对于争议较大的“未公开信息”的定义或范畴，仍未予以明确规定。

在行政责任方面，新《证券法》第191条第2款规定对于利用未公开信息交易的行政处罚依照内幕交易行政处罚相关规定进行，即对利用未公开信息交易的行为可以作出最高没一罚十的处罚，对于没有违法所得或违法所得低于50万元的，可以作出最高500万元的处罚；对于单位从事利用未公开信息交易的，对直接负责的主管人员和其他直接责任人员最高可作出200万元的处罚。就民事责任而言，原《证券法》① 仅对内幕交易、虚假陈述、操纵市场等证券违法行为作出了民事赔偿责任的规定，新《证券法》对利用未公开信息交易、编造传播虚假信息等违法行为也作出民事赔偿责任的规定。因此，利用未公开信息交易的单位或者个人可能面临投资者民事赔偿诉讼的风险。

（三）操纵市场

新《证券法》第55条新增四种操纵市场的类型，包括：①不以成交为目的，频繁或者大量申报并撤销申报；②利用虚假或者不确定的重大信息，诱导投资者进行证券交易；③对证券、发行人公开作出评价、预测或者投资建议，并进行反向证券交易；④利用在其他相关市场的活动操纵证券市场。

在行政责任方面，新《证券法》大幅提高了操纵证券市场违法的成本，第192条将操纵证券市场的罚款的上限提高：因操纵市场获利超过100万元的，没收违法所得，并处以违法所得一倍以上十倍以下的罚款（原来为一倍以上五倍以下的罚款）；没有违法所得或者违法所得不足100万元的，处以100万元以上1 000万元以下的罚款（原来为30万元以上300万元以下的罚款）；单位操纵证券市场的，还应当对直接负责的主管人员和其他直接责任人员处以50万元以上500万元以下的罚款（原来为10万元以上60万元以下的罚款）。

（四）短线交易

在违法主体方面，新《证券法》第44条将短线交易的规制主体扩展至股票在国务院批准的其他全国性证券交易场所交易的公司的董事、监

---

① 本书所指原《证券法》为《证券法》(2014年修正)。

事、高级管理人员、持有或者通过协议、其他安排与他人共同持有公司百分之五以上股份的股东，即新三板挂牌公司的董监高及持股5%以上的股东也不得从事短线交易。

在违法行为方面，新《证券法》第44条第2款在对相关股票持有认定上采用了“实际持有标准”，即行为人及其配偶、父母、子女持有的，以及其他行为人实际控制账户持有的股票或者其他具有股权性质的证券的，应合并计算，这对短线交易的累计交易量、交易金额、违法所得等重要金额的计算影响较大，实践中，中国证监会在短线交易的行政处罚中倾向于采用实际持有标准。

在交易对象方面，新《证券法》第44条将短线交易的对象扩展至“其他具有股权性质的证券”。因此，除了优先股、可转债之外，以上市公司、挂牌公司股票为主要成分股的ETF（Exchange Traded Fund，交易所交易基金）产品以及个股期权产品等也可能是规制对象，若相关人员在6个月内买入后卖出，或卖出后买入前述证券产品的，也可能构成短线交易。

在行政责任方面，根据新《证券法》第189条，短线交易行政处罚罚金幅度大幅提高，短线交易罚金下限从最低3万元提高到10万元，罚金上限从最高10万元提高到100万元。

（五）权益变动

新《证券法》中的规定不再是持有上市公司有表决权股份达5%的股东每减少或增加5%的表决权股份才需要披露，而是持股变动幅度每达到1%就要进行披露，持股股东需在变动事实发生的次日通知该上市公司，并发布相应的提示性公告进行披露。公告内容主要包括投资者名称和住所、权益变动时间、权益变动类型及方式、增持股份的资金来源（如有）以及变动前后投资者及一致行动人拥有上市公司权益的股份情况等信息。

此外，持有表决权股份达到5%的股东，此后其所持股份比例每发生5%的增减变动，在该变动事实发生之日起至公告后的3日内（此前规定为2日内），除中国证监会规定的情形外，不得再对该公司的股票进行买卖。

三、强化信息披露要求

（一）信息披露相关的规章制度修订

从国内外证券发展史来看，证券市场的规范总是随着信息披露制度的建立而完善。以美国为例，其证券市场经历的三次重大规制变革都是以信息披露在“真实、及时、完整”方面的低效率为导火索，又均通过信息披露体系的改革而实现。这三次重大变革分别是针对股票市场虚假信息披露盛行而出台的1933年《证券法》和1934年《证券交易法》；针对上市公司财务信息披露不足而出台的1964年《证券法修正案》、1970年《证券投资者保护法》、1978年《破产改造法》和1980年《财务会计准则公告》等；以及针对安然公司、世界通信公司、施乐公司等一系列上市公司信息披露违规事件而出台的2002年《萨班斯—奥克斯莱法》。同样地，我国证券市场在近20年的发展历程中，其信息披露制度建设大致可以分为三个阶段。①

1. 1992年以前的初创阶段

在这一阶段，证券市场的基础设施建设还不完善，证券市场尚未形成系统的信息披露规则，上市公司信息披露义务主要体现在一些地方性法规之中，法律规定较少。完善的法律法规的缺位导致内部交易盛行，并引发了投资者抗议舞弊行为的“8·10事件”。这一阶段以中国证监会的成立为结束标志，此后一系列约束信息披露的规章制度逐渐建立，中国证券市场开始逐步纳入全国统一监管框架。

2. 1992—2001年的发展阶段

1992年10月，中国证监会和国务院证券委等机构设立，开创了中国证券市场规范管理的新局面。1993年3月18日，中国证监会发布《关于股票公开发行与上市公司信息披露有关事项的通知》。2000年12月23日，中国证监会颁布《关于完善公开发行证券的公司信息披露规范的意见》，

---

① 参见《我国股票市场的信息披露规范历程分析》，证券市场投资管理，https：//www.zcaijing.com/zbsctzgl/235537.html，最后访问日期2022年1月10日。

意见中指出：“鉴于我国信息披露规范仍存在不少问题，集中精力，完善信息披露的规范已成当务之急。目标是形成一个公开透明、纲目兼备、层次清晰、易于操作、公平执行的信息披露规范体系。”此后，中国上市公司信息披露制度在探索和创新中走上了迅速发展和完善的道路。

3. 2001 年以来成熟和完善的阶段

尽管我国证券监管机构在不断地完善着上市公司的信息披露制度，但由于我国股票市场具有“新兴+转轨”市场背景特征，在高速发展阶段依旧遇到了许多问题，如“中科系”股票跳水事件、“基金黑幕”事件、银广夏造假事件、蓝田股份事件、郑百文事件、红光事件、琼民源事件、东方电子事件、通海高科事件等。无论是欺诈上市还是业绩造假，都使得市场投资者损失惨重，投资信心遭受重大打击，甚至多次出现大规模撤离股票市场的现象。因此，全国人大常委会执法检查组在 2001 年《证券法》实施情况的报告中指出：“信息披露不真实是上市公司招股、上市、配股和年报等工作中存在的一个比较普遍的问题。”2003 年 6—10 月，《中国证券报》和《上海证券报》也开展了有关我国股票市场是否被边缘化的讨论，对股票市场中存在的问题进行了一次全面的争论。

鉴于上述状况，也为了核准制的顺利实施，中国证监会根据国际惯例对信息披露规则进行了大规模的修订和完善，基本建立了一套适应中国国情的信息披露和监督制度，初步形成了以基本法规为主体，相关的行政法规、部门规章和自律性规范等文件为补充的全方位、多层次的上市公司信息披露制度框架。其中，基本法律主要是指《证券法》《公司法》《证券投资基金法》等商事法律，还包括《刑法》中的有关规定；行政法规主要包括《股票发行与交易管理暂行条例》《股份有限公司境内上市外资股的规定》《股份有限公司境外募集股份及上市的特别规定》《可转换公司债券管理暂行办法》《合格境外机构投资者境内证券投资管理暂行办法》《上市公司收购管理办法》《上市公司股东持股变动信息披露管理办法》等；部门规章主要是指中国证监会制定的适用于上市公司信息披露的制度规范，包括《公开发行股票公司信息披露实施细则》《禁止证券欺诈行为暂行办法》《证券市场禁入暂行规定》《股份有限公司境内上市外资股规定的实施细则》《公开发行股票公司信息披露的内容与格式准则》《公开发行证券的公司信息披露编报规则》等；自律性规则主要是指证券交易所制定的《股票上市规则》等。整个框架从原则性规范到操作性规范，从信息披露的内容、形式到手段，都作出了较为科学合理的规定。

如今，以新《证券法》的实施为契机，中国证监会再次对信息披露制度进行了完善。2021 年 3 月 19 日，中国证监会发布《上市公司信息披露管理办法（2021 年修订）》，自 2021 年 5 月 1 日起正式实施。除不再保留原来的“招股说明书、募集说明书与上市公告书”一章外，本次修订总体保持了 2007 年《上市公司信息披露管理办法》原有的框架结构。修订的主要内容包括以下几点。

其一，完善信息披露基本要求。新增简明清晰、通俗易懂原则，完善公平披露制度。同时细化自愿披露的规范要求，降低信息披露成本，明确信息披露义务人的范围等。

其二，完善定期报告制度。明确定期报告包括年度报告和半年度报告，有针对性地完善上市公司董监高异议声明制度，要求董事、监事无法保证定期报告内容的真实性、准确性、完整性或者有异议的，应当在董事会或者监事会审议、审核定期报告时投反对票或者弃权票。

其三，细化临时报告要求。补充完善重大事件的情形，完善上市公司重大事项披露时点，明确董事、监事或者高级管理人员知悉该重大事件发生时，上市公司即触发披露义务。

其四，完善信息披露事务管理制度。增加上市公司应当建立内幕信息知情人登记管理制度的要求，新增上市公司应当制定董监高对外发布信息的行为规范要求。

其五，进一步提升监管执法效能，完善监督管理措施类型，针对滥用异议声明制度专门设置法律责任。此外，还根据新《证券法》的相关规定，对个别文字表述作了调整。

（二）信息披露违法违规情况统计

据统计，2021 年度和 2020 年度信息披露违法违规行政处罚案件数量分别为 110 例和 114 例，[①] 具体事由涉及财务造假、资金占用、关联交易、违规担保等事项，违规情形表现为信息披露不真实、不准确、不完整、不及时、不规范等，处罚对象包括上市公司、控股股东及实际控制人、上市公司董监高和相关中介机构等。总体特征如下：其一，信息披露违法违规案件在全部案件中占比较高。2021 年信息披露违法违规案件共 110 例，仅次于内幕信息类案件，信息披露违法违规案件已成为证券行政监管的重点对象。其二，恶性财务造假案件时有发生，给市场造成的冲击、震撼较大。其三，财务造假、违规担保最为多发。2020 年和 2021 年信息披露违法违规统计情况如图 1-1 所示。

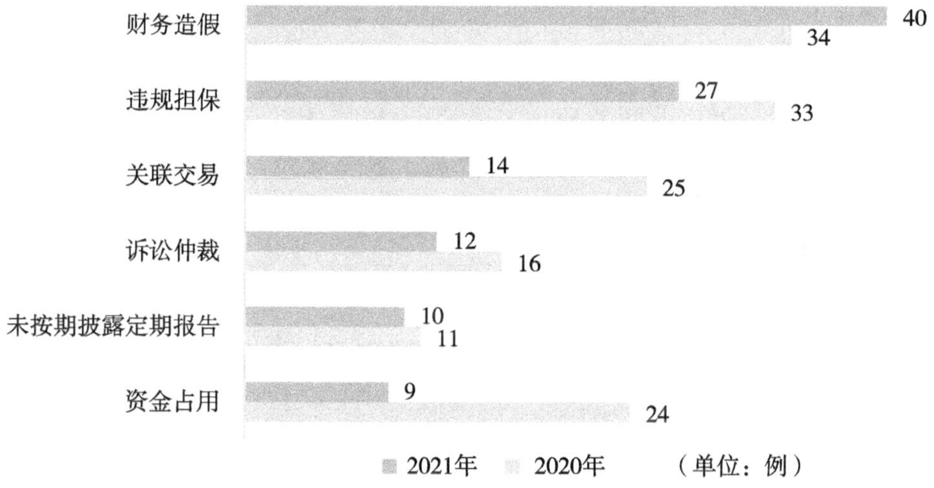

图 1-1 2020 年和 2021 年信息披露违法违规前六大事由[②]

图 1-1 显示了信息披露违法违规的前六大事由，其中，财务造假及违规担保事由更为集中、高发，已成为信息披露违法违规的重灾区。2022

---

① 数据来源：易董违规案例库，浙江天册（深圳）律师事务所整理。

② 一起信息披露违法违规案件可能同时对应多个违法事由，故违法事由涉及案件加总数量超过信息披露违法违规案件总数。

年2月18日，中国证监会通报了2021年案件办理情况，2021年以来财务造假违法手段演变升级，刻意利用新业态、新模式掩盖造假。供应链金融、商业保理等新业态逐渐成为造假新“马甲”。例如，有的公司借供应链金融之名，虚增收入562亿元、虚构利润47亿元；有的公司利用商业保理业务实施造假。部分财务造假案件涉及金额大、周期长，市场影响恶劣。例如，有的上市公司虚构大宗商品贸易虚增收入129亿元；有的公司打着涉密产品旗号与多家上市公司虚构业务；还有的公司在上市前即开始业绩造假，上市后其实际控制人还操纵公司股价非法获利。违法占用担保案件仍有发生，大股东通过多种方式套取公司资金。例如，有的实际控制人直接划转上市公司资金，伪造银行对账单隐瞒占用；有的实际控制人虚构工程款、投资款占用上市公司资金58亿元；还有的实际控制人未经公司董事会或股东大会审议，擅自以上市公司名义为关联企业提供担保，合计约18亿元。

（三）因信息披露违法违规被立案调查的情况统计

根据上市公司已披露公告统计，2021年度上市公司因信息披露违法违规被中国证监会立案调查的共计49起，具体名单如表1-2所示。

表1-2 2021年度因信息披露违法违规被中国证监会立案调查的企业名单①

序号	证券简称	证券代码	收到立案调查告知书日期/公告日期
1	广州浪奇	000523	2021年1月8日
2	*ST新亿	600145	2021年1月18日
3	*ST永林	000663	2021年2月19日
4	柏堡龙	002776	2021年3月18日
5	*ST北讯	002359	2021年5月7日
6	易见股份	600093	2021年5月14日
7	每日互动	300766	2021年5月21日
8	*ST利源	002501	2021年5月26日

① 此表证券简称以企业收到“立案调查告知书日期/公告日期”的简称为准。数据为来源于巨潮信息网上市公司公告信息，经作者整理。

续表

序号	证券简称	证券代码	收到立案调查告知书日期/公告日期
9	山东墨龙	002490	2021 年 6 月 1 日
10	斯太退	000760	2021 年 6 月 23 日
11	上海电气	601727	2021 年 7 月 5 日
12	*ST 科林	002499	2021 年 7 月 6 日
13	ST 新海	002089	2021 年 7 月 13 日
14	*ST 聚龙	300202	2021 年 7 月 13 日
15	仁东控股	002647	2021 年 7 月 13 日
16	杭州高新	300478	2021 年 7 月 30 日
17	深大通	000038	2021 年 9 月 3 日
18	ST 华钰	601020	2021 年 9 月 15 日
19	*ST 金洲	000587	2021 年 9 月 17 日
20	ST 中天	600856	2021 年 9 月 18 日
21	鹏欣资源	600490	2021 年 9 月 26 日
22	*ST 星星	300256	2021 年 9 月 29 日
23	雪松发展	002485	2021 年 10 月 12 日
24	ST 光一	300356	2021 年 11 月 5 日
25	新研股份	300159	2021 年 11 月 8 日
26	ST 林重	002535	2021 年 11 月 15 日
27	晋亿实业	601002	2021 年 11 月 19 日
28	中超控股	002471	2021 年 11 月 22 日
29	华虹计通	300330	2021 年 11 月 26 日
30	北特科技	603009	2021 年 11 月 26 日
31	*ST 腾邦	300178	2021 年 11 月 30 日
32	鼎胜新材	603876	2021 年 12 月 3 日
33	ST 步森	002569	2021 年 12 月 3 日
34	*ST 众应	002464	2021 年 12 月 3 日
35	*ST 澄星	600078	2021 年 12 月 7 日
36	江特电机	002176	2021 年 12 月 9 日

续表

序号	证券简称	证券代码	收到立案调查告知书日期/公告日期
37	*ST 实达	600734	2021 年 12 月 9 日
38	*ST 数知	300038	2021 年 12 月 9 日
39	中公教育	002607	2021 年 12 月 15 日
40	ST 海投	000616	2021 年 12 月 16 日
41	ST 海越	600387	2021 年 12 月 16 日
42	*ST 海航	600221	2021 年 12 月 17 日
43	*ST 基础	600515	2021 年 12 月 17 日
44	*ST 大集	000564	2021 年 12 月 17 日
45	*ST 美尚	300495	2021 年 12 月 23 日
46	*ST 环球	600146	2021 年 12 月 24 日
47	蓝盾股份	300297	2021 年 12 月 29 日
48	ST 奥马	002668	2021 年 12 月 30 日
49	ST 宏图	600122	2021 年 12 月 30 日

（四）新《证券法》下的信息披露违法处罚

与原《证券法》类似，新《证券法》第 197 条将上市公司信息披露违法行为分为两类：未按规定披露（一般理解为定期报告或临时公告未披露）以及虚假陈述（虚假记载、重大遗漏和误导性陈述）。不同于原《证券法》的是，新《证券法》在处罚金额以及主管人员和实际控制人责任方面做了区分，显著加重了虚假陈述方面的法律责任。

自新《证券法》实施以来，截至 2022 年 3 月初，适用于新《证券法》处罚的上市公司信息披露案例共 30 单（含 1 家退市公司以及 1 家申请精选层公开发行公司，部分处罚案例为事先告知阶段），其中，涉及定期报告未披露的共 5 单，涉及占用担保的共 18 单，涉及财务造假的共 17 单。①

30 个案例中，共有 14 个案例仅追究了上市公司责任。而在上市公司被

① 参见《小议新〈证券法〉下上市公司信息披露处罚案例》，法经笔记微信公众号，最后访问日期 2022 年 3 月 10 日。

追究责任的29个案例中，上市公司被处罚金额平均为262.5万元，罚金最高达1 000万元，最低为50万元。在剔除单纯的定期报告及临时公告未披露的情形，上市公司涉嫌财务造假或占用担保的，平均处罚金额高达321万元。

在追究了控股股东、实际控制人责任的16个案例中，平均处罚金额达460万元。考虑到部分案例中存在双罚的情况，剔除其中作为直接负责的主管人员的处罚金额后的平均处罚金额为337.78万元。可以看出，对于控股股东及实际控制人追责的力度明显高于对公司的处罚力度。

近几年，监管机构一直提倡精准执法，抓住关键少数。康美案也掀起了对于董监高责任追究精准化的社会讨论。从案例来看，在证券执法中，对于董监高“一网打尽”的情况开始变少，在责任确定中逐渐精细化，部分案例中还明确解释了公司的过失问题。但精准执法并不是一味地放松，而是张弛有度、松紧结合。在每日互动案中，为冲业绩而虚构合同的业务人员被认定为负直接责任的主管人员；在八菱科技案中，违规担保主体的子公司董事长被认定为直接责任的主管人员。

总体来看，该30起适用新《证券法》的案例均涉及2020年3月后的违规行为，除少数未按期披露定期报告、临时公告存在虚假记载等明确的、单次的披露违规行为，多数为连年的信息披露违规行为，但也存在违规行为认定的逻辑、法条适用逻辑两方面的不一致。

此外，在这30起信息披露违法处罚案例中，共有29名监事及31名独立董事被处罚，平均处罚金额分别为72.07万元及39.35万元。部分有关责任人员同时被监管机构采取市场禁入措施，共涉及11家上市公司，31人次；其中，24人被采取3—10年不等的市场禁入措施，7人被采取终身市场禁入措施。

四、完善证券退出机制

（一）退市机制的完善

关于退市，原《证券法》第55条、第56条、第60条、第61条分别规定了股票、公司债券先暂停上市、后终止上市的程序及其暂停上市、终止上市的具体情形。

对此，新《证券法》第48条第1款规定："上市交易的证券，有证券交易所规定的终止上市情形的，由证券交易所按照业务规则终止其上市交易。"新《证券法》将原《证券法》的规定进行了修改，简化了退市程序，取消了股票、公司债券暂停上市的规定，不再规定股票、公司债券终止上市的具体情形，授权证券交易所按照其业务规则来进行规定。

新《证券法》的相关规定实际上是为将来完善退市制度预留了充足的制度空间。目前，证券交易所已就退市制度规则的衔接作出相应安排。对于已经实行注册制的科创板与创业板，关于其退市制度的规范分别体现于上交所于2019年4月发布的《上海证券交易所科创板股票上市规则》以及深交所于2020年6月发布的《深圳证券交易所创业板股票上市规则》，两者均设置了专章对退市制度进行详尽规定，包括退市类型、听证与复核、退市整理期等退市制度的核心内容。

2021年11月19日，沪深交易所分别发布《上海证券交易所上市公司自律监管指南第2号——财务类退市指标：营业收入扣除》《科创板上市公司信息披露业务指南第9号——财务类退市指标：营业收入扣除》《深圳证券交易所上市公司业务办理指南第12号——营业收入扣除相关事项》《深圳证券交易所创业板上市公司业务办理指南第13号——营业收入扣除相关事项》，明确财务类退市指标中营业收入具体扣除事项，提升财务类退市指标可执行性，落实落细退市新规，并进一步防止"壳公司"利用非经常性损益规避退市。

根据各板块《股票上市规则》，现行退市类型可分为强制退市和主动终止上市。其中，可引发上市公司强制退市的情形主要有四大类：其一，重大违法强制退市，例如上市公司欺诈发行、重大信息披露违法等。其二，交易类强制退市，例如上市公司连续20个交易日股票收盘价均低于1元等。其三，财务类强制退市，例如上市公司明显丧失持续经营能力，财务指标不符合上市交易标准等。其四，规范类强制退市，例如上市公司未在法定期限内披露年度报告或者半年度报告等。

（二）退市情况的统计

据统计，2021 年共 20 家 A 股上市公司退市，具体名单如表 1-3 所示。其中，7 家公司为财务类退市，6 家为面值退市，3 家因被吸收合并退市，2 家因重大违法强制退市。此外，还有 1 家选择主动退市，1 家申请恢复上市未被受理。[①] 回顾这一年，A 股退市制度虽然在不断完善，但退市企业数量却并未出现明显增长。这或许是因为，退市新规刚刚落地，退市制度的效应还未完全体现。预计自 2022 年起，退市企业数量会有所上升。

表 1-3 2021 年 A 股退市企业名单[②]

序号	证券简称	证券代码	退市日期	退市类型
1	首商股份	600723	2021 年 10 月 22 日	被吸收合并退市
2	葛洲坝	600068	2021 年 9 月 13 日	被吸收合并退市
3	天翔退	300362	2021 年 8 月 30 日	申请恢复上市未被受理
4	斯太退	000760	2021 年 7 月 23 日	重大违法强制退市
5	北讯退	002359	2021 年 7 月 23 日	财务类退市
6	退市鹏起	600614	2021 年 7 月 21 日	财务类退市
7	退市富控	600634	2021 年 7 月 21 日	财务类退市
8	欧浦退	002711	2021 年 7 月 15 日	财务类退市
9	*ST 信威	600485	2021 年 6 月 1 日	财务类退市
10	康得退	002450	2021 年 5 月 31 日	重大违法强制退市
11	退市秋林	600891	2021 年 5 月 12 日	财务类退市
12	长城退	002071	2021 年 5 月 7 日	面值退市
13	退市工新	600701	2021 年 4 月 30 日	财务类退市
14	天夏退	000662	2021 年 4 月 12 日	面值退市
15	*ST 成城	600247	2021 年 3 月 22 日	面值退市

① 参见《盘点 A 股 2021 丨退市新规落地将满一年 20 家上市公司已黯然离场》，封面新闻百家号，https：//baijiahao. baidu. com/s？ id=1720097979323243199&wfr=spider&for=pc，最后访问日期 2021 年 12 月 25 日。

② 此表证券简称以企业收到“立案调查告知书日期/公告日期”的简称为准。数据为来源于巨潮信息网上市公司公告信息，经作者整理。

续表

序号	证券简称	证券代码	退市日期	退市类型
16	＊ST 宜生	600978	2021 年 3 月 22 日	面值退市
17	＊ST 航通	600677	2021 年 3 月 18 日	主动退市
18	退市金钰	600086	2021 年 3 月 17 日	面值退市
19	退市刚泰	600687	2021 年 3 月 3 日	面值退市
20	营口港	600317	2021 年 1 月 29 日	被吸收合并退市

五、加大投资者保护力度

新《证券法》新增第六章“投资者保护”专章，共 8 个条文，作出了许多颇有亮点的安排。例如，第 88 条和第 89 条区分了普通投资者和专业投资者，有针对性地作出投资者权益保护安排；第 90 条建立了上市公司股东权利代为行使征集制度；第 91 条完善了上市公司现金分红制度；第 92 条规定了债券持有人会议和债券受托管理人制度；第 93 条、第 94 条、第 95 条分别增设了先行赔付制度，建立了普通投资者与证券公司纠纷的强制调解制度及代表人诉讼制度。

（一）完善征集代理权制度

新《证券法》第 90 条对公开征集投票权制度作出了完善，主要体现在以下四个方面。

其一，在法律层面确立了征集投票权行为的合法性。现行立法中，我国《公司法》规定股份有限公司可以委托代理人出席股东大会，但未明确表决权的征集制度，与其相关的内容主要散见于行政法规和部门规章中。新《证券法》的修订，以法律的形式确立了表决权公开征集制度，也为中国证监会根据实践出台更为详细的实施细则，为投票权征集实践活动提供具有可操作性的规范奠定了基础。

其二，确立了投资者保护机构公开征集主体的法律地位。新《证券法》在现有立法规定的“公司董事会、独立董事和符合相关规定条件的股东”为征集对象范围的基础上，确立了投资者保护机构公开征集主体的法律地位。就目前我国的投资者保护机构而言，主要承担这一职能的为投服中心，相较于中小投资者，投服中心具备专业的人才和资金保障。在以往的持股行权实践中，由于持股比例较低，投服中心部分行权意见未得到有关上市公司的重视。新《证券法》明确赋予了投服中心开展公开征集股东权利的资格，也有利于投服中心进一步开展与保护中小投资者利益相关的工作。

其三，对信息披露规定了原则性的要求。新《证券法》明确征集股东权利的，征集人应当披露征集文件，上市公司应当予以配合。征集文件不应是实践中常见的“征集公告”，而应该是详细披露征集相关内容的报告书。

其四，明确违规征集的法律责任。新《证券法》第 199 条规定，违规征集股东权利的，监管部门可以责令改正，给予警告，可以处 50 万元以下的罚款。这进一步明确了公开征集投票权的相关法律责任，为中国证监会后续的持续监管以及股东的救济提供了法律支持。

（二）增设先行赔付制度

新《证券法》第 93 条增设了先行赔付制度。先行赔付指投资者若因为发行人的欺诈发行、虚假陈述或者其他重大违法行为而遭受损失的，则“发行人的控股股东、实际控制人、相关的证券公司可以委托投资者保护机构，就赔偿事宜与受到损失的投资者达成协议”，先行向投资者进行赔付，赔付后其可依法对发行人及其他连带责任人进行追偿。先行赔付可以及时有效地赔偿投资者损失，优化证券民事救济路径，先行赔付制度入法具有相当的积极意义。

目前，我国资本市场关于先行赔付的案例共计 3 起，分别为 2013 年的万福生科案、2014 年的海联讯案及 2017 年的欣泰电气案。2013 年的万福生科案开创了我国资本市场先行赔付的先河，平安证券作为万福生科的保荐机构及主承销商，出资 3 亿元设立“万福生科虚假陈述事件投资者利益补偿专项基金”，并委托中国证券投资者保护基金有限责任公司担任基金管理人，设立网上和网下两种方案与适格投资者实现和解，最终受偿投资者占比超过95%，补偿金额占比超过99%。后续的海联讯案和欣泰电气案分别由控股股东、保荐机构及主承销商出资设立专项基金，均达到了较好的效果，高效率地保障了投资者的合法权益。①

（三）完善证券民事诉讼赔偿机制

新《证券法》通过进一步优化证券民事赔偿诉讼机制，强化了资本市场相关主体责任的落实。从新《证券法》确立代表人诉讼机制到最高人民法院出台《关于证券纠纷代表人诉讼若干问题的规定》，再到2022年1月出台新《虚假陈述规定》，从程序到实体规则层面全面优化了证券民事赔偿诉讼机制，具体变化如下。②

其一，证券虚假陈述行为的扩展。新《证券法》第197条将信息披露违规分为“未按规定报送有关报告或者履行信息披露义务”和“信息披露存在虚假记载、误导性陈述、重大遗漏”两种情形，新《证券法》第85条规定对于上述两种情形信息披露义务人均应当承担赔偿责任。新《虚假陈述规定》对于“证券市场虚假陈述”的定义涵盖了“信息披露存在虚假记载、误导性陈述、重大遗漏”等情形，并明确新《证券法》第85条规定的“未按照规定披露信息”，是指信息披露义务人未按照规定的期限、方式等要求及时、公平披露信息。从目前司法实践看，暂无以“未按规定报送有关报告或者履行信息披露义务”为由提起虚假陈述民事索赔并被法院支持的司法案例。因此，新《证券法》实施后，对于因“未按规定报送有关报告或者履行信息披露义务”应当承担赔偿责任的情形，司法机关在个案审理中应予以充分关注。

其二，证券民事赔偿责任主体范围的变更。按照之前《证券法》规定，承担民事赔偿责任的主体主要是发行人和上市公司，导致司法实践中

① 参见《新〈证券法〉宣传系列之十：先行赔付制度入法》，投服中心微信公众号，最后访问日期2020年1月15日。

② 参见《新〈证券法〉实施：了解新法对证券民事诉讼制度的六大新安排》，北京市第一中级人民法院，https://bj1zy.chinacourt.gov.cn/article/detail/2020/03/id/4828912.shtml，最后访问日期2022年1月15日。

对于某些被处罚的信息披露义务人是否应当承担民事赔偿责任，存在争议。新《证券法》第85条将未依法履行披露信息义务应当承担证券民事赔偿责任的主体统一规范为“信息披露义务人”。但新《证券法》未对“信息披露义务人”的主体范围作出明确规定，哪些主体具有信息披露义务仍散见于法律法规及规章之中。因此，对于因信息披露违法行为承担证券民事赔偿责任的案件，人民法院需结合案件情况及法律法规、部门规章的规定，对“信息披露义务人”范围作出准确解释。

其三，控股股东、实际控制人归责原则的变化。新《证券法》第85条对实际控制人、控股股东的责任由“过错原则”改为“过错推定原则”，强化控股股东、实际控制人的及时告知与协助披露义务。实际控制人、控股股东与上市公司董监高一样，也将成为虚假陈述的民事索赔对象，而无需投资者证明其对违规有过错。实际控制人、控股股东若想免责需“自证清白”。归责原则的变化加重了实际控制人、控股股东的证明责任，减轻了投资者的举证责任，提高投资者追责索赔的便利性。控股股东、实际控制人若一并被行政处罚，投资者起诉的同时将列控股股东、实际控制人为共同被告。

其四，证券公司中介责任的强化。新《证券法》第88条确认了证券公司向投资者销售证券、提供服务时，应当如实说明证券、服务的重要内容，充分揭示投资风险，未提供充分告知导致投资者损失的，证券公司应当承担相应的赔偿责任。新《证券法》第89条区分了普通投资者和专业投资者，普通投资者与证券公司发生纠纷的，证券公司应当证明其行为符合法律、行政法规以及国务院证券监督管理机构的规定，不存在误导、欺诈等情形；证券公司不能证明的，应当承担相应的赔偿责任。投资者适当性管理与举证责任倒置相结合极大地压实了证券市场“看门人”的责任，事前保护让投资者获得足够信息购买合适产品，事后减轻举证责任，解决了投资者因专业知识所限等因素而导致的信息不对称及举证能力不足的问题。

其五，证券民事赔偿纠纷审理模式的丰富。证券民事赔偿诉讼的困难在于受害投资者人数众多，单个受损金额又很少，传统“一案一立、分别审理”的诉讼模式严重制约了审判效率的提高。新《证券法》第95条明确规定了证券民事赔偿诉讼可以采用代表人诉讼制度；投资者保护机构受50名以上投资者委托采用“默示加入、明示退出”的中国式集团诉讼制度。因此，未来证券民事赔偿诉讼案件可采用“一案一审”“多案合并审理”“人数确定的代表人诉讼”“人数不确定的代表人诉讼”“投资者保护机构代表诉讼”多种审理模式。此外，新《证券法》第94条规定普通投资者与证券公司发生证券业务纠纷，普通投资者提出调解请求的，证券公司不得拒绝。因此，实践中证券民事赔偿纠纷案件的审理模式和纠纷解决机制都将更加多元。此前，证券民事诉讼以虚假陈述案例为主，涉及内幕交易和操纵市场的案件极少。截至目前，内幕交易案件民事索赔成功的仅有2015年投资者诉光大证券内幕交易案。恒康医疗案则是在投服中心的支持下，首例操纵市场民事索赔成功的案例。

（四）确立投资者保护机构的法律地位

2014年12月，中国证监会设立直属公益投资者保护机构——中证中小投资者服务中心有限责任公司（以下简称投服中心）。2016年7月，投服中心向“匹凸匹”公司提起全国首例证券虚假陈述民事赔偿支持诉讼，开启了公益投资者保护机构帮助中小投资者维权的全新模式。虽然投服中心的证券支持诉讼已初有成效，但支持诉讼方主体地位缺失导致诉讼效果仍十分受限。新《证券法》规定投资者保护机构有五个方面的法定权力（新《证券法》第90条、第94条、第95条）。

1. 第90条赋予了投资者保护机构征集代理权的资格。

2. 第94条第1款规定了投资者保护机构的强制调解权。作为中国证监会批准设立的我国唯一跨区域、跨市场的全国性证券期货纠纷专业调解组织，中证资本市场法律服务中心于2020年5月15日在上海正式揭牌成立。

3. 第94条第2款规定了投资者保护机构支持诉讼权。

4. 第94条第3款规定了投资者保护机构的特别派生诉讼权。

5. 第95条第3款规定了投资者保护机构的特别代表人诉讼的诉讼代表人资格。

六、健全多层次资本市场体系

（一）推进创业板注册制改革

创业板是与主板市场不同的一类证券市场，又称二板市场，是专为暂时无法在主板上市的创业型企业、中小企业和高科技产业企业等需要进行融资和发展的企业提供融资途径和成长空间的证券交易市场。创业板是对主板市场的重要补充，在资本市场占有重要的位置。

创业板与主板市场相比，上市要求往往更加宽松，主要体现在成立时间、资本规模、中长期业绩等要求上，其特点就是低门槛进入，严要求运作，有助于有潜力的中小企业获得融资机会。在创业板市场上市的公司大多从事高科技业务，具有较高的成长性，是一个孵化科技型、成长型企业的摇篮。

2020年4月27日，中央全面深化改革委员会第十三次会议审议通过了《创业板改革并试点注册制总体实施方案》。2020年6月12日，中国证监会正式发布创业板改革并试点注册制相关制度规则。与此同时，中国证监会、深交所、中国结算、证券业协会等发布了相关配套规则。2020年6月15日起，深交所开始受理创业板在审企业的首次公开发行股票、再融资、并购重组申请。至此，创业板改革和注册制试点正式拉开序幕。这是继上交所设立科创板并试点注册制后，我国资本市场深刻变革征程中迎来的又一关键节点。具体来说，创业板注册制改革的影响包括以下几点。①

1. 对各市场参与方的影响

整体来看，改革后的创业板发行主体、审核机构、保荐机构等各参与方及其角色与科创板较为相似又稍有不同。

---

① 参见《简话创业板注册制改革对普通投资者和上市公司的影响》，投服中心微信公众号，最后访问日期2022年1月15日。

其一，相对于科创板的六大领域来说，创业板采用行业负面清单管理，所服务行业更为广泛。

其二，创业板也将上市审核权限下放至交易所层面，并设置产业背景更为显著的行业咨询专家库为发行人的定位、产业的发展等提供咨询意见。

其三，创业板并未要求保荐机构全面跟投，保荐机构仅需跟投四类特殊企业。

2. 对普通投资者的影响

其一，提高了创业板的开通门槛。在原来的 24 个月 A 股交易经验的条件上，增加了申请权限开通前 20 个交易日证券账户及资金账户内的资产日均不低于人民币 10 万元的要求。

其二，简化了开通流程。原创业板规则中设置有冷静期，冷静期过后投资者方可正式开通创业板，新的规则直接取消了冷静期要求；原创业板规则要求投资者前往营业部现场进行办理，而新规则开通了电子渠道这一新方式，并且要求各券商在 2 个月的过渡期内完成相关技术系统改造。

其三，创业板老投资者整体不受太大影响。《深圳证券交易所创业板投资者适当性管理实施办法（2020 年修订）》实施前已开通创业板交易权限的投资者不受影响，可以继续参与创业板股票交易。但参与注册制下创业板股票发行申购、交易前，存量普通投资者应当重新签署新版《创业板投资风险揭示书》。

3. 对上市公司的影响

其一，在创业板注册制定位方面，明确鼓励创新企业上市。对于不能在创业板上市的企业的所在行业设置了负面清单，主要服务成长型创新创业企业，并支持传统产业与新技术、新产业、新业态、新模式深度融合。

其二，在交易规则方面，IPO（首次公开募股）前 5 个交易日不设涨跌幅限制，此后单日涨跌幅限制在 20%以内，且 800 多只存量个股同步实施；新股上市首日起可作为两融标的；允许收盘价定价交易等。总而言之，创业板涨跌幅限制、盘中异常波动、盘后定价交易等交易规则都更加宽松和开放。

其三，在发行方面，优化审核注册程序，压缩审核注册期限，改革后的创业板发行上市审核流程与科创板基本一致，从交易所受理上市申请到中国证监会作出同意注册的决定，审核时间压缩至 3 个月内，其中审核机构的审核时限和回复时限均有规定，企业从申请、审核到注册的时间可预期。审核标准、程序、内容、过程公开透明，深入贯彻以信息披露为核心的注册制理念，建立以机构投资者为参与主体的询价、定价、配售等机制等。同时，就发行上市标准而言，针对一般盈利企业的上市条件，科创板在引入市值指标的同时作出了更具包容性的调整：发行人只需要满足净利润、市值+营业收入+净利润、市值+营业收入三项标准之一即可。相比于科创板，创业板在上市标准的设置上体现了与科创板的差异化发展：创业板上市标准更加看重营利性，仅就市值超过人民币 50 亿元的一般盈利企业不设置盈利要求，但仍设置了近一年营业收入不低于人民币 3 亿元的限制。而对红筹企业及表决权差异安排企业，创业板在明确了“营业收入快速增长”具体标准的同时，相对科创板还增加了“最近一年净利润为正”的要求。

其四，在再融资方面，创业板上市公司再融资同样适用注册制，审核流程上沿用了首发审核模式，但各环节时限均有压缩。从审核总时长来说，交易所需要在受理申请文件的 2 个月内出具审核意见，中国证监会需要在 15 个工作日内对注册申请作出决策，与首发审核期限相比显著缩短。而对于符合相关规定的上市公司申请向特定对象发行股票的适用简易程序，交易所审核时限压缩至 3 个工作日。

其五，在重大资产重组方面，上市公司实施重大资产重组、发行股份购买资产，由交易所发行上市审核机构会同重组审核机构进行联合审核并出具审核报告。涉及重组上市的，还需由上市委员会出具审议意见。对于不涉及股份发行的重大资产重组及重组上市，无需上报中国证监会审核。此外，本次改革还对标的资产涉及表决权差异安排、红筹架构的情况进行规定，简化审核流程并设置“小额快速”通道，进一步提升审核效率。另外，此次创业板改革对于并购重组的协同效应不做强制要求：在信息披露充分的前提下若标的资产符合创业板定位，则无需具备协同效应。

其六，在退市方面，完善退市机制，例如简化了退市程序，取消暂停上市和恢复上市、新增市值退市指标等，并且设置了退市风险警示暨＊ST制度，强化风险揭示。具体而言，改革后创业板退市机制包括交易类强制退市、财务类强制退市、规范类强制退市和重大违法强制退市。其中，交易类强制退市在原有指标基础上增加了市值和股东人数指标，并对红筹企业交易类指标作出安排；财务类强制退市将连续亏损指标改为亏损+营业收入低于1亿元复合指标，并将退市触发年限缩至2年。整体加速了市场精准、快速出清一些经营状况欠佳、资不抵债的空壳公司。

（二）深化新三板改革

2020年5月27日，国务院金融稳定发展委员会办公室提出的11条金融改革措施之一为出台《关于全国中小企业股份转让系统挂牌公司转板上市的指导意见》（以下简称《转板上市指导意见》），加快推进新三板改革，积极稳妥实施公开发行，选择符合条件的企业作为精选层，允许公募基金投资，建立新三板挂牌公司转板上市机制，明确转板范围、条件、程序等基本要求，充分发挥新三板市场承上启下的作用，加强多层次资本市场的有机联系。2020年6月3日，中国证监会正式发布《转板上市指导意见》，在精选层连续挂牌一年以上，符合转入板块上市条件的公司，可以申请转板到科创板或创业板上市。2020年7月27日，精选层正式设立并开市交易，首批32家精选层公司挂牌，标志着此次新三板全面深化改革的主要措施全部落地实施。

在2021年2月22日北京市金融工作座谈会上，中国证监会主席在讲话时再次提出“深化新三板改革”，这也是继2021年1月28日，2021年中国证监会系统工作会议上提出“进一步深化新三板改革”后一个月内，中国证监会第二次就新三板改革发声。2021年2月26日，沪深交易所分别发布《全国中小企业股份转让系统挂牌公司向上海证券交易所科创板转板上市办法（试行）》、《深圳证券交易所关于全国中小企业股份转让系统挂牌公司向创业板转板上市办法（试行）》（以下简称《转板上市办法》）。2021 年 7 月 23 日，沪深交易所发布精选层转板上市配套业务规则，为转板上市进入落地实施阶段进一步明晰实操路径。2021 年 11 月，新三板精选层公司随着北交所的设立已全部平移至北交所，实行注册制。2022 年 3 月 4 日，为细化落实《中国证监会关于北京证券交易所上市公司转板的指导意见》，沪深交易所修订了原《转板上市办法》，分别发布了《北京证券交易所上市公司向上海证券交易所科创板转板办法（试行）》和《深圳证券交易所关于北京证券交易所上市公司向创业板转板办法（试行）》。

为统筹新三板基础层、创新层与北交所之间的制度协同，完善新三板分层制度，2022 年 3 月 4 日，全国股转公司发布修订后的《全国中小企业股份转让系统分层管理办法》，优化进层时间安排。每年设置 6 次创新层进层实施安排，由每年 4 月 30 日启动定期调入，改为上半年 2—6 月逐月实施，下半年 9 月一次实施。其中，下半年进层仅对当年中期报告经审计且为标准无保留意见，同时营业收入、净利润同比均未下滑的公司适用。

（三）设立北交所

2021 年 9 月 2 日，习近平总书记在 2021 年中国国际服务贸易交易会全球服务贸易峰会致辞中宣布，继续支持中小企业创新发展，深化新三板改革，设立北京证券交易所，打造服务创新型中小企业主阵地。北交所主要包括如下特点。①

在交易所定位方面，北交所专注于服务创新型中小企业，坚持错位发展，突出特色，从精选层、转板制度落地，到北交所设立，明确定位，更好地服务于创新型中小企业的高质量发展。

---

① 参见戴志锋：《北交所制度分析：迎接权益投资大时代》，第一财经，https：//www. yicai. com/news/101165701. html，最后访问日期 2022 年 1 月 20 日。

在发行制度方面，参照科创板、创业板，北交所企业上市由北交所审核、中国证监会注册。北交所初步预期的审核周期在6—9个月，相比此前新三板退市再次排队IPO周期将显著缩短。北交所总体程序与科创板、创业板类似，北交所收到注册申请文件后，在5个工作日内作出是否受理的决定，受理注册申请文件之日起两个月内形成审核意见，中国证监会在北交所审核通过后20个工作日内完成注册。同时，设置北交所上市委员会与行业咨询委员会，发挥监督制衡作用、提供专业咨询意见，持续健全我国多层次资本市场结构，优化资本市场投资效率。就发行条件而言，维持与新三板创新层、基础层“层层递进”的市场结构，北交所发行主体为在新三板挂牌满12个月的创新层公司。参考目前精选层标准，北交所设立了以市值为核心的指标体系，同时考虑财务指标经营条件。针对市值分别设置了2亿元、4亿元、8亿元和15亿元的门槛，对于市值15亿元及以上的企业，未设置盈利要求，但要求最近两年研发投入合计不低于5 000万元。这相比科创板、创业板最低市值10亿元或有盈利要求，进一步拓宽了对创新型中小企业覆盖面，构建了有别于沪深交易所的发行上市制度安排。参考科创板、创业板，预计北交所后续或对于红筹架构、存在表决权差异企业、上市公司子公司及孙公司分拆上市等领域有望进行相应政策安排，吸引更多优质企业。

在再融资条件方面，对价格、规模不做行政干预，引入储架发行进一步降低中小企业融资成本。坚持“小额、快速、灵活、多元”，在融资品种上，形成普通股、优先股、可转债等较为丰富的权益融资工具；在发行方式上，实行向不特定合格投资者公开发行、向特定对象发行等多元的融资方式。相比其他板块，北交所引入授权发行，可自主启动（即向特定对象发行累计融资额低于1亿元且低于公司净资产20%的股票），发行效率有望进一步提升。相比此前精选层再融资征求意见稿，北交所对发行价格、规模等不做行政干预（精选层拟发行股份数量不得超过本次发行前股本总额的30%）。同时引入储架发行，即“一次注册，分期发行”，自中国证监会予以注册之日起，公司应当在3个月内首期发行，剩余数量应当在12个月内发行完毕，首期发行数量应当不少于总发行数量的50%，给予中小企业灵活空间。

在公司治理、信息披露制度、退市制度方面，借鉴上市公司经验，强化信息披露监管。其一，凸显上市公司为信息披露和规范运作第一责任人。不再实行主办券商“终身”持续督导。公开发行并上市的持续督导期设定为股票上市当年剩余时间及其后两个完整会计年度；上市公司发行新股的为股票上市当年剩余时间及其后一个完整会计年度。其二，明确公司治理规范要求，兼顾“量力而为”。参照上市公司治理基本框架及重点约束主体要求，体现中小企业特色，在明确回报股东和履行社会责任原则性要求的基础上，不对现金分红比例、社会责任履行方式等作强制性规定，鼓励公司“量力而为”。在募集资金管理，特别是临时补充流动资金的期限、额度等方面适度弹性安排。其三，强化信息披露监管。丰富信息披露的总体要求，明确了自愿披露、豁免披露、暂缓披露、行业和风险信息披露等方面的具体要求，提高了信息披露质量，建立了内幕信息知情人管理和报备制度，严防内幕交易等违法行为。借鉴上市公司信息披露监管经验，对交易事项临时报告进行规定，细化对于各类重大事项及关联交易的具体披露标准和决策程序要求，强化独立董事监督作用。同时，重点加强了对于股票异常波动和传闻澄清、股份质押和司法冻结等事项的披露要求，明确股权激励和员工持股计划的具体披露安排。

（四）2021年A股上市情况统计[①]

1. 截至2021年末上市公司板块分布

截至2021年末，A股上市公司（包括北交所，下同）共有4 685家，其中主板3 136家，占比67%；创业板1 090家，占比23%；科创板377家，占比8%；北交所82家，占比2%；具体分布如图1-2所示。

---

① 数据来源：沪深北证券交易所网站及深交所创业企业培训中心：IPO研究小组《IPO市场动态（2021年度）》《IPO市场动态（2020年度）》。

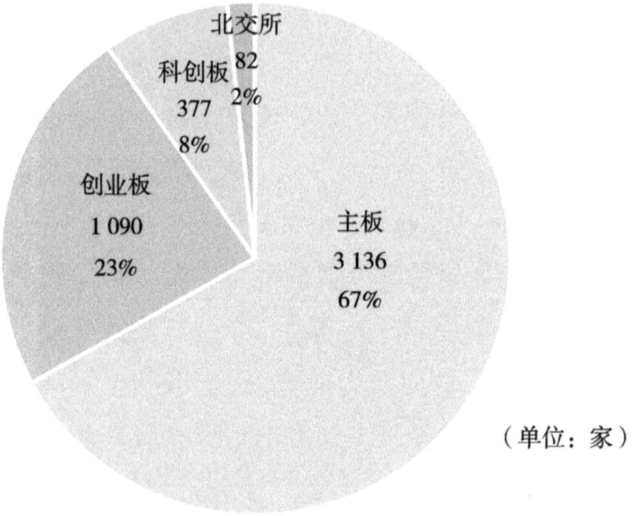

图 1-2　截至 2021 年末各板块上市公司数量

2. 2021 年 A 股各板块首发上市公司分布

2021 年，全年 A 股首发上市公司家数创下新高，达 523 家，其中核准制下上市公司合计 121 家（沪主板 88 家、深主板 33 家），注册制下科创板、创业板上市公司分别为 162 家、199 家，北交所上市公司 41 家（2021 年在新三板精选层挂牌，后平移至北交所的企业），合计募资 5 426.53 亿元。自 2019 年 7 月科创板落地、2020 年 8 月创业板注册制试点开始，截至 2022 年 3 月 1 日，注册制模式审核发行上市公司共 673 家（科创板 391 家，创业板 282 家）。具体分布如图 1-3 所示。2021 年和 2020 年的数据对比如图 1-4 所示。

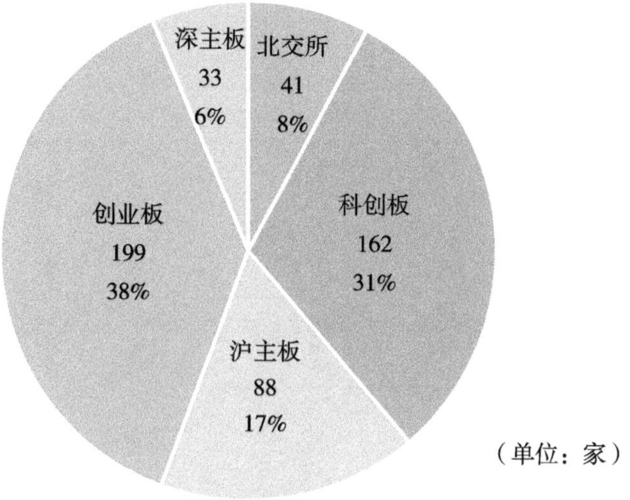

图 1-3　2021 年 A 股各板块首发上市公司数量

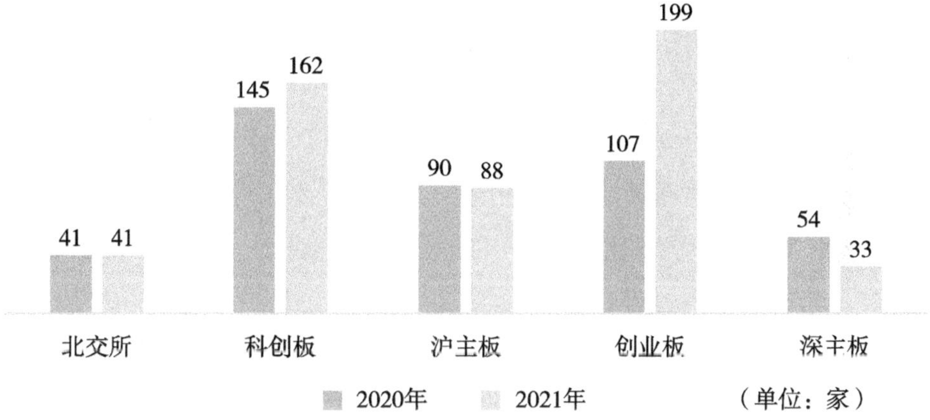

图 1-4　2020 年和 2021 年 A 股各板块首发上市公司数量对比

3. 2021 年各板块首发上市公司融资规模

2021 年，创业板新股上市数量最多，达 199 只，融资规模约 1 475 亿元；科创板新股上市 162 只，融资规模约 2 029 亿元；二者新股上市募资规模合计约 3 504 亿元，占 2021 年内新股发行募资总额的 64%。沪主板上市企业 88 家，融资规模约 1 625 亿元。深主板和北交所融资规模分别为 222 亿元和 75 亿元。2021 年和 2020 年的数据对比如图 1-5 所示。

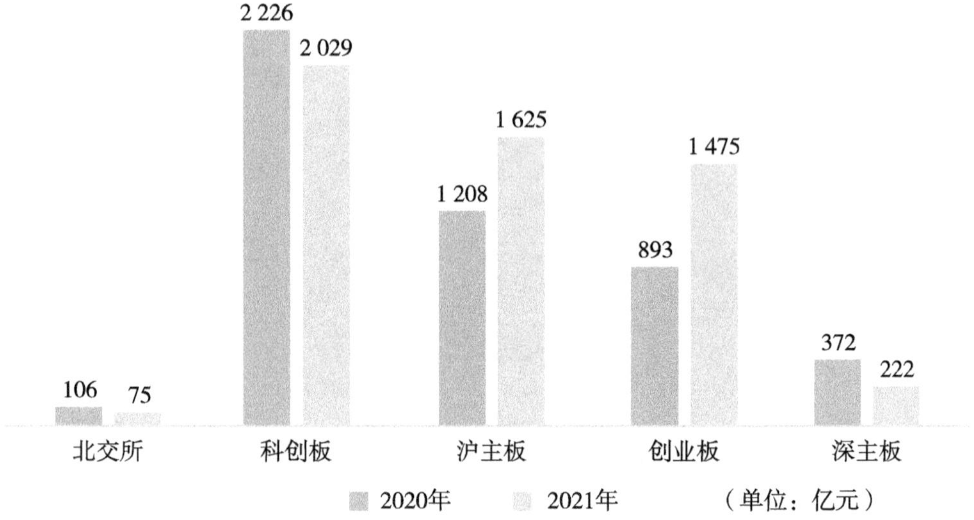

图 1-5 2020 年和 2021 年 A 股各板块首发上市融资情况

七、提高违法违规成本

（一）新《证券法》加大对违法行为的处罚力度

相较于原《证券法》，新《证券法》大幅提高了对证券违法行为的处罚力度，尤其是加大了对财务造假的惩处力度，对于上市公司信息披露违法行为，从原来最高可处以 60 万元罚款，提高至 1 000 万元；对发行人的控股股东、实际控制人组织、指使从事虚假陈述行为，或者隐瞒相关事项导致虚假陈述的，规定最高可处以 1 000 万元罚款。保荐人、会计师事务所、律师事务所、资产评估事务所等中介机构都将承担连带责任，处罚幅度也由原来最高可处以业务收入 5 倍的罚款，提高到 10 倍。新《证券法》对相关主体和违法行为的处罚如表 1-4 至表 1-6 所示。

1. 违反证券发行规定的法律责任

表 1–4　违反证券发行规定的法律责任

违法行为		法律责任
发行人	擅自/变相公开发行	停止发行，退还所募资金及同期银行存款利息，处非法所募资金的5%—50%罚款。对擅自或变相公开发行设立的公司，由监管机构/部门会同县级以上地方人民政府予以取缔。对直接责任人处警告，并处50万—500万元罚款。
	欺骗手段骗取发行	尚未发行的，罚款200万—2 000万元。已发行的，处所募资金10%—100%的罚款。对直接责任人处100万—1 000万元的罚款。
证券公司	承销、代理未经核准擅自公开发行的证券	责令停止承销或销售，没收违法所得，并处以违法所得1—10倍罚款。没有违法所得或不足100万元，处100万—1 000万元罚款。给投资者造成损失的，承担连带赔偿责任。对直接责任人处警告、50万—500万元罚款。
	虚假/误导性宣传；不正当手段招揽承销业务	责令改正，给予警告，没收违法所得，可并处50万—500万元罚款。情节严重的，暂停或撤销相关业务许可。给其他机构/投资者造成损失的，需要赔偿。对直接责任人处警告，可并处50万—500万元罚款，严重的撤职撤资格。
保荐人	虚假记载/误导性陈述/重大遗漏	责令改正，给予警告，没收业务收入，并处业务收入1—10倍罚款，情节严重的，暂停/撤销相关业务许可。对直接责任人处警告及50万—500万元罚款，严重的撤职撤资格。

2. 违反证券交易规定的法律责任

表 1–5　违反证券交易规定的法律责任

违法行为	法律责任
内幕交易	没收违法所得，并处违法所得1—10倍罚款。违法所得不足50万元，处50万—500万元罚款。单位内幕交易的，对直接责任人警告，罚款20万—200万元。
操纵市场	责令依法处理非法所持证券，没收违法所得，并处以违法所得1—10倍罚款。违法所得不足100万元，罚100万—1 000万元。单位操纵市场的，对直接责任人警告，罚款50万—500万元。
虚假陈述、信息误导	责令改正，处20万—200万元罚款。属于国家工作人员的依法给予行政处分。

续表

违法行为	法律责任
从业人员、服务机构交易限制	利用手段诱骗投资者买卖证券的，撤销从业资格，并处20万—200万元罚款。属于国家工作人员的依法给予行政处分。
短线交易	给予警告，并处10万—100万元罚款。
违规减持	责令改正，给予警告，没收违法所得，并处以买卖证券等值以下的罚款。

3. 违反上市公司收购的法律责任

收购人未按规定履行上市公司收购的公告、发出要约收购等义务的，责令改正，给予警告，并处以50万—500万元罚款。对直接负责的主管人员和其他直接责任人员给予警告，并处以20万—200万元罚款。给被收购公司及其股东造成损失的，依法承担赔偿责任。

4. 违反证券机构管理相关规定的法律责任

未经批准，擅自设立证券公司或者非法经营证券业务的，由证券监督管理机构予以取缔，没收违法所得，并处违法所得1—10倍罚款。违法所得不足100万元的，处100万—1 000万元罚款。对直接责任人给予警告，并处20万—200万元罚款。

5. 证券机构的法律责任

表1-6　证券机构的法律责任

违法行为	法律责任
违规提供融资融券	没收违法所得，并处以融资融券等值以下的罚款。情节严重的，禁止其在一定期限内从事证券融资融券业务。对直接责任人处警告，并处20万—200万元罚款。
假借他人/以个人名义从事自营业务	责令改正，给予警告，没收违法所得，并处以违法所得1—10倍罚款。违法所得不足50万元的，处以50万—500万元罚款。情节严重的，并处撤销相关业务许可或者责令关闭。对直接责任人处警告，并处以20万—200万元罚款。
违背客户意愿办理交易事项	有损害客户利益行为的，给予警告，没收违法所得，并处以违法所得1—10倍罚款。违法所得不足10万元的，处以10万—100万元罚款。情节严重的，暂停或者撤销相关业务许可。

续表

违法行为	法律责任
挪用客户资金/ 擅自为客户买卖	责令改正，给予警告，没收违法所得，并处以违法所得1—10倍罚款。违法所得不足100万元的，处以100万—1 000万元罚款。情节严重的，并处撤销相关业务许可或者责令关闭。
接受客户的全权委托买卖证券；承诺收益/赔偿损失	责令改正，给予警告，没收违法所得，并处以违法所得1—10倍罚款。违法所得不足50万元的，处以50万—500万元罚款。情节严重的，并处撤销相关业务许可。
未经核准变更业务范围	
业务未分开办理/混合操作	
私下接受客户 委托买卖证券	责令改正，给予警告，没收违法所得，并处以违法所得1—10倍罚款。没有违法所得的，处以50万元以下的罚款。
证券公司及其主要股东、实际控制人未报送、提供信息和资料，或者报送、提供的信息和资料有虚假记载、误导性陈述或者重大遗漏	责令改正，给予警告，并处以100万元以下的罚款。情节严重的，并处撤销相关业务许可。对直接负责的主管人员和其他直接责任人员，给予警告，并处以50万元以下的罚款。

（二）《刑法修正案（十一）》的出台

2021年3月1日，正式实施的《刑法修正案（十一）》大幅提高了欺诈发行、信息披露造假、中介机构提供虚假证明文件和操纵市场四类证券期货犯罪的刑事惩戒力度。《刑法修正案（十一）》有关资本市场的内容，是继《证券法》修订后涉及资本市场的又一项重大立法活动，强化了对控股股东、实际控制人等“关键少数”的刑事问责和保荐人等中介机构的“看门人”责任。因此，《刑法修正案（十一）》可以对证券期货违法犯罪行为起到明显的威慑作用，并有助于推进注册制改革。具体而言，《刑法修正案（十一）》对证券期货犯罪内容的修订中有不少是为了配合注册制改革而出现的，此举无疑有助于强化证券期货违法犯罪治理的“行刑衔接”，也避免了司法实践中有关争议的出现，对推进注册制改革是一个有益的举动。《刑法修正案（十一）》关于证券违法的主要内容如下。

首先，大幅提高欺诈发行、信息披露造假等犯罪的刑罚力度。对于欺诈发行，修正案将刑期上限由5年有期徒刑提高至15年有期徒刑，并将对个人的罚金由非法募集资金的1%至5%修改为“并处罚金”，取消5%的上限限制，对单位的罚金由非法募集资金的1%至5%提高至20%至1倍。对于信息披露造假，修正案将相关责任人员的刑期上限由3年提高至10年，罚金数额由2万元至20万元修改为“并处罚金”，取消20万元的上限限制。

其次，强化对控股股东、实际控制人等“关键少数”的刑事责任追究。明确将控股股东、实际控制人组织、指使实施欺诈发行、信息披露造假，以及控股股东、实际控制人隐瞒相关事项导致公司披露虚假信息等行为纳入刑法规制范围。

再次，压实保荐人等中介机构的“看门人”职责。修正案明确，将保荐人作为提供虚假证明文件罪和出具证明文件重大失实罪的犯罪主体，适用该罪追究刑事责任。同时，对于会计师等中介机构人员在证券发行、重大资产交易活动中出具虚假证明文件、情节特别严重的情形，明确适用更高一档的刑期，最高可判处10年有期徒刑。

最后，与《证券法》修订保持有效衔接。一方面，将存托凭证和国务院依法认定的其他证券纳入欺诈发行犯罪的规制范围，为将来打击欺诈发行存托凭证和其他证券提供充分的法律依据；另一方面，借鉴新《证券法》规定，针对市场中出现的新的操纵情形，进一步明确对“幌骗交易操纵”“蛊惑交易操纵”“抢帽子交易操纵”等新型操纵市场行为追究刑事责任。

（三）沪深交易所发布《纪律处分实施标准》

2020年6月24日，深交所发布《深圳证券交易所上市公司纪律处分实施标准（试行）》（以下简称《实施标准》），进一步压实违法违规责任，督促市场主体归位尽责，更好推进透明交易所建设，护航创业板改革并试点注册制。《实施标准》是深交所在前期已发布的三个板块《上市公司公开谴责标准》基础上制定的，旨在向市场阐明违规行为责任认定和纪律处分裁量标准。一方面，《实施标准》按照新《证券法》、创业板改革并试点注册制系列规则等的最新要求，对相关标准予以整合、拓宽和更新；另一方面，深交所坚持"透明搞改革"，切实回应市场需求，主动公开市场关心的监管标准和裁量尺度，避免出现"口袋政策"。有别于《上市公司公开谴责标准》仅适用于"上市公司"这一特定主体的特定处分类型（公开谴责），《实施标准》将对上市公司及董监高、股东、实际控制人、中介机构等相关责任主体的全部种类的纪律处分实施标准予以公开，进一步拓展了纪律处分公开的广度和深度。

具体来说，《实施标准》首次将"公开认定不适合担任上市公司董监高等职务、收取惩罚性违约金、暂不受理专业机构或者其从业人员出具的相关业务文件"等的实施标准予以落地，加大对违法违规行为的处分力度。针对上市公司及董监高、控股股东、实际控制人等主体的违规行为，《实施标准》分条款列示不同违规类型及对应的处分标准。

另外，《实施标准》还对中介机构处分设立专章，主要规范中介机构及其从业人员"对上市公司违规负有责任""未能勤勉尽责""出具文件存在虚假记载或重大遗漏等""不配合监管及其他"等四类违规情形。同时，按违规行为的轻重程度设置了通报批评、公开谴责、暂不受理专业机构或者其从业人员出具的相关业务文件等三档纪律处分，以督促中介机构及其从业人员发挥出核查把关的"市场看门人"作用。①

2020 年 10 月 16 日，上交所发布《上海证券交易所上市公司自律监管规则适用指引第 2 号——纪律处分实施标准》（以下简称《处分标准》）。这是上交所首次对外公开纪律处分的具体标准。上交所表示，本次公开发布《处分标准》，主要有如下三个方面的考虑：一是推动提高上市公司质量的组成内容；二是落实新《证券法》要求，强化精准监管；三是进一步提升监管透明度，规范监管履职行为。《处分标准》包括"总则""一

---

① 参见《护航创业板改革及注册制！明晰违规情形及处罚，深交所公开上市公司违规处分标准》，券商中国百家号，https://baijiahao.baidu.com/s?id=1670538136703017223&wfr=spider&for=pc，最后访问日期 2022 年 2 月 15 日。

般规定”“分则”“附则”四章。

具体来说，总则补充细化了制定依据，明确《处分标准》的适用主体以及可实施的纪律处分种类。一般规定对实施纪律处分过程中遵循适用的基本原则、考量情形、责任区分原则等予以规定，包括一般性从重、从轻、减轻、免除等考量情节，“脱胎换骨”、更换实际控制人后的责任区分，上市公司与控股股东、实际控制人、董监高责任区分，董监高个人责任区分，公开认定、惩罚性违约金、合并处理原则的适用等。分则分五节，规定了具体处分标准，主要涵盖信息披露、规范运作、证券买卖及权益变动披露等三个方面，并对证券服务机构违规专节规定，同时设置违规兜底条款，保证《处分标准》的完整性与周延性。附则则对《处分标准》适用实施作出补充解释。①

2022 年 1 月 7 日，沪深交易所对上述规则进行修订，分别发布了《上海证券交易所上市公司自律监管指引第 10 号——纪律处分实施标准》和《深圳证券交易所上市公司自律监管指引第 12 号——纪律处分实施标准》。上交所仅修订了少量文字表述，深交所针对部分条文作出如下修订：一是贯彻“零容忍”要求，提升财务造假纪律处分的时效性；二是强化关键少数监管，丰富公开认定的适用情形；三是持续推进“精准监管”，区分机构和个人责任；四是对“脱胎换骨”上市公司作从轻、减轻处分考量；五是压实中介机构责任，丰富暂不受理文件的适用情形。

（四）中国证监会行政处罚情况统计

经统计，2020 年中国证监会及其派出机构作出行政处罚决定书 349 份，市场禁入 100 人次；2021 年作出行政处罚决定书 335 份，市场禁入 110 人次，与 2020 年基本持平。②

从违规类型来看，2021 年以来，信息披露违法、内幕交易违法违规

---

① 参见《上交所首次公开纪律处分标准：违规“红线”划得更细、更密》，第一财经百家号，https：//baijiahao. baidu. com/s？ id = 1680707762539420800&wfr = spider&for = pc，最后访问日期 2022 年 2 月 15 日。

② 数据来源：《中国证监会 2020 年法治政府建设情况》及易董违规案例库，浙江天册（深圳）律师事务所整理。

数量均保持高位，分别涉及行政处罚决定书 110 份、117 份，其他行政处罚涉及操纵证券市场、中介机构未勤勉尽责、私募基金领域违法、证券从业人员违法违规、出借或借用他人账户交易证券等，如图 1-6 所示。

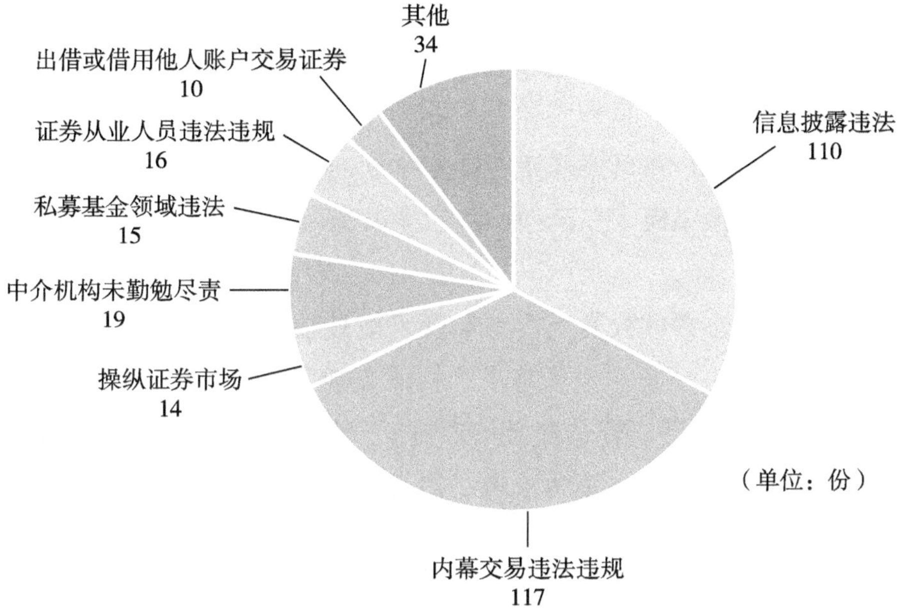

图 1-6 2021 年中国证监会及其派出机构行政处罚案件类型

信息披露违法案件中，重大欺诈、造假行为时有发生，具体分析详见本书第一章第二节的“信息披露违法违规情况统计”。

2021 年，内幕交易行政处罚案件共 77 起，涉及行政处罚决定书 117 份。就被处罚行为而言，内幕信息知情人交易 36 起，传递型内幕交易 77 起，泄露内幕信息 8 起，建议他人买卖股票 1 起（一份处罚决定书可能涉及多个违法行为）。传递型内幕交易已然成为违法行为的主流，更详细的分析请见本书第四章。

根据中国证监会发布的《证监会通报 2021 年案件办理情况》，操纵市场案件团伙化、职业化特征更加明显，部分案件引发市场高度关注。2021 年，中国证监会及其派出机构共办理操纵市场案件 110 起，同比下降 26%；向公安机关移送相关犯罪 41 起，同比增长 1.5 倍。从操纵动机看，有的操纵团伙以连续交易、虚假申报、对倒、蛊惑等多种手段，引诱市场跟风，谋取不当利益。有的上市公司实际控制人为实现高位减持、防止股价面值退市、避免质押股票爆仓等目的，通过控制信息披露内容、节奏，配合市场机构操纵自家股票，已查实 14 起操纵市场案件涉及上市公司实际控制人或管理层。从操纵主体看，涉案主体多、链条长，形成非法利益网络。从操纵模式看，长线“坐庄”和“快进快出”相结合，资金优势和信息优势相交互，在目标选择、资金筹备、建仓洗盘、拉升出货等环节形成相对固定的操纵模式和流程，多名操纵市场“惯犯”“累犯”被追究行政、刑事责任。

中介机构违法案件数量上升，涉及行政处罚决定书共 19 份，勤勉尽责问题依然突出。涉案主体覆盖多个领域，涉及会计师事务所（13 份）、证券公司（3 份）、资产评估机构（2 份）、律师事务所（1 份），涵盖首次公开发行、年报审计、并购重组、债券发行、精选层转板等业务环节，其中，年报审计仍为案发集中领域。

此外，私募基金领域涉及行政处罚决定书共 15 份，违法行为涉及登记备案、基金销售、资金募集等多个环节。出借自己的证券账户或者借用他人的证券账户从事证券交易涉及行政处罚决定书共 10 份，证券公司从业人员借他人名义从事证券交易涉及的处罚案件共 16 起。

其他类行政处罚案件则主要涉及短线交易、超比例违规增减持及股份增减持披露不规范等证券交易类违规、期货市场违法等行为。

新《证券法》大幅度提高了对违法行为的处罚力度，执法部门如何运用新《证券法》进行处罚一直备受关注。以内幕交易案为例，全年“没一罚一”的比例为42%，“没一罚二”的比例为36%，“没一罚三”的比例为21%，“没一罚四”的比例为2%。除了上述适用 4 倍的 1 例以外，其他案件在处罚倍数上并未显示出适用新旧《证券法》存在显著差异。操纵市场的处罚情况与此类似，只有信息披露类案件的处罚标准普遍提高，但依然处于法律赋予的自由裁量范围的中等偏下水平。应当说，监管执法总体上保持了执法的连续性和稳定性，在持续多年的强监管背景下，并未因新法的推出而陡然大幅度提高处罚力度，有效地稳定了市场的预期，行政处罚的“谦抑”性原则得到较好贯彻，确保了资本市场稳定有序。①

八、压实中介机构的法律责任

（一）中介机构的法律职责

新《证券法》全文提及“证券公司”144次，“证券服务机构”23次，“会计师”及事务所6次，“律师”及事务所4次，“资产评估”4次，共计181次。主要目的体现在：①明确证券服务机构所应履行的基本义务，并将律师事务所纳入证券服务机构范围。②明确证券公司的责任义务，加强对证券公司经营活动的约束。③明确证券从业人员、监管机构工作人员等不得违规参与股票交易。④明确审计师、律师不得在敏感期内买卖股票。⑤加大保荐人、承销的证券公司及其直接责任人员未履行职责的处罚幅度。⑥提高证券服务机构未履行勤勉尽责义务的违法处罚幅度。

（二）中国证监会对中介机构处罚情况统计

2022年1月14日，中国证监会发布《证监会依法从严查处证券中介机构违法行为》。近年来，立足服务实体经济发展和提高上市公司质量的监管大局，中国证监会坚持“一案双查”，依法从严从快从重查处证券欺诈、造假背后的中介机构不勤勉尽责等违法行为。2019年以来，中国证监会查处中介机构违法案件80起，涉及24家会计师事务所、8家证券公司、7家资产评估机构、3家律师事务所、1家资信评级机构，涵盖股票发行、年报审计、资产收购、重大资产重组等重点领域。2021年，中国证监会依法立案调查中介机构违法案件39起，较2020年同期增长1倍以上，将2起案件线索移送或通报公安机关。

从整体来看，中介机构违法主要表现在以下四个方面。

其一，风险识别与评估程序存在严重缺陷，未针对重大错报风险设计

① 参见《2021年证监会行政处罚情况综述》，锦论微信公众号，最后访问日期2022年4月1日。

和实施进一步审计程序。部分会计师事务所在公司货币资金期末余额大、"存贷双高"、明显存在舞弊风险的情况下，仍未识别货币资金重大错报风险。有的会计师事务所未对公司生产成本大幅波动、原材料频繁结转等异常情况保持合理怀疑，未进行有效核查或追加必要的审计程序。

其二，鉴证、评估等程序执行不充分、不适当，核查验证"走过场"，执业报告"量身定制"。有的会计师事务所未对函证过程保持有效控制，监盘程序执行不到位。有的资产评估机构按照公司预先设定的价值出具评估报告，签字评估师未实际执行评估程序。

其三，职业判断不合理，形成的专业意见背离执业基本准则。有的证券公司作为财务顾问服务机构，忽视公司项目进展的不确定性，导致收入预测与实际情况存在重大差异。有的律师事务所在审查合同效力时，未履行特别注意义务，未发现公司无权处分资产等情况。

其四，严重背离职业操守，配合、协助公司实施造假行为。有的从业人员配合公司拦截询证函，伪造审计证据。有的会计师事务所按公司要求提前约定审计意见类型，签署"抽屉协议"。上述违法行为反映出一些中介机构及从业人员独立性、专业性缺失，质量控制体系和管理机制不健全，以及缺乏职业怀疑精神、丧失职业底线等突出问题。

九、新增长臂管辖条款

"长臂管辖"是指一国的民事、行政或刑事司法管辖权突破国境（属地原则）和国民（属人原则）的限制，通过寻找某些联系因素，对境外的企业或境外的他国国民行使管辖权。新《证券法》增设了"长臂管辖权"条款，其第 2 条第 4 款规定："在中华人民共和国境外的证券发行和交易活动，扰乱中华人民共和国境内市场秩序，损害境内投资者合法权益的，依照本法有关规定处理并追究法律责任。"随后，最高院进一步修订《关于北京金融法院案件管辖的规定》（法释〔2021〕7 号）和《关于上海金融法院案件管辖的规定》（法释〔2021〕9 号），明确境内投资者以发生在境外的证券发行和交易活动损害其合法权益为由，有权向北京金融法院或上海金融法院提起诉讼。现在已有因在美国纳斯达克市场的虚假陈述，投资者向厦门市中级人民法院、北京金融法院、上海金融法院提起虚假陈述诉讼的案例。因境外虚假陈述引发的境内诉讼，关于起诉条件、管辖标准、准据法适用、主体适格性、与境外程序的协调以及实体问题的认定等事项仍未明确，未来有待于监管部门的具体细化规定。[①]

新《证券法》以“扰乱境内市场秩序”和“损害境内投资者合法权益”两个维度确立起域外适用标准，具有很大的进步意义，但“境内市场秩序”和“投资者合法权益”都是十分抽象和意义模糊的概念，缺乏统一明确的标准，极可能造成实践中域外管辖权的滥用。域外管辖条款的适用边界和标准仍然需要明确，如何解释和理解《证券法》确立的我国域外管辖连结点的内涵，将域外适用把握在一个合理的限度范围，是当前我国《证券法》域外适用法律制度能否得到有效落实的关键，也是对我国立法者、监管者、执法者智慧的集体考验。

① 参见张保生等：《证券虚假陈述诉讼 2021 年度观察与前瞻》，中伦资讯，http：//www.zhonglun.com/Content/2021/12-30/1621131762.html，最后访问日期 2022 年 4 月 1 日。

第二章

新《证券法》实施的治理案例与监管案例

第一节 新《证券法》实施后“首例”案例汇总

一、首例普通代表人诉讼：飞乐音响案

（一）案情摘要

飞乐音响（600651）是一家大型绿色照明上市公司，2017年8月26日，飞乐音响发布《2017年半年度报告》，声称收入和利润实现增长。报告发布后，飞乐音响股价连续三个交易日上涨。然而，2018年4月13日，飞乐音响在其发布的《2017年年度业绩预减及股票复牌的提示性公告》中承认，2017年半年报和三季度报在收入确认方面有会计差错，预计导致营业收入减少。公告发布后，飞乐音响股价连续三个交易日跌停。

2019年11月，上海证监局作出行政处罚决定，认定飞乐音响因项目确认收入不符合条件，导致2017年半年度报告、三季度报告收入、利润虚增及相应业绩预增公告不准确。[①]

2020年8月，原告魏某等34名个人投资者认为，飞乐音响的上述虚假陈述行为，给其造成了重大投资损失，于是共同推选其中4人作为拟任代表人，提起普通代表人诉讼。

上海金融法院受理该案后，组织双方当事人听证。听证过程中，双方当事人均确认，虚假陈述行为的实施日为2017年8月26日，揭露日为2018年4月13日。法院遂作出民事裁定，确定权利人范围。裁定书送达后，双方当事人均未申请复议。据此，法院发出权利登记公告，符合条件的投资者可自愿加入诉讼。最终，共有315名投资者经审查后成为本案原告，经推选，其中5名原告当选为代表人，诉请飞乐音响赔偿投资损失及律师费、通知费等合计1.46亿元。

① 上海飞乐音响股份有限公司：《关于收到中国证券监督管理委员会上海监管局行政处罚决定书的公告》，2019年11月2日。

一审庭审中，飞乐音响辩称：该虚假陈述行为与原告投资决定不具有因果关系，原告主要是受到行业利好政策等因素影响而买入股票；被告股价受到系统风险的影响部分应予以扣除，且因被告经营情况恶化导致的损失属于正常投资风险，不应由被告赔偿，请求驳回原告诉请。为证明其主张，飞乐音响提交了半导体照明产业“十三五”发展规划、飞乐音响公司收购股份完成交割的公告、《2017 年度内部控制评价报告》、《2018 年年度报告》等证据。上述信息发布时间分别为 2017 年 7 月 10 日、2017 年 12 月 4 日、2018 年 4 月 26 日、2019 年 4 月 20 日。

同时，双方当事人均申请法院委托专业机构对投资损失进行核定，但对委托机构意见不一。上海金融法院遂依法组织当事人当庭随机抽取，最终确定中证资本市场法律服务中心为损失核定机构。后法律服务中心出具了《损失核定意见书》。

上海金融法院经审理认为，被告飞乐音响虚增营业收入、虚增利润总额的行为构成证券虚假陈述侵权，应当承担民事赔偿责任。315 名投资者均在实施日到揭露日期间买入飞乐音响股票，并在揭露日后因卖出或继续持有产生亏损，应当推定其交易与虚假陈述之间存在因果关系。法院采纳中证资本市场法律服务中心出具的损失核定意见，认定原告所应获赔的损失金额为扣除证券市场风险因素后的投资差额损失与相应的佣金、印花税、利息损失之和，其中，证券市场风险因素采用个股跌幅与同期指数平均跌幅进行同步对比的方法扣除。遂判决飞乐音响赔偿 315 名原告投资损失共计 123 547 952. 4 元，以人均 50 元为标准按 310 名原告计算的通知费 15 500 元，以及以人均 3 000 元为标准按 315 名原告计算的律师费 945 000 元。

一审判决后，投资者刘某、被告飞乐音响不服，向上海市高级人民法院（以下简称上海高院）提起了上诉。其中，刘某在一审权利登记公告前已经起诉，后撤回起诉并加入普通代表人诉讼中。

2021 年 9 月 29 日，上海高院组成五人合议庭，并由上海高院党组副书记、副院长茆荣华担任审判长，对该起证券虚假陈述责任纠纷案进行审判。

二审中，刘某、飞乐音响与被上诉人围绕“实施日认定程序”“虚假陈述与投资行为之间是否存在因果关系”“损失核定机构、方法是否合理”等展开了辩论。关于实施日认定程序，刘某认为，一审法院以裁定方式认定虚假陈述实施日，违反法定程序，未将裁定书送达通过权利登记加入的其他投资者，剥夺了当事人的诉讼权利。飞乐音响辩称，刘某参与权利登记，就代表其认可该实施日。

上海高院经审理认为，一审法院通过听证方式对实施日、揭露日等基本事实先行审查，再根据审查结果，作出确定权利人范围的裁定符合《最高人民法院关于证券纠纷代表人诉讼若干问题的规定》（以下简称《代表人诉讼若干规定》）。一审法院在权利登记公告中载明，权利人范围为“自 2017 年 8 月 26 日（含）至 2018 年 4 月 12 日（含）期间以公开竞价方式买入、并于 2018 年 4 月 12 日闭市后当日仍持有飞乐音响股票，且与本案具有相同种类诉讼请求的投资者”，即以公告方式对裁定书确定的实施日和揭露日进行了通知。

另外，《代表人诉讼若干规定》在鼓励投资者参加代表人诉讼的同时，也注重对个体投资者的诉讼权利和程序利益予以保护，投资者可以不参加或退出代表人诉讼，并可以单独起诉。本案中，刘某虽然表示对一审实施日认定存有异议，但仍坚持参加代表人诉讼，可见，他已经实际接受了代表人的诉讼行为和主张，授权代表人参加诉讼。

关于“虚假陈述与投资行为之间是否存在因果关系”，飞乐音响重申了其在一审中的观点，认为投资者是基于政策性和经营性利好消息而买入股票，与虚假陈述之间没有因果关系。刘某辩称：根据证券欺诈理论，只要虚假陈述行为导致股价出现“泡沫”且投资者是在“泡沫”价格基础上买入股票，因果关系就得以成立。飞乐音响实施虚假陈述行为后股票价格大幅上涨，并在虚假陈述行为被揭露后大幅下跌，股价“泡沫”的产生和破灭过程均与虚假陈述密切关联。

经审理，上海高院认为，根据旧《虚假陈述规定》，认定存在因果关系应具备三项条件，即投资人所投资的是与虚假陈述直接关联的证券；投资人在虚假陈述实施日及以后，至揭露日或者更正日之前买入该证券；投资人在虚假陈述揭露日或者更正日及以后，因卖出该证券产生亏损，或者因持续持有该证券而产生亏损。本案投资者的投资行为符合上述三项条件，应推定存在因果关系。虽然飞乐音响提交了相关产业“十三五”发展规划、股权交割公告等证据，证明投资者是基于政策性和经营性利好消息而买入股票，但两证据发布时间与虚假陈述对市场产生影响的时段存在重合，不能仅以此否定虚假陈述影响，而且消息公布后，飞乐音响的股价等没有明显变化，说明两项所谓利好消息并未对投资者决策造成实质影响。

庭审中，刘某、飞乐音响还对法律服务中心的中立性和核算方法提出异议。上海高院表示，飞乐音响并无证据证明法律服务中心存在足以影响公正性的行为；涉案相关核算方法充分考虑了不同投资者的实际交易情况，体现了更加客观、精准的计算特点；在尚无明确规定的情况下，上市公司自身经营风险是否应该扣除应谨慎认定，涉案控制评价报告、《2018年年度报告》尚不足以认定经营风险对股价造成实质影响。

2021年9月30日，上海高院作出终审判决，判决驳回投资者刘某、飞乐音响公司上诉，维持原判。①② 该案是《代表人诉讼若干规定》出台后，普通代表人诉讼的首次全面实践，标志着中国特色证券集体诉讼制度的落地。

（二）关联法条

新《证券法》第95条：投资者提起虚假陈述等证券民事赔偿诉讼时，诉讼标的是同一种类，且当事人一方人数众多的，可以依法推选代表人进行诉讼。

对按照前款规定提起的诉讼，可能存在有相同诉讼请求的其他众多投

---

① 参见《上海高院终审宣判首例证券纠纷普通代表人诉讼案》，《人民法院报》2021年10月12日，第3版，http：//rmfyb. chinacourt. org/paper/html/2021-10/12/content_210084. htm？div=-1，最后访问日期2022年4月5日。

② 上海市高级人民法院（2021）沪民终384号民事判决书。

资者的，人民法院可以发出公告，说明该诉讼请求的案件情况，通知投资者在一定期间向人民法院登记。人民法院作出的判决、裁定，对参加登记的投资者发生效力。

投资者保护机构受五十名以上投资者委托，可以作为代表人参加诉讼，并为经证券登记结算机构确认的权利人依照前款规定向人民法院登记，但投资者明确表示不愿意参加该诉讼的除外。

（三）要点评析

飞乐音响案作为全国首例采用普通代表人诉讼程序审理的证券虚假陈述纠纷案件，在立案受理、权利人范围审查、权利登记、代表人推选和案件审理的全流程都进行了全面实践。在证券代表人诉讼制度落地实施前，投资者往往单独且分散，不仅维权成本高，且由于审判经验的缺乏及法官思维的差异，亦会存在不同法院裁判结论不统一的情况。代表人诉讼制度确立后，投资者通过权利登记即可加入诉讼，这极大地提升了诉讼效率，节省司法资源，更为投资者维权提供便利，在一定程度上确保了裁判结果的统一，同时提升了司法判决的震慑力，对减少资本市场违法违规的现象起到了积极作用。

（四）拓展阅读：飞乐音响的峥嵘岁月[①]

飞乐音响创立于1984年11月18日，是中华人民共和国成立后第一家股份制上市公司。1986年11月14日，时任美国纽约证券交易所主席的约翰·范尔霖先生应中国人民银行总行的邀请前来我国访问，中国改革开放的总设计师邓小平在人民大会堂接见了范尔霖先生。会见结束后，范尔霖先生赠送给邓小平一枚美国纽约证券交易所的所徽。作为对其所赠礼品的回赠，邓小平赠送的礼品就是中华人民共和国成立后第一张股票——“飞乐音响”股票。“飞乐音响”由此载入了中国股份制改革的史册。

1990年12月19日，“飞乐音响”股票转至上交所首批上市交易，是

① 主要参考材料为百度百科的飞乐音响词条，亦参考了飞乐音响公告中对公司自身的介绍和其他媒体报道。

上交所首批“老八股”之一。2002 年 9 月，公司收购上海亚明灯泡厂有限公司 100%股权，进入绿色照明行业。

随着公司规模的不断扩大，股本从成立之初的 50 万股扩大到 2004 年的 4. 241 7 亿股。公司主营业务收入达到 10. 2 亿元，净资产近 8 亿元。公司是集绿色照明产业、IC 卡产业、电子产业、计算机系统集成和软件开发于一体的多元化产业公司，产品远销世界 40 多个国家和地区，与瑞萨、飞利浦、欧司朗、佳能、日立、先锋、索尼等国际知名企业建立了良好的合作伙伴关系。

2007 年 12 月 20 日，飞乐音响在《新财富》评出的最具有成长性 100 家上市公司中居第 25 位。2007 年，公司下属全资子公司上海亚明灯泡厂有限公司亚字商标被商务部认定为“中华老字号”。2008 年，公司下属全资子公司上海亚明灯泡厂有限公司继续被认定为上海市“高新技术企业”。2009 年 4 月，下属全资子公司上海亚明灯泡厂有限公司亚字商标被认定为“中国驰名商标”。

2014 年 12 月 18 日，中国证监会核准飞乐音响向北京申安联合有限公司采取发行股份及支付现金的方式收购北京申安集团 100%股权。随后，飞乐音响发布年度规划力争打造成中国照明第一品牌，资产保值增值在 20 亿元—100 亿元，2015 年实现目标业绩 50 亿元。2015 年 12 月，飞乐音响又以 1. 384 亿欧元的价格，收购了喜万年集团 80%的股权。

2016 年 1 月，飞乐音响通过全资子公司飞乐投资在英国设立特殊目的载体 INESA UK Limited 以现金预计 13 840 万欧元收购了 Havells Malta 经整合的 80%股份；同时，飞乐音响拟通过全资子公司飞乐投资以现金预计 1 040 万欧元收购我国香港地区 Exim 的 80%股份。上述购买对价共 14 880 万欧元。

2020 年 1 月 20 日，飞乐音响披露，公司 2018 年净利润为-32. 95 亿元，经财务部门初步测算，预计 2019 年净利润仍为负值，且 2019 年末净资产将为负值。同日，飞乐音响也披露 2019 年年度业绩预亏公告，预计净利润为-15. 74 亿元左右，预计扣非净利润为-15. 86 亿元左右。

2020年2月19日，飞乐音响披露，公司拟通过上海联交所公开挂牌转让的方式，出售持有的北京申安100%的股权。同日，公司也发布公告，拟向实际控制人仪电集团出售所持有的华鑫股份7 033.76万股，合计交易价格不低于9.81亿元，业界推测上述两项举动均是保壳之策。

二、首例特别代表人诉讼：康美药业案

（一）案情摘要

康美药业（600518）成立于1997年，于2001年在上交所上市。公司强调在国家振兴中医药事业战略指引下，率先布局中医药全产业链，以中药饮片为核心，以智慧药房为抓手，全面打造“大健康+大平台+大数据+大服务”体系，成为中医药全产业链精准服务型“智慧+”大健康产业上市企业。[①] 康美药业也是曾经的A股上市医药名企之一，曾为“千亿市值”的白马股。

2018年10月15日，网上陆续有文章指出康美药业可能存在财务造假等问题，康美药业针对相关的媒体报道发布了澄清说明，但巨大的舆论关注度引发了监管部门的介入。2018年12月28日，中国证监会决定对康美药业涉嫌财务造假立案调查。[②]

在中国证监会的调查下，2019年4月30日，康美药业发布《关于前期会计差错更正的公告》称，由于财务数据出现会计差错，造成2017年营业收入多计入88.98亿元，营业成本多计入76亿元，销售费用少计入5亿元，财务费用少计入2亿元，销售商品多计入102亿元，货币资金多计入299亿元，与筹资活动有关的现金项目多计入3亿元。

2019年5月17日，中国证监会发布调查进展：康美药业披露的2016年至2018年财务报告存在重大虚假，包括使用虚假银行单据虚增存款，

---

① 参见康美药业股份有限公司，http://www.kangmei.com.cn/index.php? m=content&c=index&a=lists&catid=194，最后访问日期2022年4月1日。

② 康美药业股份有限公司：《关于收到中国证券监督管理委员会立案调查通知的公告》，2018年12月29日。

通过伪造业务凭证进行收入造假，部分资金转入关联方账户买卖本公司股票。当晚，康美药业主动申请实施“其他风险警示”，公司股票简称由“康美药业”变更为“ST 康美”。[①] 对此，有评论称，康美药业之所以主动申请 ST，是为了降低股价波动影响（ST 股票日涨跌幅限制为 5%）。[②]

2019 年 8 月 16 日下午，在中国证监会例行发布会上，中国证监会新闻发言人高莉表示，康美药业有预谋、有组织长期系统实施财务造假行为，恶意欺骗投资者，影响极为恶劣，后果极为严重。中国证监会作出《行政处罚及市场禁入事先告知书》，认定康美药业存在虚假记载（包括虚增货币资金、虚增利润）、年度报告存在重大遗漏等，实际控制人马某田夫妇分别被处以 90 万元的顶格处罚，终身证券市场禁入。[③]

2020 年 5 月 13 日，中国证监会对康美药业发布《行政处罚决定书》，查明康美药业多项违法事实，2016 年至 2018 年期间，康美药业累计虚增货币资金 886.8 亿元，累计虚增营业收入 291.28 亿元，累计虚增营业利润 41.01 亿元，累计多计利息收入 5.1 亿元。责令康美药业改正，给予警告，并处以 60 万元顶格罚款，对 21 名责任人员处以 90 万元至 10 万元不等罚款，共计 595 万元罚款，对 6 名主要责任人采取 10 年至终身证券市场禁入措施。[④]

2020 年 12 月 31 日，11 名投资者就康美药业虚假陈述案向广州市中级人民法院（以下简称广州中院）提起普通代表人诉讼，广州中院向上市公司发出应诉通知书。[⑤]

2021 年 3 月 26 日，广州中院发布康美药业普通代表人诉讼权利登记

① 康美药业股份有限公司：《关于公司股票交易实施其他风险警示暨公司股票停牌的提示性公告》，2019 年 5 月 18 日。

② 参见《康美真会玩，主动 ST 是真诚认错还是为了控制股价》，凤凰新闻网，https://ishare.ifeng.com/c/s/7mrUBXCopck，最后访问日期 2022 年 4 月 5 日。

③ 康美药业股份有限公司：《关于收到中国证券监督管理委员会〈行政处罚及市场禁入事先告知书〉的公告》，2019 年 8 月 17 日。

④ 康美药业股份有限公司：《关于收到中国证券监督管理委员会〈行政处罚决定书〉及〈市场禁入决定书〉的公告》，2020 年 5 月 15 日。

⑤ 康美药业股份有限公司：《关于涉及诉讼的公告》，2021 年 1 月 4 日。

公告，投服中心发布接受投资者委托的说明并通知上市公司。[①]

2021年4月8日，投服中心根据50名以上投资者的特别授权，向广州中院提交了依法转为特别代表人诉讼的申请。[②]

2021年4月16日，广州中院发布案件转为特别代表人诉讼的公告。[③]

2021年7月27日，广州中院开庭审理康美药业特别代表人诉讼案，进一步听取双方当事人诉辩意见，组织对损失核定报告进行质证，并再次征求当事人的调解意愿和方案。[④]

2021年11月12日，广州中院对该全国首例特别代表人证券虚假陈述诉讼案作出一审判决：法院认定本案实施日为2017年4月20日，揭露日为2018年10月16日。中国证券投资者保护基金有限责任公司受委托采用移动加权平均法计算损失，以个体相对比例法测算投资者证券市场系统风险扣除比例，损失测算后受损投资者数量为52 037名，损失约24.59亿元。康美药业因其年报中的虚假记载、重大遗漏等虚假陈述情形，需要对投资者承担24.59亿元的赔偿责任；实际控制人马某田夫妇和马某伟等四名原高管人员，被判定为直接责任人，需承担100%连带赔偿责任；马某耀等13名原董监高虽未直接参与财务造假，但却因不同程度的过失导致未勤勉尽责，需按具体过错分别承担20%、10%、5%的部分连带赔偿责任。其中，独立董事江某平、李某安、张某承担10%连带赔偿责任（约2.46亿元），独立董事郭某慧、张某1承担5%连带赔偿责任（约1.23亿元）。[⑤]

2021年12月20日起，康美药业证券虚假陈述侵权集体诉讼案陆续执行赔偿。投资者将以现金、债转股、信托收益权等方式获偿约24.59亿元。具体而言，康美药业根据广州中院判决的投资者名单及金额，将现金

① 康美药业股份有限公司：《关于收到中证中小投资者服务中心〈关于发布接受康美药业虚假陈述民事赔偿案投资者委托说明的通知〉的公告》，2021年3月27日。

② 康美药业股份有限公司：《关于投资者民事诉讼索赔进展的公告》，2021年4月17日。

③ 参见《首单特别代表人诉讼成功转换》，证券日报百家号，https://baijiahao.baidu.com/s?id=1697477102922015497&wfr=spider&for=pc，最后访问日期2022年3月1日。

④ 康美药业股份有限公司：《关于对特别代表人诉讼一审判决不予上诉的公告》，2021年11月24日。

⑤ 广州市中级人民法院（2020）粤01民初2171号民事判决书。

转至中国结算，中国结算再转至各投资者开户证券公司，最终分配至投资者资金账户。全体投资者共获赔现金约 9.765 亿元，股票约 1.41 亿股，信托收益权份额约 7 070 万份。[①]

（二）关联法条

新《证券法》第 95 条：投资者提起虚假陈述等证券民事赔偿诉讼时，诉讼标的是同一种类，且当事人一方人数众多的，可以依法推选代表人进行诉讼。

对按照前款规定提起的诉讼，可能存在有相同诉讼请求的其他众多投资者的，人民法院可以发出公告，说明该诉讼请求的案件情况，通知投资者在一定期间向人民法院登记。人民法院作出的判决、裁定，对参加登记的投资者发生效力。

投资者保护机构受五十名以上投资者委托，可以作为代表人参加诉讼，并为经证券登记结算机构确认的权利人依照前款规定向人民法院登记，但投资者明确表示不愿意参加该诉讼的除外。

（三）要点评析

在康美药业案中，投服中心作为代表人参与诉讼，相较于以投资者为代表人的普通代表人诉讼，创造性地引入受损投资者明示退出、默示加入的机制，最大限度地扩大了投资者保护范围，更好地保障了投资者的知情权和参与权，并极大地提高了对违法行为的惩戒与震慑效应。这既是我国资本市场中国特色的投资者保护制度，也凸显了具有创新意义的证券民事赔偿的制度优势。另外，以此次为康美药业提供审计服务的会计师事务所及其合伙人、签字会计师被判承担连带赔偿责任为契机，中介机构应进一步加强自律。独立董事也应更加勤勉尽责，及时学习法律法规知识，提升专业能力，切实履行好自身对公司应有的监督义务。

（四）拓展阅读："后康美时代"的 A 股市场变化

据统计，自 2021 年 11 月 12 日晚间康美药业一审判决公布后，2021

---

① 参见《康美药业案执行赔偿投资者赔付已陆续到账》，新京报百家号，https：//baijiahao.baidu.com/s? id=1719892097804977744&wfr=spider&for=pc，最后访问日期 2022 年 4 月 5 日。

年11月12日至30日，共有39家A股上市公司发布42次独立董事辞职公告，辞职独立董事人数为43个，似乎呈现了一股独立董事“离职潮”。[①] 同时，有学者指出，独立董事难以勤勉尽责是因为我国当前公司治理结构不完善，独立董事是现行制度的牺牲品。基于此，新《虚假陈述规定》第16条专门就独立董事的抗辩事由进行了规定，包括非自身专业的第三方信赖、揭露日前的及时发现、发表了非标意见、因发行人阻碍造成履职不能。另外，A股市场对于董责险的关注也逐渐升温，本书第五章对A股市场在新《证券法》实施后的董责险动态进行了深入的解析。

三、首例公司债券欺诈发行案：五洋债案

（一）案情摘要

五洋建设的前身为上虞区第五建筑公司，经过多次改制和股权变更后，公司的实际控制人为陈某樟。五洋建设主营业务是建筑工程板块，同时还投资了部分酒店餐饮、房地产开发等业务。五洋建设发行过多只短期融资券、PPN和公司债券。其中15五洋债、15五洋02为小公募公司债产品，15五建债和16五洋01为私募公司债产品。五洋建设于2016年12月被列入全国法院失信被执行人名单。[②]

2017年8月14日，15五洋债未按时兑付债券回售款和利息，成为引发五洋债债券欺诈发行的导火索。

2020年9月4日，杭州市中级人民法院（以下简称杭州中院）针对本起全国首例公司债券欺诈发行案，也是证券纠纷领域全国首例适用代表人诉讼制度审理案进行公开开庭审理。

2020年12月31日，杭州中院对487名债券投资者（原告）与五洋建设集团股份有限公司、五洋建设实际控制人陈某樟、德邦证券、大信会计

---

① 参见《康美案宣判后43个A股独董辞职，离职潮真的来了吗?》，澎湃新闻百家号，https：//baijiahao.baidu.com/s?id=1717948158319500053&wfr=spider&for=pc，最后访问日期2022年4月5日。

② 参见《二审判决之后五洋债案被申请再审》，资产界，http：//www.zichanjie.com/article/537481.html，最后访问日期2022年4月5日。

师事务所（以下简称大信会计所）、上海市锦天城律师事务所（以下简称锦天城律所）、大公国际资信评估有限公司（以下简称大公评估）证券虚假陈述责任纠纷代表人诉讼一案作出一审判决：①驳回叶某芳、陈某威等原告对五洋建设的起诉（该等原告已就债券违约申请仲裁并获得生效裁决或已向破产管理人申报债权并获得确认）；②确认王某、孔某严等原告对五洋建设享有 246 870 287.25 元的债权；③陈某樟、德邦证券、大信会计所就五洋建设对叶某芳、陈某威等原告共计 494 303 965.14 元债务本息承担连带赔偿责任，对五洋建设的上述第二项债务承担连带赔偿责任；④锦天城律所就五洋建设对叶某芳、陈某威等原告总计 494 303 965.14 元债务本息在 5%范围内承担连带赔偿责任，对五洋建设上述第二项债务在 5%范围内承担连带赔偿责任；⑤大公评估就五洋建设对叶某芳、陈某威等原告总计 494 303 965.14 元债务本息在 10%范围内承担连带赔偿责任，对五洋建设上述第二项债务在 10%范围内承担连带赔偿责任。[①]

据此计算，陈某樟、德邦证券、大信会计所要对 7.4 亿元债务承担连带赔偿责任；锦天城律所要承担的连带赔偿金额超过 3 700 万元；大公评估要承担的连带赔偿金额超过 7 400 万元。其中，主要涉案责任人如下。

陈某樟系五洋建设的董事长、控股股东，持有五洋建设的股份 16 310.33 万股，占五洋建设总股份的 43.31%。2017 年 1 月 18 日，五洋建设发布《关于收到中国证监会〈行政处罚事先告知书〉的公告》中表明，陈某樟因虚假陈述，也被中国证监会行政处罚与终身证券市场禁入。

德邦证券是五洋建设发行债券的主承销商与债券受托管理人。2016 年 7 月 6 日，浙江证监局发布《关于对德邦证券股份有限公司采取出具警示函措施的决定》。2018 年 9 月 7 日，德邦证券发布《关于收到中国证券监督管理委员会浙江监管局调查通知书的公告》。2019 年 11 月 11 日，中国证监会公布《行政处罚决定书（德邦证券、周某玮、曹某等六名责任人员）》，对德邦证券及其相关责任人进行了行政处罚。

---

① 杭州市中级人民法院（2019）浙 01 民初 1408 号民事判决书。

大信会计所是五洋建设发行债券的会计师事务所。2019年1月22日，中国证监会公布《行政处罚决定书（大信会计师事务所、钟某和、孙某伟）》。

锦天城律所是五洋建设发行债券的律师事务所。根据债券持有人提供的杭州市西湖公证处（2019）浙杭西证民字第5136号公证书，该律所被债券持有人诉称其没有注意并披露在五洋建设与德邦证券的关联股权关系。目前，对于该诉称，并没有行政处罚、纪律处分或司法裁定。

大公评估是五洋建设发行债券的资信评估机构。2018年8月17日，中国银行间交易商协会发布《交易商协会自律处分信息（大公国际资信评估有限公司）》。2018年8月27日，北京证监局公布《关于对大公国际资信评估有限公司采取责令改正监管措施的决定》。

2021年1月底，除五洋建设外，另外5位被告陈某樟、德邦证券、大信会计所、锦天城律所、大公评估均选择了上诉，主要基于以下三点理由。[①]

其一，上诉人均认为一审法院对因果关系的认定方面事实不清。

陈某樟认为，五洋建设债券不能按期兑付，造成原告损失的因素是多方面的。

德邦证券认为，原审判决未充分查明本案虚假陈述行为与五洋债最终未能兑付存在因果关系，导致对损失赔偿范围的认定过大。原审法院未充分查明原审原告自身存在的过错，导致对原审被告认定的责任过重。

大信会计所认为，造成被上诉人债券本息损失的根本原因是宏观经济政策风险以及发行人自身经营风险等虚假陈述之外的其他因素。案涉虚假陈述与投资者的投资损失之间不存在因果关系。一审判决认定本案不存在虚假陈述之外的其他因素造成被上诉人投资损失，明显错误。

锦天城律所认为，投资人损失是发行人欺诈发行、实际控制人挪用募集资金行为以及市场风险、商业风险等多种因素共同造成的，与一审判决

---

① 参见《“五洋债”案中介机构齐上诉：“责任范围过于宽泛”》，金融界百家号，https：//baijiahao.baidu. com/s? id=1691079723044468828&wfr=spider&for=pc，最后访问日期2022年4月5日。

认定锦天城律所“未勤勉尽职、存在过错”所依据的“沈阳建设控股子公司出售投资性房产事项”无关。锦天城律所的行为与损失后果不存在因果关系。已有其他中介机构在债券发行前对“沈阳建设控股子公司出售投资性房产事项”进行了披露，投资人对此事项并不存在错误认识。法律意见书并非公开披露文件，不影响投资人的投资决策。投资人损失是发行人欺诈发行、实际控制人挪用募集资金行为以及市场风险、商业风险等多种因素共同造成的，与一审判决认定锦天城律所“未勤勉尽职、存在过错”所依据的“沈阳建设控股子公司出售投资性房产事项”无关。

大公评估认为，一审判决对本案作为虚假陈述责任纠纷案件的相关共性问题亦存在认定错误。其中，就本案最重要的侵权行为基础“五洋建设财务数据虚假记载事项”，一审判决实质上并未予以查明。进一步而言，未真正查明五洋建设财务数据虚假记载的结果，有可能导致本案出现因果关系认定错误。此外，一审判决对本案机构投资者损失的因果关系认定错误，对本案“揭露日”的认定亦存在错误。

其二，多名上诉人认为自己已尽到勤勉尽职义务。

陈某樟认为，上诉人对五洋建设应收应付“对抵”虚增利润发行债券已经在其职务和能力范围内尽职尽责，并无过错。

德邦证券认为，原审判决以德邦证券未勤勉尽职为由认定德邦证券对五洋债得以发行、交易存在重大过错，与事实不符，也无任何依据。原审判决未查明应收账款与应付账款“对抵”与应收账款回收风险存在本质差异，导致认定德邦证券的责任远远超出承销商的注意义务和注意能力。

大信会计所认为，其自身不存在与五洋建设共同侵权的故意，即使大信会计所就案涉“对抵”事项的判断把握不当，也不构成重大过失，仅是“轻微过失”，至多在不实审计金额范围内承担补充赔偿责任。一审判决以大信会计所存在“重大过失”为由，判令大信会计所承担连带赔偿责任，认定事实错误，适用法律错误。

锦天城律所认为，法律意见书不存在虚假陈述、误导性陈述或重大遗漏，已尽到勤勉尽责义务，不存在过错。一审判决所谓的“重大资产变化”影响的是债券存续期间五洋建设的财务报告，根据各个主体的分工，关注并充分揭示债券存续期间存在的风险及偿债能力的变化并非律师事务所的义务。基于法律的统一适用，在证券监管部门未认定锦天城律所“未勤勉尽职、存在过错”的情况下，法院不应当再作出相悖认定。

大公评估认为，退一步而言，即使本案应当考虑“沈阳五洲房产出售事项”，上诉人也不应当承担连带责任。上诉人在该事项上完全不存在虚假陈述行为，且已就该事项尽到勤勉、尽责义务。该事项不会影响投资者对案涉债券偿付能力的判断，也不影响案涉债券的评级结果。同时，对比分析案涉三份评级报告、梳理上诉人对案涉债券的跟踪评级过程，上诉人对案涉债券的评级结果客观、公允。此外，参照公司债券市场“AA”评级的总体所处地位，亦可证明上诉人对涉案债券的评级结果独立、公允。因此，即使将“沈阳五洲房产出售事项”纳入评价上诉人“过错”的考虑范围，上诉人也不存在“过错”。

其三，多名上诉人认为一审要求的赔偿责任承担范围过于宽泛，会造成负面影响。

陈某樟认为，暂不论五洋建设的侵权行为是不是原告损失的唯一原因，即使上诉人存在过失行为也不应当承担100%的赔偿责任。

德邦证券认为，原审判决认定叶某芳、陈某威等367名原告合同之债已经生效法律文书或破产程序确认，却依据《证券法》（2014年修正）第69条虚假陈述侵权之债判决德邦证券对该部分原告的合同之债承担连带责任，属于法律适用错误。原审判决未界定清楚本案的虚假陈述侵权行为及各被告的一般侵权行为，适用法律错误。

大信会计所认为，会计师事务所作为债券服务机构仅可能就因自身虚假陈述行为导致的投资者损失承担责任，该损失范围与发行人虚假陈述行为导致的投资者损失范围不同，更不等于发行人返还债券本息的违约责任。一审判决直接认定上诉人应对发行人兑付投资者债券本息的损失承担连带责任，不符合《证券法》（2014年修正）第173条和旧《虚假陈述规定》的规定。

大信会计所不存在与五洋建设共同侵权的故意，即使大信会计所就案涉“对抵”事项的判断把握不当，也不构成重大过失，仅是“轻微过失”，至多在不实审计金额范围内承担补充赔偿责任。一审判决以大信会计所存在“重大过失”为由，判令大信会计所承担连带赔偿责任，认定事实错误，适用法律错误。

一审判决对既非故意又无重大过失的大信会计所科以审计业务收入上千倍的连带赔偿责任，明显违背了基本的公平原则和过责相当原则。一审判决实际上是让中介机构对债券投资者提供“刚兑”，使中介机构成为债券发行的“增信机构”，这将会对债券纠纷的合理化解、资本市场的健康发展造成严重的负面影响。

锦天城律所认为，一审判决对于连带责任的滥用严重违反公平原则和权责利匹配原则，若成为有效先例，必将对金融市场造成致命打击。

2021年8月17日，浙江省高级人民法院（以下简称浙江高院）通过互联网正式开庭二审，争议焦点有四：其一，一审法院审理程序是否合法。其二，虚假陈述揭露日应当如何认定。其三，案涉虚假陈述与投资人损失是否具有因果关系。其四，承销商及证券服务机构是否应当承担责任及责任大小。

2021年9月末，五洋债二审维持原判。浙江高院认为，德邦证券对案涉虚假陈述存在过错；并且德邦证券以包销方式承销案涉债券，对债券能否完成销售与发行人具有共同的利益。一审判决德邦证券应当与发行人承担连带赔偿责任，具有法律及合同依据。大公评估在应当知悉相关事项的情况下，仍然对公司债券信用等级作出“偿还债务的能力很强、受不利经济环境的影响不大、违约风险很低”的AA级评级，存在过错，应当承担相应责任。大信会计所作为专业审计机构，在审计过程中具有核实发行人会计账目资料的义务，对发行人财务报告真实性负有主要审核责任。律所方面，锦天城律所对发行人前述重大资产的处置事项未进行必要的关注核查，未能发现相关资产处置给偿债能力带来的法律风险，存在过错。综上，德邦证券、大信会计所、锦天城律所、大公评估的上诉请求均不能成立，应予驳回；一审判决认定事实清楚，适用法律正确，应予维持。①

2021年11月26日，德邦证券针对二审判决提请再审。

2021年12月13日，最高院驳回德邦证券的再审申请。②

（二）关联法条

新《证券法》第95条：投资者提起虚假陈述等证券民事赔偿诉讼时，诉讼标的是同一种类，且当事人一方人数众多的，可以依法推选代表人进行诉讼。

对按照前款规定提起的诉讼，可能存在有相同诉讼请求的其他众多投资者的，人民法院可以发出公告，说明该诉讼请求的案件情况，通知投资者在一定期间向人民法院登记。人民法院作出的判决、裁定，对参加登记的投资者发生效力。

投资者保护机构受五十名以上投资者委托，可以作为代表人参加诉讼，并为经证券登记结算机构确认的权利人依照前款规定向人民法院登记，但投资者明确表示不愿意参加该诉讼的除外。

（三）要点评析

债券发行是一项系统工程，专业机构的科学评级、报告在债券发行和风险评估中具有重要的作用，相应也要承担应有的法律责任。因此，中介机构科学、准确和客观的分析有利于为市场和投资者提供正确的信息，而错误、违背事实的分析却可能带来市场的剧烈波动和投资者的重大损失。五洋债案作为全国首例公司债券欺诈发行的案件，从发行到判决，历时4年，对债券市场影响深远，对中介机构起到了较为明显的警示作用，提示中介机构在后续的工作中应勤勉尽责、谨慎合规地开展业务。

（四）拓展阅读：五洋债案的后续

在五洋债案的判决生效后，杭州中院启动执前督促程序，多次传唤被

① 参见《“五洋债案”终审结果出炉，中介机构被判担责》，上海证券报百家号，https：//baijiahao.baidu.com/s? id=1711840534807392347&wfr=spider&for=pc，最后访问日期2022年1月18日。

② 最高人民法院（2021）最高法民申7616号《民事裁定书》。

执行人约谈履行方案，了解五洋建设集团股份有限公司破产进程。2021年12月9日立案执行后，杭州中院组织召开执行协调会，申请人、申请人代表及代理人、被执行人代理人参加，除陈某樟外的其他被执行人均承诺2022年1月15日前先行履行部分案款。

2022年1月21日，杭州中院发布公告，当日发放五洋债案首期案款2.57亿元，全部由中介机构赔付。其中，德邦证券履行2亿元，大信会计所履行4 500万元，大公评估履行150万元，锦天城律所履行1 000万元。①

2022年3月25日，杭州中院再次发布公告，陈某樟、德邦证券、大信会计所、大公评估、锦天城律所证券虚假陈述责任纠纷系列案件相继生效，共计涉及总标的7.03亿元，历经6个月，该案案款终于执行完毕。②

四、首例投服中心特别派生诉讼：大智慧案

（一）案情摘要

在以往的司法实践中，虚假陈述民事赔偿往往由上市公司支付，鲜有违法责任人个人承担民事赔偿。新《证券法》第94条规定，投资者保护机构提起股东代位诉讼可不受《公司法》第151条规定的持股期限及比例限制，为只持有上市公司一手股票的投服中心履行投资者保护职能、代表投资者行权维权扫清了资格障碍。

2016年7月27日，大智慧（601519）发布《关于收到中国证监会〈行政处罚决定书〉的公告》。大智慧由于信息披露违法，虚增2013年度利润达1.2亿元，被中国证监会责令改正、警告并罚款60万元，公司董监高等14名责任人员也被警告和罚款。具体违法事实为，2014年2月26日，公司第二届董事会审议通过了2013年年度报告。2014年2月28日，

① 参见《全国首例债券欺诈发行案起赔了！中介机构首期赔偿款2.57亿元发放》，上海证券报百家号，https://baijiahao.baidu.com/s?id=1722747731815875856&wfr=spider&for=pc，最后访问日期2022年4月5日。

② 参见《“五洋案”7亿赔付执行终于尘埃落定，耗时6个月赔付一波三折两中介曾坚称履行困难》，央广资本眼微信公众号，最后访问日期2022年4月5日。

公司披露的2013年年度报告显示，公司当年实现营业收入894 262 281.52元，利润总额42 921 174.52元。经查，公司通过承诺“可全额退款”的销售方式提前确认收入，以“打新股”等为名进行营销、延后确认年终奖少计当期成本费用等方式，共计虚增2013年度利润120 666 086.37元。因此，中国证监会认定大智慧公司的上述行为违反了原《证券法》第63条关于“发行人、上市公司依法披露的信息，必须真实、准确、完整，不得有虚假记载、误导性陈述或者重大遗漏”的规定，构成原《证券法》第193条第1款所述“发行人、上市公司或者其他信息披露义务人未按照规定披露信息，或者所披露的信息有虚假记载、误导性陈述或者重大遗漏”的违法行为。公司董事长、总经理、法定代表人张某虹，公司董事、副总经理、董事会秘书王某，公司董事、财务总监王某红，公司分管营销工作的副总经理洪某，公司财务部经理郭某莉是公司上述信息披露违法行为直接负责的主管人员，参加审议通过2013年年度报告并在年度报告上签字的董事张某、沈某、林某波、胡某、毛某威、宓某瑜和监事李某予、申某、杨某伟是其他直接责任人员。

大智慧2020年年报披露了公司因证券虚假陈述责任纠纷向2 861位投资者赔偿约3.2亿元。2021年4月起，投服中心两次向大智慧提出质询，督促其向相关责任人追偿。因公司怠于履行追偿职责，投服中心以约86万元的民事判决书为依据，于2021年9月8日向上海金融法院提起全国首例投资者保护机构股东代位诉讼，将张某虹等五名被中国证监会认定为直接负责的主管人员列为被告和第三人。

2021年10月19日，投服中心再次向公司发送《股东质询建议函》，请公司说明实际赔偿金额以及向相关责任人的追偿情况，并再次建议公司监事会尽快向个人责任人追偿。其间，投服中心多次向公司询问追偿进展。2021年11月23日，公司发布公告称已向实际控制人张某虹等五人提起诉讼，要求其对3.25亿元虚假陈述民事赔偿承担连带责任。

2021年11月，大智慧诉实际控制人张某虹等损害公司利益纠纷案被上海金融法院正式受理，涉诉金额约3.25亿元。[①]

（二）关联法条

新《证券法》第94条：投资者与发行人、证券公司等发生纠纷的，双方可以向投资者保护机构申请调解。普通投资者与证券公司发生证券业务纠纷，普通投资者提出调解请求的，证券公司不得拒绝。

投资者保护机构对损害投资者利益的行为，可以依法支持投资者向人民法院提起诉讼。

发行人的董事、监事、高级管理人员执行公司职务时违反法律、行政法规或者公司章程的规定给公司造成损失，发行人的控股股东、实际控制人等侵犯公司合法权益给公司造成损失，投资者保护机构持有该公司股份的，可以为公司的利益以自己的名义向人民法院提起诉讼，持股比例和持股期限不受《中华人民共和国公司法》规定的限制。

（三）要点评析

投服中心利用新《证券法》的授权提起派生诉讼，是我国资本市场的创新性实践，这有利于投服中心更深入地介入公司治理，形成良好的示范效应，从而培养中小投资者的行权意识。这不仅有助于带动我国上市公司治理环节的私人执法，更能够以案释法，明确和丰富《公司法》中受信义务的内涵。

（四）拓展阅读：投服中心持股行权的方式

投服中心提起派生诉讼，是投服中心持股行权的方式之一。所谓持股行权，是指投服中心持有上市公司的股票，以股东身份自行或联合其他股东，行使查阅、建议、质询、表决、短线交易归入请求、提名、提案、提起诉讼、请求召开股东大会、召集及主持股东大会等法律赋予的股东权利。

---

① 参见《全国首单投保机构股东代位诉讼显效，大智慧向“关键少数”追偿》，中国证券网百家号，https：//baijiahao. baidu. com/s？ id=1717279199167174200&wfr=spider&for=pc，最后访问日期2022年4月5日。

根据投服中心2019年5月15日发布的《中证中小投资者服务中心持股行权工作规则（试行）》第22条，投服中心持股行权的方式主要包括：发送股东函件；参加或召集上市公司股东大会；参加上市公司重大资产重组媒体说明会、投资者说明会、业绩说明会、上市公司投资者接待日等活动；公开发声；现场、网上问询；查阅上市公司章程、股东名册、公司债券存根、股东大会会议决议和记录、董事会会议决议、监事会会议决议、财务会计报告等资料；联合其他股东共同行权；提出提案；向法院提起诉讼；经投服中心批准的其他方式。

另外，投服中心持股行权需遵守相应的原则，主要包括以下几种。

依法行权原则。行权行为符合法律法规、监管规定和自律规则要求，符合公司治理规范。

股东定位原则。运用市场化手段，以股东身份按程序行使法定的各项权利，不行使监管自律职责，不代表监管机构、自律组织的立场。

规范透明原则。建立健全行权决策和实施机制，实现行权工作科学规范、公开透明。

示范引导原则。选择具有普遍、典型意义，对中小投资者具有引领、示范作用的事项行权。

公益行权原则。不以营利和获取其他经济利益为目的，为中小投资者提供公益性服务。

公平行权原则。建立健全公开、透明的行权事项筛选机制，公平、公正选择行权事项。

五、首批适用新《证券法》进行处罚的财务造假案

（一）案情摘要

2021年7月23日，中国证监会通报三宗首批适用新《证券法》财务造假案件的处罚情况，涉及公司宜华生活（600978）、广东榕泰（600589）和中潜股份（300526）。三宗案件呈现以下共同特征：长期系统性财务造假，涉案金额巨大，持续时间长；实际控制人核心决策、组织

实施，主观恶性明显；造假手段复杂隐蔽，形式不断翻新，利用新型或复杂金融工具、跨境业务达成造假目的；财务造假伴生未按规定披露重大信息等其他违法违规行为。部分案件造假比例高，情节严重，影响极为恶劣。① 在三宗财务造假案中，对于实际控制人、董事长等“关键少数”处罚力度较重。

1. 宜华生活

宜华生活主要从事家具和木地板等家居产品的研发、设计、生产与销售，2004 年 8 月作为“汕头民企上市第一股”登陆上交所。刘某喜为宜华生活创始人、实际控制人，被冠以“潮汕资本教父”的名号。2019 年，刘某喜家族以 75 亿元身家位列胡润百富榜第 531 位。但是，公开资料显示，当前刘某喜已成“老赖”，并多次被限制高消费，其本人在其他企业持有的股权已被冻结。②

宜华生活多年连续实施重大财务造假，2016 年至 2019 年四年虚增利润分别占当期披露利润总额的 88.24%、98.67%、192.78% 和 99.37%（按利润总额绝对值计算）。该案系目前拟对上市公司信息披露违法罚款额最高的案件。行政处罚决定书认定在 2016 年至 2019 年四年间，公司通过虚构境内销售业务、高报出口货物销售额等方式虚增营业收入，进而虚增利润 27 亿余元；通过伪造银行单据、不记账或虚假记账等方式虚增银行资金 86 亿余元；未按规定披露与关联方资金往来 320 亿余元。中国证监会拟对该案违法主体合计罚款 3 980 万元，对宜华生活处以 600 万元罚款，对实际控制人兼董事长罚款 930 万元并采取终身市场禁入，对主要责任人员处以 250 万元至 450 万元不等的罚款并采取最高 10 年证券市场禁入。

2. 广东榕泰

根据行政处罚决定书，广东证监局对广东榕泰信息披露违法违规行为

---

① 参见《证监会通报首批适用新〈证券法〉财务造假案件处罚情况》，中国证监会，http：//www.csrc.gov.cn/csrc/c100028/c3d34146c65c5455fbf430b262e054362/content.shtml，最后访问日期 2022 年 4 月 8 日。

② 参见《宜华生活因财务造假被罚近 3 900 万，企查查显示公司有多条被执行信息》，网易新闻，https：//www.163.com/dy/article/GOBVFLDO0534QR2I.html，最后访问日期 2022 年 3 月 1 日。

进行了立案调查、审理。广东榕泰在2018年至2019年，通过虚构销售回款、虚构保理业务方式虚增利润5 500万余元。相关报告未按规定披露关联关系、日常经营性关联交易。广东榕泰的信息披露存在虚假记载和重大遗漏。中国证监会已经依法对广东榕泰及相关人员作出行政处罚决定，对本案违法主体罚款合计1 450万元，对广东榕泰处以300万元罚款，对实际控制人罚款330万元，对其他责任人员各处以20万元至160万元不等的罚款。广东榕泰主要存在三方面违法事实。

其一，未在规定期限内披露2019年年报。

其二，相关报告未按规定披露关联关系、日常经营性关联交易。其中，2018年年度报告、2019年年度报告未按规定如实披露关联关系；2019年年度报告问询函回复、澄清公告存在虚假记载；2018年年度报告、2019年年度报告未按规定披露日常经营性关联交易。

其三，2018年和2019年年报虚增利润。广东榕泰在2018年度通过虚构销售回款虚增利润1 224.69万元，董事长杨某生为避免全额计提减值准备、影响公司2018年利润，组织财务总监郑某佳等人，利用公司自有资金通过和通塑胶、中粤农资及第三方机构循环支付，并制作虚假的代付款协议，虚构从上述三家客户收取货款1 224.69万元，冲减对相关客户应收账款余额至零，从而免予对相关客户的应收账款计提坏账准备1 224.69万元，导致2018年年度报告虚增利润1 224.69万元，占2018年年度报告披露利润总额17 833.45万元的6.87%。广东榕泰在2019年度通过虚构销售回款虚增利润3 124.23万元、通过虚构保理业务虚增利润1 177.99万元，合计共虚增利润4 302.22万元。

广东证监局认为，广东榕泰未在规定期限内披露2019年年度报告的行为，违反新《证券法》第79条的规定，构成新《证券法》第197条第1款所述的违法情形。广东榕泰未按规定披露关联关系及日常经营性关联交易、虚增利润，导致其2018年年度报告、2019年年度报告存在虚假记载的行为，违反新《证券法》第78条第2款的规定，构成新《证券法》第197条第2款所述的违法情形。

当事人杨某生请求免除采取市场禁入措施、请求减轻行政处罚。申辩理由主要为，2018 年年报未按规定如实披露关联关系及日常经营性关联交易、虚增利润等行为均发生于 2020 年 3 月 1 日新《证券法》正式实施之前，应按行为发生时的法律，减轻对相关责任人员的行政处罚。此外，2019 年年报的披露时间虽然发生在 2020 年 3 月 1 日之后，但其中涉及的虚增利润等违规行为均发生在 2019 年度内，2019 年年报存在虚假记载属于上述违规行为的后续结果，在作出行政处罚时应一并考虑前述情形。

经复核，广东证监局决定，不再对其采取市场禁入措施，但关于减轻行政处罚的陈述申辩意见不能成立，不予采纳。广东证监局指出，广东榕泰上述信息披露违法行为均在新《证券法》实施之后才终止，适用新《证券法》进行认定并无不妥。同时，广东证监局在作出行政处罚时已考量新旧法的衔接适用问题，酌情从轻。

最终，广东证监局决定对本案违法主体罚款合计 1 450 万元，对广东榕泰责令改正，给予警告，并处以 300 万元罚款；对杨某生给予警告，并处以 330 万元罚款；对郑某佳给予警告，并处以 160 万元罚款；对其他责任人员各处以 20 万元至 160 万元不等的罚款。①

3. 中潜股份

中潜股份 2019 年虚增营业收入 3 728 万余元，虚增营业成本 1 154 万余元，导致虚增营业利润 2 574 万余元，占当期利润总额的 62.08%。同时，中潜股份存在 2019 年年度报告未按规定披露关联交易，2020 年披露的相关公告存在误导性陈述的情况。广东证监局对本案违法主体罚款合计 1 450 万元，对中潜股份责令改正，给予警告，并处以 350 万元罚款，对两名主要责任人员给予警告，并各处以 200 万元罚款，对其他责任人员给予警告，并各处以 50 万元至 150 万元不等的罚款。中潜股份主要存在两

---

① 广东榕泰实业股份有限公司：《关于收到中国证券监督管理委员会广东监管局〈行政处罚决定书〉的公告》，2021 年 5 月 15 日。

方面违法事实。[①]

其一，2019年虚增利润占当期利润的62%。公开资料显示，2019年，中潜股份拟以1元收购北海慧玉网络科技有限公司（以下简称北海慧玉）失败后，于当年8月12日投资设立子公司北海中潜科技有限公司（以下简称北海中潜），并聘请北海慧玉核心技术团队具体运营。经北海中潜介绍，上海天放网络科技有限公司（以下简称上海天放）购买了泰康在线财产保险股份有限公司（以下简称泰康在线）的团体意外险产品。上海天放支付保费后，泰康在线以技术服务费的名义，向北海中潜支付了保费的92%，北海中潜就此确认了对泰康在线的主营业务收入3 728.7万元；北海中潜以向上海天放采购网络推广服务的名义，向上海天放支付1 154.3万元并确认主营业务成本。广东证监局查明，北海中潜对泰康在线确认的主营业务收入，对上海天放确认的主营业务成本，均不符合会计准则要求，北海中潜虚增业绩导致中潜股份2019年年度报告中披露的财务数据存在虚假记载。由此，中潜股份2019年年报虚增营业收入为3 728.7万元，虚增营业成本为1 154.3万元，导致营业利润虚增2 574.4万元，占当期利润总额的62.08%。

此外，广东证监局还查明，2019年度，中潜股份与中天装备、惠州雅妍等关联公司共发生经营性关联交易3 710万元，占中潜股份2018年期末净资产的6.78%。中潜股份在2019年年度报告中未按规定披露相关关联交易情况。

其二，夸大标的公司，存在误导性陈述。中潜股份收购合肥大唐存储科技有限公司（以下简称大唐存储）项目披露的相关公告存在误导性陈述。2020年3月13日、17日中潜股份发布《关于签署股权收购意向书的提示性公告》《关于签署股权收购意向书的提示性公告（更新后）》，披露标的公司“大唐存储也是国内少数掌握商用最高安全等级国密商用算法芯片技术的公司”。经广东证监局查明，该商用最高安全等级国密商用算

---

① 中潜股份有限公司：《关于收到〈行政处罚决定书〉的公告》，2021年9月1日。

法芯片技术的所有权，并不属于大唐存储，大唐存储需经授权使用并支付授权费。截至2020年10月，大唐存储运用上述技术开发的相关产品，尚未向国家权威认证机构申请国密二级认证，也未拿到认证证书，后续能否拿到认证证书存在不确定性。因此，监管机构认为，上述公告中关于大唐存储掌握商用技术情况的描述不严谨，夸大了标的公司大唐存储的技术优势，严重影响投资者对收购事项及对标的公司未来整体发展趋势的判断，构成误导性陈述。

另外，2020年4月7日，中潜股份披露《关于回复的公告》，回复大唐存储近一年又一期亏损的原因是“投入上亿元资金进行新一代高性能、高安全企业级和行业级存储控制芯片的研发，研发费用投入大”。对此，监管机构查明，大唐存储投入的上亿元资金，主要是用于支付IP技术的授权费用，并非进行自主产品研发，账务上计入资产负债表的“其他非流动资产”项目，未进行摊销。根据大唐存储2019年及2020年一季度的利润表，其中的研发费用不包括该IP技术授权的摊销，且研发费用支出虽然较大，但并非导致大唐存储连续亏损的主要原因。据此，监管机构认定，中潜股份将大唐存储亏损的主要原因归结于“投入上亿元资金进行……研发，研发费用投入大”，未客观、准确、严谨地反映大唐存储的亏损原因，严重影响投资者对标的公司科研实力及未来盈利情况的判断，构成误导性陈述。

（二）关联法条

新《证券法》第197条：信息披露义务人未按照本法规定报送有关报告或者履行信息披露义务的，责令改正，给予警告，并处以五十万元以上五百万元以下的罚款；对直接负责的主管人员和其他直接责任人员给予警告，并处以二十万元以上二百万元以下的罚款。发行人的控股股东、实际控制人组织、指使从事上述违法行为，或者隐瞒相关事项导致发生上述情形的，处以五十万元以上五百万元以下的罚款；对直接负责的主管人员和其他直接责任人员，处以二十万元以上二百万元以下的罚款。

信息披露义务人报送的报告或者披露的信息有虚假记载、误导性陈述或者重大遗漏的，责令改正，给予警告，并处以一百万元以上一千万元以下的罚款；对直接负责的主管人员和其他直接责任人员给予警告，并处以五十万元以上五百万元以下的罚款。发行人的控股股东、实际控制人组织、指使从事上述违法行为，或者隐瞒相关事项导致发生上述情形的，处以一百万元以上一千万元以下的罚款；对直接负责的主管人员和其他直接责任人员，处以五十万元以上五百万元以下的罚款。

（三）要点评析

上市公司财务造假是证券市场的“毒瘤”，严重破坏了市场运行的基础，侵害投资者利益，始终是中国证监会监管执法的重点。中国证监会对财务造假打击的决心，主要体现在三个方面：第一，对于证据充分、违法事实清楚的案件，从严重处，一抓到底，打则“痛击筋骨”，绝不“挠痒痒”，上述案件均处千万元以上重罚，责任人处百万元以上罚款，让违法者“知疼”，不敢“再犯”；第二，抓“关键少数”，精准打击，区分责任，区分情节，上述案件较为明显的特点，即严办首恶，对实际控制人施以重罚及终身市场禁入；第三，构建立体追责体系，涉嫌犯罪，坚决移送，绝不姑息，让违法者在行政处罚、刑事打击、民事赔偿中承担应有的责任。

（四）拓展阅读：上市公司财务造假的类型

上市公司财务造假，是指企业相关人员在会计核算过程中，违反国家法律法规和准则制度，做假账和编制虚假会计报表的行为。该行为将企业的各种财务缺陷和隐患隐藏起来，致使企业的会计信息成为失真的会计信息，扰乱市场经济秩序。我国上市公司财务造假行为主要包括以下 3 大类 11 小类，具体如表 2-1 所示。

表 2-1 我国上市公司财务造假行为分类①

大类	小类	具体描述
与资产有关的财务造假	资产减值准备计提不当	资产减值是指资产的可回收金额少于其账面价值。由于是企业主观估计的原因，一项资产的价值具有不确定性，使得上市公司能够从中牟利。例如，部分上市公司利用资产减值来进行恶意的盈余管理。
	虚拟资产挂账	虚拟资产挂账是指上市公司仍保留着不再对公司有利用价值的资产项目。如已经不能使用的机器设备、已经超过受益期限的待摊费用等项目依然挂在公司的账面上，虚增了资产。
	变相侵吞中小股东资产	该类造假是在大股东的操纵下进行的，以获取低成本资金，其常见的做法有：为大股东提供资金，进行担保以及内部交易。这些措施包括以明显低于市场的价格向大股东供给和以明显高于市场的价格向大股东购买。
与收入有关的财务造假	虚构交易和事项，增加收入	虚构交易的主要途径是伪造收入，这是性质最为恶劣、欺骗性最大的一种财务造假手段。具体包括虚构原材料购入发票、伪造材料购入合同、材料运输入库单据、材料出库单据等。
	提前确认收入	提前确认收入，使企业增加了应收账款，也使企业增加了资产风险；提前缴纳税金，使企业虚增了利润。其包括对存有重大不确定性时确定收入，不适当运用完工百分比法、在仍需提供未来服务时确认收入以及提前开具销售发票等。
	递延收入	递延收入是企业盈余管理的一种手段。企业经常在当期收益较为充裕、下期收益可能减少的情况下采取递延收入的措施。
	利用投资收益等一次性所得调节利润	上市公司在首次发行股票、配股、增发新股，以及向银行的一些贷款等活动中，为了实现某些硬性指标，依赖一次性所得尤其是投资收益来操纵利润。

① 该分类参考了张春英：《浅谈上市公司财务造假手段及防范措施》，载《行政事业资产与财务》，2011 年 7 月，第 10—11 页。

续表

大类	小类	具体描述
与负债和费用有关的财务造假	递延费用	例如，企业将一次性广告费、修缮维护费用或研究开发支出等递延，从而粉饰财务报表。
	转移费用	转移费用是指上市公司为虚增利润，采取部分费用不入账或者由母公司来承担的措施。另外，部分企业可能通过待摊费用、预提费用账户等跨期摊配项目来虚增利润。如对固定资产折旧不提或少提；将本应列入成本或费用的项目却计入待摊费用。
	漏列负债	漏列负债主要包括漏列应付职工薪酬及应付福利费、漏列由赊销产生的应付账款、漏列其他流动负债等。
	故意混淆各种管理费用	在管理费用中，企业可能混淆业务招待费、差旅费、广告费等明细科目。例如，纳税人发生的与其经营活动有关的差旅费、会议费、董事费，应能够提供证明其真实性的合法凭证，否则不得在税前扣除；而有些企业把业务招待费的一部分计入差旅费科目，以达到偷税漏税的目的。

六、首例董监高近亲属买卖构成短线交易

（一）案情摘要

2020年3月4日，露笑科技（002617）公告，公司于2020年3月3日接到公司高管李某涛的母亲石某英的报告，因其手机操作不当误买入公司股票1万股。石某英在2020年2月21日通过手机卖出露笑科技股票6.1万股，成交均价为6.32元，成交金额为38.552万元。石某英于2020年3月3日由于误操作，通过手机买入露笑科技股票1万股，成交均价为6.442元，成交金额为6.442万元，两次交易发生在6个月内，构成短线交易。[①]

（二）关联法条

新《证券法》第44条：上市公司、股票在国务院批准的其他全国性

① 露笑科技股份有限公司：《关于高管亲属买入公司股票的公告》，2020年3月4日。

证券交易场所交易的公司持有百分之五以上股份的股东、董事、监事、高级管理人员，将其持有的该公司的股票或者其他具有股权性质的证券在买入后六个月内卖出，或者在卖出后六个月内又买入，由此所得收益归该公司所有，公司董事会应当收回其所得收益。但是，证券公司因购入包销售后剩余股票而持有百分之五以上股份，以及有国务院证券监督管理机构规定的其他情形的除外。

前款所称董事、监事、高级管理人员、自然人股东持有的股票或者其他具有股权性质的证券，包括其配偶、父母、子女持有的及利用他人账户持有的股票或者其他具有股权性质的证券。

公司董事会不按照第一款规定执行的，股东有权要求董事会在三十日内执行。公司董事会未在上述期限内执行的，股东有权为了公司的利益以自己的名义直接向人民法院提起诉讼。

公司董事会不按照第一款的规定执行的，负有责任的董事依法承担连带责任。

新《证券法》第189条：上市公司、股票在国务院批准的其他全国性证券交易场所交易的公司的董事、监事、高级管理人员、持有该公司百分之五以上股份的股东，违反本法第四十四条的规定，买卖该公司股票或者其他具有股权性质的证券的，给予警告，并处以十万元以上一百万元以下的罚款。

（三）要点评析

短线交易是A股市场高频发生的违法行为，如今我国的监管技术有所提升，对短线交易的发现和打击将更加频繁。因此，董监高树立对监管“红线”的敬畏意识，提高对交易中限制性规定的理解和认识非常重要。同时，董监高应该避免对自己交易账户管理疏忽而导致误操作，防止投资者权益因其自身或其亲属短线交易而遭受损害。

（四）拓展阅读：什么是短线交易？为何要规制短线交易？

短线交易是指上市公司的董事、监事、高级管理人员及大股东，在法定期间内，对上市公司股票买入后再行卖出或卖出后再行买入，以谋取不正当利益的行为。从《证券法》的规定及相关监管实践来看，对短线交易进行规制的主要目的在于以下几点。

其一，构建短线交易的事先防范机制，维护资本市场交易秩序。《证券法》的制定目的就在于“规范证券发行和交易行为，保护投资者的合法权益”。而证券的交易，“必须遵循公开、公平、公正的原则”。如果任由公司内部主体利用特定身份所获取的信息优势来进行不公平的证券交易，会损害正常的市场交易秩序。因此，构建短线交易的事先防范机制，有利于维护资本市场交易秩序及实现证券交易须遵循的“公开、公平、公正”原则。

其二，避免特定公司内部主体利用信息优势从事违法违规行为。持股5%以上的股东因其持股数量较多在公司经营决策中占据着举足轻重的地位，而董事、监事、高级管理人员因其特殊身份，是公司经营管理的核心。这些主体在获取公司经营管理信息上具有极大便利，如不对其行为进行规制，则其可能操纵市场，谋取不法利益进而损害其他投资者的合法权益。因此，有必要对这些主体的证券交易数量和频率进行限制。

七、首例可转债短线交易

（一）案情摘要

2020年5月5日，深交所发布关于对英科医疗（300677）控股股东、实际控制人、董事长刘某毅的监管函（创业板监管函〔2020〕第61号）显示，刘某毅作为英科医疗控股股东、实际控制人、董事长，2020年3月5日至12日，累计卖出英科转债419 950张，减持金额135 071 703.3元。3月10日、11日，分别买入英科转债6 000张、12 470张，买入金额分别为1 995 532.43元、4 153 434.08元。刘某毅上述买卖英科转债的行为构成新《证券法》第44条规定的短线交易。

深交所认定，刘某毅的行为违反了深交所《创业板股票上市规则（2018年11月修订）》第1.4条、第3.1.11条规定，并要求其充分重视上述问题，吸取教训，及时整改，杜绝上述问题再次发生。深交所提示，上市公司控股股东、实际控制人、董事、监事、高级管理人员必须按照国家法律、法规和《创业板股票上市规则》《创业板上市公司规范运作指引》等相关规定，合规买卖公司股票及其衍生品种。

（二）关联法条

新《证券法》第44条：上市公司、股票在国务院批准的其他全国性证券交易场所交易的公司持有百分之五以上股份的股东、董事、监事、高级管理人员，将其持有的该公司的股票或者其他具有股权性质的证券在买入后六个月内卖出，或者在卖出后六个月内又买入，由此所得收益归该公司所有，公司董事会应当收回其所得收益。但是，证券公司因购入包销售后剩余股票而持有百分之五以上股份，以及有国务院证券监督管理机构规定的其他情形的除外。

前款所称董事、监事、高级管理人员、自然人股东持有的股票或者其他具有股权性质的证券，包括其配偶、父母、子女持有的及利用他人账户持有的股票或者其他具有股权性质的证券。

公司董事会不按照第一款规定执行的，股东有权要求董事会在三十日内执行。公司董事会未在上述期限内执行的，股东有权为了公司的利益以自己的名义直接向人民法院提起诉讼。

公司董事会不按照第一款的规定执行的，负有责任的董事依法承担连带责任。

（三）要点评析

新《证券法》出台后，对于短线交易的监管规范曾经引起诸多讨论，尤其是对于“其他具有股权性质的证券”如何认定、可转债是否应当被纳入监管范围等意见不一。从可转债的性质来说，因其具备股和债的双重属性，上市公司可转债的价格波动往往较大，大股东、董监高等人若通过信息优势买卖可转债，存在一定的获利空间。根据上述案例，可转债被纳入短线交易的监管范围已得到监管部门的明确。

（四）拓展阅读：什么是可转债？可转债有何特点？

可转债是指在一定时间内可以按照既定的转股价格转换为指定股票的债券。转股权是转债持有者的权利，而非义务，投资者可以选择转股也可以选择继续持有。具体而言，可转债的操作方式较为多样化，对普通投资者来说，一般包括上市之后通过二级市场买卖、转股期内转换成股票或持有到期享受各计息期间的利息。若投资者选择转股，可转债自发行结束之日起一定时间后，在符合约定的条件下，债券持有人可通过报盘的方式申请转换为公司股票，转股期是由发行人根据可转债的存续期和公司财务情况确定的。

八、首例全体董监高无法保证年报真实准确完整

（一）案情摘要

2020年4月24日，兆新股份（002256）发布2019年年度报告，报告期内，公司实现营业总收入4.31亿元，同比下降28.55%，归属于上市公司股东的净利润为-2.75亿元，而2018年该数据为-2.01亿元。报告同时显示，公司五位董事，三位监事及四位高级管理人员均声明称无法保证报告内容真实、准确、完整，表示对年报数据不承担责任。具体内容为，董事兼副总经理杨某湖、董事陈某、独立董事王某、独立董事李某霞、独立董事肖某盛无法保证报告内容真实、准确、完整，并不承担任何个人或连带责任；监事黄某、蔡某刚、郭某、财务总监苏某无法保证本报告内容真实、准确、完整，无法保证不存在任何虚假记载、误导性陈述或重大遗漏，不同意承担任何个人或连带责任；常务副总经理郭某、副总经理汤某东、副总经理金某英对报告无法发表意见。

同时，负责此次审计的中勤万信会计师事务所对兆新股份分别出具了无法表示意见的《审计报告》和否定意见的《内部控制鉴证报告》，主要涉及的原因是，因全资子公司虹彩新材料与石泓保理之间交易的相关事项

尚未查清，青海锦泰的财务报表以及相关的评估报告尚未提交等。[①]

2020 年 4 月 26 日，深圳证监局作出对兆新股份采取责令改正措施的决定，责令兆新股份对导致会计师事务所否定意见的事项采取有效措施进行切实整改和纠正，重新编制 2019 年年报，并由审计机构对重新编制的 2019 年年度财务报告重新审计。公司董事会、监事会应对重新编制的 2019 年年报进行审议，并于 2020 年 4 月 30 日之前依法披露经董事会、监事会审议通过的 2019 年年报，并要求其重视如下三点问题。[②]

其一，公司同意公布 2019 年年报，但董事、监事均不保证年报内容真实、准确、完整，上述两项意见存在明显不一致的情况。公司董事会、监事会实际上仅对是否披露公司 2019 年年报形成决议，并未审议通过公司 2019 年年报，违反了新《证券法》第 78 条、第 79 条的规定。

其二，公司董事、监事和高级管理人员对所提的异议事项应当核实清楚，并如实在公司 2019 年年报中反映，不能以会计师事务所的审计意见、无法审阅年报等作为无法保证公司 2019 年年报真实、准确、完整的理由。

其三，公司法定代表人杨某湖、财务总监苏某的声明违反了中国证监会“公司负责人、主管会计工作负责人及会计机构负责人（会计主管人员）应当声明并保证年度报告中财务报告的真实、准确、完整”的规定。

当日晚间，深交所亦在微信公众号刊发文章点名要求兆新股份董监高勤勉履职，并表示董监高的异议行为不代表其已经勤勉履职，不等于其可以免除责任。同时，深交所还发出关注函，要求兆新股份上述人员忠实勤勉履职，并就公司 2018 年、2019 年连续两年亏损及 2019 年财务报告被出具无法表示意见的审计报告，自 4 月 27 日开市起对公司股票交易实行退市风险警示处理。[③]

随后，兆新股份表示对关注函高度重视，并本着严谨原则针对部分事

---

① 深圳市兆新能源股份有限公司：《2019 年年度报告》，2020 年 4 月 24 日。

② 深圳市兆新能源股份有限公司：《关于收到深圳证监局对公司采取责令改正措施的决定的公告》，2020 年 4 月 27 日。

③ 参见《深交所高度关注兆新股份年度报告，要求董监高勤勉履职》，深圳证券交易所微信公众号，最后访问日期 2022 年 3 月 20 日。

项聘请律师进行核查。但由于回函涉及内容工作量较大，兆新股份多次公布公告称，将延期回复关注函。

2020年4月30日，兆新股份又重新发布了一份年度报告，在这份年报中，董监高全员都做到了保证真实的承诺。年报提示首页表述："公司董事会、监事会及董事、监事、高级管理人员保证年度报告内容的真实、准确、完整，不存在虚假记载、误导性陈述或重大遗漏，并承担个人和连带的法律责任。公司负责人杨某湖、主管会计工作负责人及会计机构负责人（会计主管人员）苏某声明：保证年度报告中财务报告的真实、准确、完整。"①

具体来看，前后两份年报都显示，公司2019年营业收入4.31亿元，相比2018年调整后数据下降28.55%，但后一份年报显示的亏损额相比前一份年报有所扩大。前一份年报显示，公司归属于上市公司股东的净利润为-2.75亿元，相比2018年调整后数据下降37.12%。而重新发布的年报则显示，亏损额应为3.07亿元，同比下降48.03%。

2020年5月15日，在北京出席2020年"5·15全国投资者保护宣传日"活动时，中国证监会主席不点名地对兆新股份相关人员进行了批评："近期，还出现了某上市公司全体董监高一边同意年报披露，一边提出'无法保证报告内容真实、准确、完整'，引发社会广泛关注和抨击。目前已经采取了相应监管措施。我们认为，做好定期报告编制、审议和披露工作，是上市公司董监高的法定义务，对年度报告行使异议权，必须遵守诚实守信、勤勉尽责的基本准则，决不允许钻空子、滥用权力，逃避法律责任。"②

（二）关联法条

新《证券法》第82条：发行人的董事、高级管理人员应当对证券发

① 深圳市兆新能源股份有限公司：《2019年年度报告》，2020年4月30日。

② 参见《董监高无法保证年报内容真实？兆新股份被证监会约谈启动核查》，澎湃新闻百家号，https://baijiahao.baidu.com/s?id=1666808600777275989&wfr=spider&for=pc，最后访问日期2022年3月20日。

行文件和定期报告签署书面确认意见。

发行人的监事会应当对董事会编制的证券发行文件和定期报告进行审核并提出书面审核意见。监事应当签署书面确认意见。

发行人的董事、监事和高级管理人员应当保证发行人及时、公平地披露信息，所披露的信息真实、准确、完整。

董事、监事和高级管理人员无法保证证券发行文件和定期报告内容的真实性、准确性、完整性或者有异议的，应当在书面确认意见中发表意见并陈述理由，发行人应当披露。发行人不予披露的，董事、监事和高级管理人员可以直接申请披露。

新《证券法》第197条：信息披露义务人未按照本法规定报送有关报告或者履行信息披露义务的，责令改正，给予警告，并处以五十万元以上五百万元以下的罚款；对直接负责的主管人员和其他直接责任人员给予警告，并处以二十万元以上二百万元以下的罚款。发行人的控股股东、实际控制人组织、指使从事上述违法行为，或者隐瞒相关事项导致发生上述情形的，处以五十万元以上五百万元以下的罚款；对直接负责的主管人员和其他直接责任人员，处以二十万元以上二百万元以下的罚款。

信息披露义务人报送的报告或者披露的信息有虚假记载、误导性陈述或者重大遗漏的，责令改正，给予警告，并处以一百万元以上一千万元以下的罚款；对直接负责的主管人员和其他直接责任人员给予警告，并处以五十万元以上五百万元以下的罚款。发行人的控股股东、实际控制人组织、指使从事上述违法行为，或者隐瞒相关事项导致发生上述情形的，处以一百万元以上一千万元以下的罚款；对直接负责的主管人员和其他直接责任人员，处以五十万元以上五百万元以下的罚款。

（三）要点评析

信息披露制度是证券市场的基石，年度报告是上市公司信息披露的核心组成部分。只有上市公司真实、准确、完整、及时、公平地披露年度报告，才能展示给投资者一个真实、透明的上市公司，才能促进形成正确的价格信号，并真正发挥市场在资源配置中的决定性作用。董监高希望通过年报不保真来表示自己的异议，并以此代替其对公司和股东应尽的忠实、勤勉义务，进而达到逃避承担潜在法律责任的目的，该“文字游戏”得到了监管机构的及时否定，有助于信息披露制度的良好运行。

（四）拓展阅读：董监高对年报不保真的先例

事实上，A股上市公司的董监高公开表示无法保证公司年报真实、准确、完整，在新《证券法》实施前已有先例。例如，2019年4月29日，＊ST赫美（002356）发布2018年财报，在年报开篇中，公司董事兼总经理于某、副总经理李某、财务总监韩某均无法保证公司2018年度报告内容的真实、准确、完整。在三名高管中，于某表示：“由于公司债务纠纷及公章管理不善，本人无法确定是否尚有未经过董事会审议但对公司可能产生重大影响的合同及协议。”李某表示：“由于本人2018年处于长期休假状态，难以全面获悉公司经营管理资料，故无法保证公司2018年度报告内容的真实、准确、完整。”韩某表示：“由于公司2018年度审计报告被广东正中珠江会计师事务所（特殊普通合伙）出具无法表示意见，故无法保证公司2018年度报告内容的真实、准确、完整。”①

另外，＊ST康得（002450）也曾在2019年4月29日发布2018年财报，该报告被瑞华会计所出具“无法表示意见”，与此同时，仅有财务总监王某和新上任的董事长肖某公开保证了财务报告的真实、准确、完整，杜某静及其余六位董事、三位监事均表示不保证年报的真实性。②

为落实新《证券法》要求，着重解决信息披露监管中面临的如前述董监高在定期报告披露时集体发表异议声明的突出问题，中国证监会于2021年3月18日正式发布修订后的《上市公司信息披露管理办法》，自2021年5月1日起实施。此次修订针对性地完善了上市公司董监高异议声明制度：第一，明确要求定期报告内容应当经上市公司董事会审议通过，

---

① 参见《太奇葩！A股公司总经理、财务总监宣布：无法保证年报真实！》，东方财富网百家号，https：//baijiahao. baidu. com/s？ id=1632882339454804307&wfr=spider&for=pc，最后访问日期2022年3月20日。

② 参见《康得新财务总监辞职，已被苏州市公安局取保候审》，新京报百家号，https：//baijiahao. baidu. com/s？ id=1644201069288515963&wfr=spider&for=pc，最后访问日期2022年3月20日。

未经董事会审议通过的定期报告不得披露；第二，明确董事、监事无法保证定期报告内容的真实性、准确性、完整性或者有异议的，应当在董事会或者监事会审议、审核定期报告时投反对票或者弃权票；第三，强调董监高发表意见应当遵循审慎原则，不得滥用异议声明制度。其保证定期报告内容真实性、准确性、完整性的责任不仅因发表意见而当然免除，其最终是否需要承担责任，关键在于是否已勤勉尽责。

九、首例未在规定的信息披露媒体披露

（一）案情摘要

2020年4月10日，深交所中小板公司管理部向天赐材料（002709）发出关注函，要求后者就其日化事业部总经理任某华在朋友圈发布公司3月销售额涉嫌信息披露违规等作出说明。关注函显示，天赐材料日化事业部总经理任某华在其朋友圈公布3月公司销售额已突破1.16亿元。对此，关注函要求天赐材料说明事业部总经理朋友圈的信息均未在证券交易场所的网站和符合国务院证券监督管理机构规定条件的媒体发布，是否存在违反信息披露公平性和迎合市场热点影响公司股价的情形。①

（二）关联法条

新《证券法》第197条第1款：信息披露义务人未按照本法规定报送有关报告或者履行信息披露义务的，责令改正，给予警告，并处以五十万元以上五百万元以下的罚款；对直接负责的主管人员和其他直接责任人员给予警告，并处以二十万元以上二百万元以下的罚款。发行人的控股股东、实际控制人组织、指使从事上述违法行为，或者隐瞒相关事项导致发生上述情形的，处以五十万元以上五百万元以下的罚款；对直接负责的主管人员和其他直接责任人员，处以二十万元以上二百万元以下的罚款。

（三）要点评析

《上市公司信息披露管理办法（2021年修订）》第3条第2款规定：

① 广州天赐高新材料股份有限公司：《关于深圳证券交易所关注函回复的公告》，2020年4月14日。

"信息披露义务人披露的信息应当同时向所有投资者披露，不得提前向任何单位和个人泄露……"第8条第1款规定："依法披露的信息，应当在证券交易所的网站和符合中国证监会规定条件的媒体发布……"因此，上市公司应积极应对社交媒体的发展，完善内部管理机制和责任追究机制，加强对公司网站、官方微博以及公司董监高人员等内部人员的微博、微信或其他社交媒体的归口管理，从源头上减少违规行为的发生。

（四）拓展阅读：市场主体需注意社交媒体信息披露违规

随着社交媒体愈加发达，各社交媒体已经开始成为信息披露违规的滋养之地。例如，2021年11月，诺德投资股份有限公司副总经理陈某弼发布朋友圈称"明年市值没有五百亿，我切腹谢罪"。[①] 对此，上交所迅速予以警示。[②] 关于公司未来经营及市值预测的信息，是市场与投资者高度关注的重大事项，对公司股票交易及投资者决策可能产生较大影响。而高管的一言一行都会对公司股价造成影响，理应严格遵守信息的发布规范，在符合中国证监会规定的媒体上披露重大信息，并保证信息披露的准确、完整、公平。对于监管部门来讲，要加大处罚力度，坚决杜绝此类行为的发生。

十、首例注册制公司债和企业债

（一）案情摘要

2020年3月13日，华侨城集团面向专业投资者储架发行195亿元公司债券完成注册。[③] 据募集说明书显示，本次债券发行品种包括但不限于一般公司债券、绿色公司债券、扶贫公司债券、可交换公司债券等在交易所市场面向专业投资者公开发行的公司债券及可续期公司债券，具体债券

---

① 参见《"市值不到500亿，我切腹谢罪"！A股副总猛推自家股票，公司紧急回应》，中国证券报微信公众号，最后访问日期2022年3月20日。

② 上海证券交易所：《关于对诺德投资股份有限公司副总经理陈某弼予以监管警示的决定》（上证公监函〔2021〕0149号），2021年10月27日。

③ 参见《注册制下深市首单储架公司债和首单可续期公司债即将发行》，深圳证券交易所微信公众号，最后访问日期2020年3月20日。

品种以每期债券发行文件为准。根据本次债券发行时点以及公司债务结构调整及资金使用的需要，发行人将于每期债券发行前在募集说明书中明确具体偿还有息债务、补充流动资金的比例，以及拟偿还的有息债务的明细。①

同期，光大集团面向专业投资者公开发行50亿元可续期公司债券也完成注册。② 华侨城集团和光大集团均适用深交所优化审核程序，从项目申报到完成注册平均用时8个工作日，后续可在注册额度和注册有效期内择机发行。

2020年3月16日，中国中煤能源股份有限公司成功完成注册制下上交所首单公开发行公司债券簿记发行。该公司适用优化融资监管审核流程，项目从申请受理、审核、注册至簿记发行历时仅11个工作日。③

2020年4月，深圳市地铁集团有限公司申请注册的200亿元优质主体企业债券获得国家发展改革委批准，成为新《证券法》全面推行证券发行注册制后首单获得注册通知的企业债券。该只债券将由中信证券牵头，联合海通证券、华泰联合、国泰君安、国开证券等主承销商组织发行，从受理成功到注册仅用时14个工作日，募集资金将主要用于深圳城市轨道交通工程和综合交通枢纽项目开发建设。④

（二）关联法条

新《证券法》第9条：公开发行证券，必须符合法律、行政法规规定的条件，并依法报经国务院证券监督管理机构或者国务院授权的部门注册。未经依法注册，任何单位和个人不得公开发行证券。证券发行注册制的具体范围、实施步骤，由国务院规定。

---

① 参见《华侨城集团195亿小公募公司债券状态变更为“已受理”》，新浪财经百家号，https://baijiahao.baidu.com/s?id=1660105745828133992&wfr=spider&for=pc，最后访问日期2022年3月20日。

② 参见《2020年面向专业投资者公开发行可续期公司债券信用评级报告》，中国光大集团股份公司，http://xinpi.stcn.com/finalpage/2020-03/16/1207376251.PDF，最后访问日期2022年3月20日。

③ 参见《上交所首单注册制公司债完成簿记发行》，中国证券网百家号，https://baijiahao.baidu.com/s?id=1661330756711718776&wfr=spider&for=pc，最后访问日期2022年3月20日。

④ 参见《200亿！首单“注册制”企业债券落子深圳地铁》，深圳市地铁集团有限公司，https://www.szmc.net/home/xinwenzhongxin/gongsixinwen/202004/79780.html，最后访问日期2022年3月15日。

有下列情形之一的，为公开发行：

（一）向不特定对象发行证券；

（二）向特定对象发行证券累计超过二百人，但依法实施员工持股计划的员工人数不计算在内；

（三）法律、行政法规规定的其他发行行为。

非公开发行证券，不得采用广告、公开劝诱和变相公开方式。

（三）要点评析

债券发行注册制的实施，简化了发行条件，删去了净资产、累计债券余额、募集资金投向、利率要求等。从上述案例来看，债券发行注册制不仅落地快，而且审核效率进一步提升，流程时间进一步缩短，有利于强化以信息披露为核心的审核监管理念，为我国资本市场全面推行注册制提供借鉴。

（四）拓展阅读：公司债和企业债有何区别？[①]

在发行主体上，公司债是由股份公司和有限公司发行的；企业债多数是由国企、央企或国有控股企业发行的。

在流动场所上，公司债目前只在我国证券交易所流动，开放度较大，因此定价是发行公司和承销商通过市场询价确定的；而企业债主要是在银行间市场流动，个人很难参与，所以一般直接按照不高于同期居民定期存款利率的40%来定价。

在发行方式上，公司债可采取一次核准，多次发行。企业债一般要求在通过审批后一年内发完。同时，企业债必须是政府批准的项目才能发债募集资金，基本上都是用于基础设施建设和政府项目；而公司债募集资金不需要特定的用途，主要包括固定资产投资、技术更新改造、改善公司资金来源的结构、调整公司资产结构、降低公司财务成本、支持公司并购和资产重组。只要募集来的资金有利于公司的长期发展即可。

在后续监管上，公司债监管机构往往要求严格债券的信用评级和发债

---

① 参见《公司债和企业债的区别》，华咨基金微信公众号，最后访问日期2022年3月17日。

主体的信息披露，特别重视发债后的市场监管工作。但我国企业债发行中，发债由国家发改委和国务院审批，要求银行予以担保；一旦债券发行，审批部门则不再对发债主体的信息披露和市场行为进行监管。

十一、首例退市

（一）案情摘要

2020年3月13日，＊ST保千（600074）披露了2019年年度报告。年报显示，公司2019年度公司归属于上市公司股东的净利润为-9.32亿元，2019年末净资产为-59.79亿元，2019年财务报表继续被出具无法表示意见。相关财务指标已经触及了《上海证券交易所股票上市规则（2019年4月修订）》中规定的净资产、净利润和审计报告意见类型三种应予强制终止上市的情形。年报同时显示："公司具备配套生产能力，具有产品研发实力，但受制于资金短缺的影响，业务一直未能正常发展。未来公司主要目标为化解财务危机，积极发展业务，恢复盈利，改变净资产为负的状态，完善公司内部控制，争取使公司达到重新上市标准。"①

2020年4月1日，上交所发布《关于终止江苏保千里视像科技集团股份有限公司股票上市的公告》，公告称：＊ST保千因2017年、2018年连续两年期末净资产为负值和连续两个会计年度财务会计报告被会计师事务所出具无法表示意见的审计报告，公司股票自2019年5月24日起暂停上市，现仍未恢复上市。2020年3月13日，＊ST保千披露了经审计的2019年年度报告，2019年度归属于上市公司股东的净利润为-9.32亿元，2019年末归属于上市公司股东的净资产为-59.79亿元。中审华会计师事务所对公司2019年度财务会计报告出具了无法表示意见的审计报告。根据《上海证券交易所股票上市规则（2019年4月修订）》第14.3.1条、第14.3.3条和第14.3.16条的规定，经上市委员会审核，上交所决定终止＊ST保千股票上市。同日，＊ST保千发布公告称，因触及净资产、净利

① 江苏保千里视像科技集团股份有限公司：《2019年年度报告》，2020年3月13日。

润和审计报告意见类型三项财务类强制退市指标，上交所根据上市委员会的审议意见，依法依规作出终止公司股票上市决定。由此，＊ST 保千成为新《证券法》实施后首家退市公司。2020 年 4 月 10 日，＊ST 保千的股票进入退市整理期，整理期为 30 个交易日。公司股票终止上市后，将转入全国中小企业股份转让系统交易。

事实上，＊ST 保千自 2016 年因涉嫌信息披露违法违规被中国证监会立案调查以来，公司经营节节败退，连续三年年报被出具“非标”意见，退市已无悬念。

回顾过去，2015 年，保千里（＊ST 保千的前身）借由中达股份破产重整之机通过上市公司重大资产重组完成借壳上市，但是借壳上市却是一场“骗局”。[①] 2013 年中达股份进行破产重整，2014 年 11 月中达股份股东大会通过重大资产重组决议，2015 年 2 月中国证监会核准中达股份重大资产重组及向庄某等发行股份购买资产申请，2015 年 3 月正式完成资产重组。重组方案为，中达股份将截止到评估基准日 2014 年 3 月 31 日拥有的全部资产、负债与业务，以评估值 6.16 亿元作价出售给原控股股东申达集团有限公司，同时中达股份以每股 2.12 元向庄某、深圳市日昇创沅资产管理有限公司、陈某昌、庄某 1、蒋某杰发行股份 13.6 亿股，以购买其共同持有的保千里电子 100%股权，银信评估对保千里电子估值为 28.83 亿元。2015 年 4 月 27 日，中达股份更名为保千里。[②]

2017 年 8 月，保千里电子收到中国证监会的《行政处罚决定书》。经查明，保千里电子将共计 9 份虚假协议提供给银信评估。银信评估依法对保千里电子股东全部权益价值评估的结果为 28.83 亿元。银信评估对于前装夜视业务板块的评估，主要依据保千里电子提供的有产品数量的意向性协议，包括存在虚假情形的 9 份协议。

---

① 参见《今年退市首单＊ST 保千：借壳上市靠“骗”，三年亏掉百亿，前实控人失联》，界面新闻百家号，https：//baijiahao. baidu. com/s？ id = 1663011536331462168&wfr = spider&for = pc，最后访问日期 2022 年 3 月 17 日。

② 参见《保千里成 2020 首单退市股，遭调查后民生证券仍推荐》，网易财经微信公众号，最后访问日期 2022 年 3 月 17 日。

评估机构在剔除上述虚假协议的影响下，对保千里电子重新进行估值，评估估值下降，虚假协议致使评估值虚增较大，导致中达股份多支出股份对价，损害了中达股份及其股东的合法权益。在评估值虚增的背景下，保千里关于此次重组的信息披露行为构成所披露的信息有虚假记载的信息披露违法行为。

对此，上市公司被处以40万元罚款，相关当事人庄某被处以60万元罚款，陈某昌、庄某1、蒋某杰被分别处以15万元罚款，当事人童某平、王某云被分别处以20万元罚款，林某奇、王某琴、茅某华、费某海、沙某慧被分别处以10万元罚款。①

2017年底，保千里前实际控制人、董事长庄某涉嫌以对外投资收购资产、大额应收账款交易、大额预付账款交易、违规担保等为由侵占上市公司利益被中国证监会立案调查。② 由于庄某失联，截至2019年度审计报告日，该立案调查事项尚无最终结果。因此，保千里股票被实施其他风险警示，变更为ST保千里。③ 2017年年报披露后，ST保千里因2017年末公司净资产为负且年报被出具无法表示意见的审计报告，公司股票被实施退市风险警示，变更为＊ST保千。④

＊ST保千于2017年、2018年连续亏损，亏损金额分别为77.32亿元⑤、16.89亿元⑥。截止到2019年12月31日，公司及下属子公司被冻结的银行账户共85个，公司账户被冻结资金约1.13亿元，公司资产负债率已达1 049.53%。⑦

（二）关联法条

新《证券法》第48条：上市交易的证券，有证券交易所规定的终止

① 江苏保千里视像科技集团股份有限公司：《关于公司及相关当事人收到中国证券监督管理委员会〈行政处罚决定书〉的公告》，2017年8月12日。

② 江苏保千里视像科技集团股份有限公司：《关于董事会核查对外投资等事项结果暨重大风险提示的公告》，2017年12月26日。

③ 江苏保千里视像科技集团股份有限公司：《关于实施其他风险警示的公告》，2017年12月28日。

④ 江苏保千里视像科技集团股份有限公司：《关于股票被实施退市风险警示公告》，2018年5月2日。

⑤ 江苏保千里视像科技集团股份有限公司：《2017年年度报告》，2018年4月28日。

⑥ 江苏保千里视像科技集团股份有限公司：《2018年年度报告》，2019年4月26日。

⑦ 江苏保千里视像科技集团股份有限公司：《2019年年度报告》，2020年3月13日。

上市情形的，由证券交易所按照业务规则终止其上市交易。

证券交易所决定终止证券上市交易的，应当及时公告，并报国务院证券监督管理机构备案。

新《证券法》第49条：对证券交易所作出的不予上市交易、终止上市交易决定不服的，可以向证券交易所设立的复核机构申请复核。

（三）要点评析

以首例退市为起点，我国开始进一步探索退市常态化机制。完善常态化退市，能够形成良性循环的市场环境。具体来说，全面注册制推进就如把关好“入口”，完善退市机制则如管理好“出口”，只有做到有进有出、进出有序，才能保证资本市场健康平稳地运行，从而更好地保护投资者的合法权益。

*ST保千退市时间虽为新《证券法》修订后，但其适用的仍为旧《证券法》，即退市整理期为30天。新《证券法》规则下已缩短退市整理期至15个交易日，交易类退市情形取消退市整理期，简化退市流程，提高退市效率。退市新规还全面优化了现有财务类、交易类、规范类和重大违法类四类强制退市指标体系，其中财务类指标交叉适用，将更快加速市场出清丧失持续经营能力的“空壳僵尸”企业。此外，退市新规下设立包含风险警示股票和退市整理股票在内的风险警示板，优化相应交易安排，并优化其他风险警示指标，强化风险揭示和投资者保护力度。

（四）拓展阅读：上市公司退市主要有哪些类型？

根据沪深北交易所相关规则，退市主要可以分为以下类型。

其一，主动退市。例如，上市公司因股东之间股权收购、股东以外的其他收购人收购股权导致公司股本总额、股权结构不符合上市要求；或者上市公司因新设合并、吸收合并与解散等情形不再具有独立法人资格。

其二，强制退市。强制退市又可具体分为四类，详见表2-2至表2-5。

表 2-2　交易类强制退市情形

类型	指标情形	沪深主板	科创板 & 创业板	科创板 & 创业板红筹 CDR①	北交所
均适用	连续 20 个交易日每日股东数量（北交所：连续 60 个交易日）	<2 000 人	<400 人	—	<200 人
	连续 20 个交易日每日收盘总市值（北交所：连续 60 个交易日的股票交易市值）	<3 亿元	<3 亿元	CDR 收盘市值 <3 亿元	<3 亿元（适用于按照预计市值不低于 15 亿元+最近两年研发投入合计不低于 5 000 万元这一指标申请公开发行并上市的公司）
仅发行 A 股	连续 120 个交易日累计成交量	<500 万股	<200 万股	<200 万份	—
	连续 20 个交易日每日收盘价（北交所：连续 60 个交易日）	<1 元/股	<1 元/股	CDR 收盘价×转换比例后的数值 <1 元	<每股面值
仅发行 B 股	连续 120 个交易日累计成交量	<100 万股	—	—	—
	连续 20 个交易日每日收盘价	<1 元/股	—	—	—
A+B 股	同时触及以上 A、B 两股股票的成交量或收盘价标准		—	—	—

注：交易日，不包含公司股票全天停牌日和公司首次公开发行股票上市之日起的 20 个交易日。

① 创业板红筹 CDR（Chinese Depository Receipt，中国存托凭证）。

表 2-3　财务类强制退市情形

序号	退市风险警示
1	最近一年（含追溯重述）经审计的扣非前后净利润孰低值为负+营业收入低于 1 亿元的组合财务指标（北交所：净利润为负值且营业收入低于 5 000 万元）
2	最近一年（含追溯重述）经审计的期末净资产为负值
3	最近一年财务会计报告被出具无法表示意见或否定意见的审计报告
4	中国证监会行政处罚决定书表明公司已披露的最近一个会计年度经审计的年度报告存在虚假记载、误导性陈述或者重大遗漏，导致该年度相关财务指标实际已触及第 1 项、第 2 项情形
序号	**终止上市（被实施退市风险警示后）**
1	因触及净利润+营业收入、净资产、审计意见任一情形被实施退市风险警示（即上述第 1—3 项情形），在最近一年仍触及前述任一情形（北交所不交叉适用）
2	最近一年财务会计报告被出具保留意见审计报告
3	未在法定期限内披露最近一年年度报告（北交所不适用）
4	未在规定期限内申请撤销退市风险警示
5	半数以上董事无法保证公司所披露最近一年年度报告的真实性、准确性和完整性，且未在法定期限内改正（北交所不适用）
6	撤销退市风险警示申请未被交易所同意（科创板：不符合撤销退市风险警示条件的）

表 2-4　规范类强制退市情形

序号	指标情形	退市风险警示	终止上市
1	财务会计报告存在重大会计差错或者虚假记载，被中国证监会责令改正但未在规定期限内改正	停牌 2 个月内仍未改正	＊ST 后 2 个月内仍未披露经改正的财务会计报告
2	未在法定期限内披露半年度报告或者经审计的年度报告	停牌 2 个月内仍未披露	＊ST 后 2 个月内仍未披露符合要求的年度报告或半年度报告
3	半数以上董事无法保证所披露半年度报告或年度报告的真实性、准确性和完整性，且未在法定期限内改正	停牌 2 个月内仍未改正	＊ST 后 2 个月内半数以上董事仍无法保证

续表

序号	指标情形	退市风险警示	终止上市
4	信息披露或者规范运作等方面存在重大缺陷，被交易所要求限期改正但未在规定期限内改正	停牌2个月内仍未改正	*ST后2个月内仍未按要求完成整改
5	股本总额、股权分布发生变化，导致连续20个交易日（北交所：连续60个交易日）不再具备上市条件	停牌1个月内仍未解决（深交所：规定期限内仍未解决）	*ST后6个月内仍未解决
6	强制解散	公司可能被依法强制解散	*ST后公司依法被吊销营业执照、被责令关闭或者被撤销等强制解散条件成就
7	重整、和解和破产清算	法院依法受理公司重整、和解和破产清算申请	*ST后法院裁定公司破产
8	—	—	未在规定期限内申请撤销退市风险警示
9	—	—	撤销退市风险警示申请未被交易所同意

表2-5 重大违法类强制退市情形

序号	指标情形	终止上市
1	欺诈发行	IPO申请或披露文件存在虚假记载、误导性陈述或重大遗漏，被中国证监会作出行政处罚决定或被人民法院作出有罪生效判决
		发行股份购买资产并构成重组上市，申请或披露文件存在虚假记载、误导性陈述或重大遗漏，被中国证监会作出行政处罚决定或被人民法院作出有罪生效判决
2	重大信息披露违法	披露的年度报告存在虚假记载、误导性陈述或重大遗漏，根据中国证监会行政处罚决定认定的事实，导致连续会计年度财务类指标已实际触及财务类强制退市情形
		根据中国证监会行政处罚决定认定的事实，披露的营业收入、净利润、利润总额或资产负债表连续2年存在虚假记载并达到一定量化指标（北交所不适用）
		交易所根据上市公司违法行为的事实、性质、情节及社会影响等因素认定的其他严重损害证券市场秩序的情形

续表

序号	指标情形	终止上市
3	涉及国家安全、公共安全、生态安全、生产安全和公众健康安全等领域的违法行为	上市公司或其主要子公司被依法吊销营业执照、责令关闭或者被撤销
		上市公司或其主要子公司被依法吊销主营业务生产经营许可证，或者存在丧失继续生产经营法律资格的其他情形
		交易所根据上市公司重大违法行为损害国家利益、社会公共利益的严重程度，结合公司承担法律责任类型、对公司生产经营和上市地位的影响程度等情形，认为公司股票应当终止上市的

十二、首个持股变动1%的公告

（一）案情摘要

2020年3月2日，博雅生物（300294）公告，上海高特佳于2020年2月7日、2月10日及3月2日累计减持462.512 2万股，减持比例1.085 9%。此次减持后，上海高特佳持有股份1.53亿股，占总股本比例35.960 2%。[①]

根据新《证券法》第63条第3款，持有表决权股份达5%的股东，其所持有表决权股份比例每增加或者减少1%，应在事实发生的次日通知上市公司，并予公告。值得注意的是，相较于在一日内有表决权股份的变动比例达到5%时，需要暂停当日买卖并公告的限制，一日内变动1%时仅需公告而无需暂停交易。例如，本案中的股东，在通过第三次大宗交易进行减持时，累计减持比例达到了1.085 9%，虽触发信息披露义务，但无需在达到1%时停止卖出，且法律并不禁止其在次一交易日继续减持。

（二）关联法条

新《证券法》第63条：通过证券交易所的证券交易，投资者持有或

① 博雅生物制药集团股份有限公司：《关于公司股东减持股份超过1%的公告》，2020年3月2日。

者通过协议、其他安排与他人共同持有一个上市公司已发行的有表决权股份达到百分之五时，应当在该事实发生之日起三日内，向国务院证券监督管理机构、证券交易所作出书面报告，通知该上市公司，并予公告，在上述期限内不得再行买卖该上市公司的股票，但国务院证券监督管理机构规定的情形除外。

投资者持有或者通过协议、其他安排与他人共同持有一个上市公司已发行的有表决权股份达到百分之五后，其所持该上市公司已发行的有表决权股份比例每增加或者减少百分之五，应当依照前款规定进行报告和公告，在该事实发生之日起至公告后三日内，不得再行买卖该上市公司的股票，但国务院证券监督管理机构规定的情形除外。

投资者持有或者通过协议、其他安排与他人共同持有一个上市公司已发行的有表决权股份达到百分之五后，其所持该上市公司已发行的有表决权股份比例每增加或者减少百分之一，应当在该事实发生的次日通知该上市公司，并予公告。

违反第一款、第二款规定买入上市公司有表决权的股份的，在买入后的三十六个月内，对该超过规定比例部分的股份不得行使表决权。

（三）要点评析

为完善信息披露制度，新《证券法》提高了信息披露的频率，新《证券法》第63条相较于原《证券法》第86条新增了股份变动百分之一时的披露规则。这是作为现行《证券法》对持股数量变动不足百分之五情况下信息披露的弥补措施，本案即是对这一新制度的体现。

（四）拓展阅读：股份变动违规涉及哪些风险?

股份变动违规可能触发限制转让期买卖、短线交易、内幕交易、限制表决权等风险，新《证券法》对上述行为均加大了处罚力度，应引起相关市场主体的注意，具体对比详见表2-6。

表 2-6 《证券法》修订前后关于股份变动违规所涉法律风险的对比

	原《证券法》	新《证券法》
限制转让期买卖	处以买卖证券等值以下的罚款。对直接负责的主管人员和其他直接责任人员给予警告，并处以三万元以上三十万元以下的罚款。	没收违法所得，并处以买卖证券等值以下的罚款。
短线交易	处以三万元以上十万元以下的罚款。	处以十万元以上一百万元以下的罚款。
内幕交易	没收违法所得，并处以违法所得一倍以上五倍以下的罚款；没有违法所得或者违法所得不足三万元的，处以三万元以上六十万元以下的罚款。单位从事内幕交易的，还应当对直接负责的主管人员和其他直接责任人员给予警告，并处以三万元以上三十万元以下的罚款。	没收违法所得，并处以违法所得一倍以上十倍以下的罚款；没有违法所得或者违法所得不足五十万元的，处以五十万元以上五百万元以下的罚款。单位从事内幕交易的，还应当对直接负责的主管人员和其他直接责任人员给予警告，并处以二十万元以上二百万元以下的罚款。
限制表决权	收购人未按照本法规定履行上市公司收购的公告、发出收购要约等义务的，在改正前，收购人对其收购或者通过协议、其他安排与他人共同收购的股份不得行使表决权。	违反相关规定买入上市公司有表决权的股份的，在买入后的三十六个月内，对该超过规定比例部分的股份不得行使表决权。

十三、首例收购人承诺收购行为完成后 18 个月不转让收购公司股票

（一）案情摘要

2020 年 3 月 13 日，合众思壮（002383）公告，根据郭某平与兴慧电子签署《郑州航空港区兴慧电子科技有限公司与郭某平关于北京合众思壮科技股份有限公司之股份转让协议之二》（以下简称《股份转让协议》），郭某平拟将其持有的上市公司 3 945.76 万股股份，占公司总股本的 5.295 2%，以协议转让的方式转让给兴慧电子。股份转让的单价为 13.43 元/股（含税），标的股份转让价款为 5.3 亿元，此外，根据双方签订的《不可撤销

的表决权委托协议之补充协议》（以下简称《表决权委托补充协议》），郭某平拟将其委托给兴慧电子行使表决权的股份数量调整为 5 235.93 万股，占公司总股本的 7.026 6%。本次交易完成后，受让方将合计持有上市公司 25.295 2%的表决权，具体权益变动情况详见表 2-7。[①] 合众思壮表示，本次权益变动不会导致上市公司控制权发生变更，也不存在损害公司及其他股东特别是中小股东利益的情形。同时，本次股份转让对公司的人员、资产、财务、业务、机构等方面的独立性不产生影响。

表 2-7　兴慧电子和郭某平权益变动情况

股东	本次权益变动后			
	持股数量（股）	持股比例（%）	拥有表决权股数（股）	拥有表决权比例（%）
兴慧电子	136 129 909	18.268 6	188 489 258	25.295 2
郭某平	177 490 695	23.819 2	125 131 346	16.792 6

2020 年 3 月 13 日，兴慧电子承诺，在本次交易完成、权益变动后 18 个月内，不转让本次权益变动所获得的股份。

（二）关联法条

新《证券法》第 75 条：在上市公司收购中，收购人持有的被收购的上市公司的股票，在收购行为完成后的十八个月内不得转让。

（三）要点评析

相较于原《证券法》，新《证券法》将收购人的股票禁售期由 12 个月延长至 18 个月，比原来增加了半年，提高了收购成本。这主要是为了加强上市公司控股权的稳定性，避免上市公司控制权频繁变更而损害上市公司利益的情况出现。另外，《上市公司收购管理办法（2020 年修正）》第 74 条第 2 款规定："收购人在被收购公司中拥有权益的股份在同一实际控制人控制的不同主体之间进行转让不受前述 18 个月的限制，但应当遵守本办法第六章的规定。"因此，其对新《证券法》的规定进行了补充，

① 北京合众思壮科技股份有限公司：《简式权益变动报告书（二）》，2020 年 3 月 13 日。

即同一控制下主体间的股份转让可以豁免适用收购后限售期的规定，但仍需遵守免予要约收购的相关规定。

（四）拓展阅读：为什么要设置收购后的限售期？有何处罚案例？

设定收购后限售期的目的在于稳定上市公司控制权，遏制收购人通过短期内收购及处置股票进行不当得利的行为。在新《证券法》实施前，就有相关主体因在收购后的限售期转让股份而引起监管机构的关注。

截至2015年10月14日，快鹿投资原全资子公司业祥投资合计拥有神开股份（002278）权益的股份数量占神开股份总股本的28.078%，成为神开股份的控股股东，其中业祥投资直接持有神开股份13.074%的股权。2016年7月24日，快鹿投资与君隆资产签署了股权转让协议，将持有的业祥投资100%股权转让给君隆资产，并于2016年7月26日完成工商变更登记。快鹿投资作为神开股份收购人，转让业祥投资100%股权的行为违反了《上市公司收购管理办法（2014年修订）》第74条第1款“在上市公司收购中，收购人持有的被收购公司的股份，在收购完成后12个月内不得转让”的规定，属于在收购后的限售期转让股份。为此，上海证监局对快鹿投资出具警示函，深交所对快鹿投资及其实际控制人予以公开谴责。①

十四、首例聘任无证券期货从业资格的会计师事务所

（一）案情摘要

2020年3月26日晚间，＊ST新亿（600145）发布公告称，聘任深圳堂堂会计师事务所（以下简称深圳堂堂）作为公司2019年年度审计机构，审计费用为120万元，这是新《证券法》实施以来，首例此前无证券期货从业资格的会计师事务所承担上市公司年报审计工作。深圳堂堂在承接业务情况说明中表示，知晓＊ST新亿2018年度财报非标的情况，之所以选

① 上海神开石油化工装备股份有限公司：《关于上海快鹿投资（集团）有限公司收到上海证监局警示函的公告》，2017年1月11日。

择接单，在于其认为上市公司为消除非标意见已经做了大量的整改工作，其后续将严格实施审计程序，降低审计风险。

同日，上交所发出问询函提出，深圳堂堂收入规模较小，人数较少，没有从事证券服务业务经验。请＊ST 新亿补充披露为评价深圳堂堂的专业胜任能力、投资者保护能力、独立性和诚信状况等所采取的措施，相关措施是否充分，结论是否客观等，具体要求＊ST 新亿及相关主体说明以下四点内容。①

其一，＊ST 新亿 2018 年财务报告曾被前任会计师事务所四川华信出具了无法表示意见的审计报告，涉及事项较为复杂。上交所要求深圳堂堂结合＊ST 新亿相关风险情况和深圳堂堂近年来审计业务开展情况、专业审计人员配置情况等，充分论证是否具备专业胜任能力；要求披露签字合伙人和会计师从事证券服务业务的具体业务名称、承担的具体工作；要求公司补充披露公司董事会、独立董事、审计委员会为评价深圳堂堂的专业胜任能力、投资者保护能力、独立性和诚信状况等所采取的措施，相关措施是否充分，结论是否客观。

其二，根据新《证券法》的相关规定，如制作、出具的文件有虚假记载、误导性陈述或者重大遗漏，给他人造成损失的，应当依法承担连带赔偿责任。公告显示，深圳堂堂已购买执业保险，累计赔偿限额为 1 000 万元，但没有计提职业风险基金。请深圳堂堂补充披露，购买执业保险合同的主要条款、3 名注册会计师的资格证书等；没有计提职业风险基金的主要原因及对公司履行赔偿责任能力的影响；结合近 5 年诉讼事项，说明履行赔偿责任的情况；结合公司被立案调查、破产重整再审审查等风险情况，说明相关保险能否覆盖因审计失败导致的民事赔偿责任，自身财务状况是否具备承担连带赔偿责任的能力。

其三，上市公司公告显示，公司选聘深圳堂堂作为 2019 年年度审计机构的时间距离年报法定披露期限较近。请深圳堂堂结合具体审计进度安

---

① 新疆亿路万源实业投资控股股份有限公司：《关于收到上交所问询函的公告》，2020 年 4 月 3 日。

排、人员安排等情况，说明前述情况是否可能影响审计质量，影响按期出具审计报告。

其四，公司前任会计师四川华信应当根据上交所临时公告格式指引的相关规定说明，辞任公司年审会计师的具体原因；与公司沟通过程中是否存在异议；公司 2018 年财务会计报告被出具非标准审计意见、公司触及风险警示等事项是否为辞任的主要影响因素。要求四川华信提供书面说明材料。

深圳注册会计师协会（以下简称深圳注协）官网显示，截至 2019 年末，深圳堂堂仅有 3 名注册会计师，此前并无证券期货业务相关资格。根据深圳市会计师事务所 2018 年收入排名，深圳堂堂 2018 年业务收入为 85.32 万元，在深圳当地排行第 215 名。截至 2020 年底，深圳堂堂合伙人 2 人，注册会计师 11 人，签署过证券服务业务审计报告的注册会计师 2 人。截至 2021 年 1 月 14 日，堂堂所从业人员 55 人，其中合伙人 4 人、注册会计师 13 人（其中 2 位正在办理重新注册、转所手续），从事过证券服务业务的注册会计师 7 人。堂堂所 2020 年度业务收入为 499.53 万元，其中审计业务收入为 497.61 万元、证券审计业务收入为 458.42 万元。截至 2020 年末，公司总资产为 328.46 万元、净资产为 44.98 万元、执业风险金为 64.42 万元。① 深圳堂堂之所以能够有机会为上市公司提供审计服务，是因为新《证券法》实施后，取消了会计师事务所的证券期货业务许可资格。

在成功承接＊ST 新亿 2019 年年报审计后，深圳堂堂在 2020 年接连确定对＊ST 新亿（续聘）、＊ST 斯太（000760）、＊ST 金洲（000587）等五家上市公司进行年报审计。在承接多家 ST 及＊ST 上市公司的年报审计工作后，深圳堂堂很快引发市场关注。2020 年下半年，中国证监会针对深圳堂堂执行的＊ST 新亿 2019 年年报审计业务开展了现场检查，发现其在执业过程中存在诸多问题。

---

① 深圳赫美集团股份有限公司：《关于拟变更会计师事务所的公告》，2021 年 1 月 20 日。

2021年2月，＊ST新亿在一份公告中披露，经向深圳堂堂核实，深圳堂堂于2021年1月18日收到中国证监会调查通知书。[①] 但深圳堂堂表示，调查与公司2019年审计业务有关，暂未出具调查结论，暂不影响公司2019年的审计意见。[②] 随后，深圳堂堂发布“万言书”，表明“希望社会各界给予从事证券服务业务的中小会计师事务所更多的关心、支持和鼓励”。此外，其还声称“监管部门不能不仅不关心、关爱、支持弱势群体，反而从严从重从快打击弱势群体，对中小会计师事务所实施特别‘严监管’‘零容忍’的措施，针对性、选择性执法，先入为主搞有罪推定，动辄立案调查，势必严重打击中小会计师事务所参与证券服务业务的信心和决心”[③]。

2022年1月7日，中国证监会在答记者问中指出，深圳堂堂在明知＊ST新亿年报审计业务已被其他会计师事务所“拒接”的情况下，与＊ST新亿签订协议，承诺不在审计报告中出具“无法表示意见”或“否定意见”，并要求如发生被监管部门处罚的情形，＊ST新亿应予补偿。换言之，即使是深圳堂堂的一份“保留意见”，也是＊ST新亿“买来的”。深圳堂堂审计独立性严重缺失，审计程序存在多项缺陷，审计报告存在虚假记载和重大遗漏，缺乏应有的职业操守和底线。中国证监会拟对深圳堂堂采取“没一罚六”的行政处罚，相关主体涉嫌犯罪问题将移送公安机关。

同时，中国证监会提示，会计师事务所是资本市场重要的“看门人”，其守法意识、执业能力及勤勉尽责程度事关广大投资者切身利益。新《证券法》虽取消了会计师事务所从事证券业务的行政许可准入规定，

---

① 新疆亿路万源实业控股股份有限公司：《关于上交所〈关于＊ST新亿聘请深圳堂堂为年审会计师相关事项的问询函〉回复公告》，2021年2月27日。

② 参见《证监会立案调查深圳堂堂“专注”A股ST公司审计年收增10倍》，东方财富网百家号，https://baijiahao.baidu.com/s?id=1692222320634026071&wfr=spider&for=pc，最后访问日期2022年2月4日。

③ 参见《奇葩：“万言书”叫板监管层，找上市公司要处罚补偿，深圳堂堂被证监会“没一罚六”!》，每日经济新闻百家号，https://baijiahao.baidu.com/s?id=1721287827846834904&wfr=spider&for=pc，最后访问日期2022年2月4日。

但同时大幅提升了违法违规的法律责任，“门槛降低”并不等于责任降低。这意味着，会计师事务所获得了参与资本市场的公平机会，但也须担负相应的责任，无论大所小所，在遵守法律上一律平等，在监管要求上一视同仁。中国证监会将严格依法履职，坚决贯彻中办、国办《关于依法从严打击证券违法活动的意见》，切实落实“零容忍”方针，对任何违法违规行为严惩不贷，依法维护广大投资者合法权益和资本市场健康发展秩序。①

（二）关联法条

新《证券法》第160条：会计师事务所、律师事务所以及从事证券投资咨询、资产评估、资信评级、财务顾问、信息技术系统服务的证券服务机构，应当勤勉尽责、恪尽职守，按照相关业务规则为证券的交易及相关活动提供服务。

从事证券投资咨询服务业务，应当经国务院证券监督管理机构核准；未经核准，不得为证券的交易及相关活动提供服务。从事其他证券服务业务，应当报国务院证券监督管理机构和国务院有关主管部门备案。

（三）要点评析

新《证券法》将会计师事务所从事证券服务业务的行政许可调整为事后备案管理，这是落实“放管服”改革，提升证券审计市场活力的重大举措。一方面，有利于充分发挥市场机制的决定性作用，促进形成“有进有出”“优胜劣汰”的良性证券审计市场生态；另一方面，在取消准入限制的情况下，需要通过加强事中事后监管压实会计师事务所“看门人”责任，督促提升审计质量，切实保障资本市场财务信息披露质量。从深圳堂堂和监管机构的博弈中，我们可以看出，在新制度的实施过程中依然会遇到诸多的潜在阻碍，甚至滋生更多的问题，改革的顺利推进有赖于监管机构的坚定决心和持续努力。

① 参见《证监会有关部门负责人答记者问》，中国证监会，http：//www.csrc.gov.cn/csrc/c100028/c1718943/content.shtml，最后访问日期2022年2月4日。

（四）拓展阅读：证券期货业务审计资格的变迁历史[①]

1992 年 9 月 17 日，财政部和国家经济体制改革委员会发布《注册会计师执行股份制试点企业有关业务的暂行规定》，明确规定，会计所从事 IPO 业务，要至少有 8 名专职注册会计师；3 年内没发生过较大的工作失误和违反职业道德的行为。该业务资格构成了证券期货业务审计资格的雏形。

1992 年 12 月 17 日，国务院颁发的《关于进一步加强证券市场宏观管理的通知》改变了会计师事务所从事证券业务的管理格局。根据该通知，财政部归口管理注册会计师和会计师事务所，对其从事与证券业有关的会计师事务所的资格由证监会审定。至此，注册会计师行业的双重监管模式一直延续至今。

2012 年 1 月 21 日，财政部、中国证监会发布《关于调整证券资格会计师事务所申请条件的通知》（财会〔2012〕2 号），把注册会计师人数门槛由 80 人提高到了 200 人，会计师事务所职业保险的累计赔偿限额与累计职业风险基金之和不少于 8 000 万元，同时要求“组织形式为合伙制或特殊的普通合伙制”。

到如今，许多观点认为，设置证券期货业务审计资格，不符合党中央、国务院关于高度重视深化“放管服”改革、优化营商环境工作的精神。通过禁入条件加强监管的做法只能是舍本逐末，监管的重点还是应该放在如何提高业务质量上。取消会计师事务所从事证券、期货相关业务审批是与国际接轨，为改善注册会计师行业的营商环境，提供了一个市场平等竞争的平台，实现注册会计师行业高质量发展，以更好服务于经济社会，这也是新《证券法》取消相应门槛设置的要旨所在。

---

① 参见《证券业务审计资格退出历史舞台，“双备案制”对行业影响几何?》，审计云微信公众号，最后访问日期 2022 年 6 月 27 日。

十五、首例拒不配合调查被立案

（一）案情摘要

2020年8月20日，中恒电气（002364）公告称，收到公司董事长、董事朱某锭转发的《中国证券监督管理委员会调查通知书》，因其“涉嫌操纵‘中恒电气’股价”“拒不配合国务院证券监督管理机构依法履行职责，涉嫌违反相关证券法律、法规”，根据有关规定，中国证监会决定对其进行立案调查。[①] 新《证券法》明确规定了对拒绝和阻碍调查的处罚条款，而原《证券法》只作出原则性规定，并未规定罚则。中恒电气案是自新《证券法》实施以来，出现的首例因拒不配合调查而被立案的情形。

与中恒电气有关的证券违法行为还不止于此。2019年11月，作为中恒电气的实际控制人，朱某锭夫妇也曾因为违规减持收到监管罚单。根据浙江证监局下发的监管函，从2013年5月至2019年6月的六年间，朱某锭夫妇多次减持中恒电气股份；按照相关规定，作为实际控制人及其一致行动人，应该于持有中恒电气股份每减少5%时暂停交易，并通知上市公司予以公告，但二人迟至2019年6月25日才通知上市公司，披露减持。[②] 针对朱某锭夫妇的违规行为，浙江证监局决定对其采取出具警示函的监督管理措施，并记入证券期货市场诚信档案。[③]

2020年2月，中恒电气在互动易平台披露称，中恒电气与特斯拉就目的地业务开展合作，特斯拉汽车可以到中恒大厦充电。另外，中恒电气紧抓行业发展态势，正积极开拓充电桩市场，保持充电桩业务快速发展。当日晚间，深交所即向中恒电气下发关注函，要求说明公司与特斯拉的合作情况，是否存在利用互动易平台披露与特斯拉合作进行公司股价炒作并配

① 杭州中恒电气股份有限公司：《关于公司董事长收到中国证监会调查通知书的公告》，2020年8月20日。

② 杭州中恒电气股份有限公司：《关于公司实际控制人及其一致行动人权益变动的提示性公告》，2019年6月26日。

③ 杭州中恒电气股份有限公司：《关于实际控制人及其一致行动人收到浙江证监局出具警示函的公告》，2019年11月26日。

合股东减持的情形。①

2020 年 3 月，浙江证监局对中恒电气及其总经理兼代董事会秘书赵某春下发行政监管措施决定书，表示中恒电气在互动易平台回复投资者关于特斯拉相关提问时，未准确、完整地披露与特斯拉的合作信息，存在信息披露违规的情形。总经理兼代董事会秘书赵某春未勤勉尽责，对上述信息披露违规负有责任。决定对中恒电气和赵某春予以警示并记入证券期货市场诚信档案。②

（二）关联法条

新《证券法》第 173 条：国务院证券监督管理机构依法履行职责，被检查、调查的单位和个人应当配合，如实提供有关文件和资料，不得拒绝、阻碍和隐瞒。

新《证券法》第 218 条：拒绝、阻碍证券监督管理机构及其工作人员依法行使监督检查、调查职权，由证券监督管理机构责令改正，处以十万元以上一百万元以下的罚款，并由公安机关依法给予治安管理处罚。

（三）要点评析

中恒电气案是新《证券法》实施以来，因拒不配合调查被立案的第一案。新《证券法》明确规定了对拒绝和阻碍调查的处罚条款，并加大了惩戒力度，而原《证券法》只作出原则性规定，并未规定罚则。另外，《治安管理处罚法》第 50 条规定：阻碍国家机关工作人员依法执行职务的，处警告或者二百元以下罚款；情节严重的，处五日以上十日以下拘留，可以并处五百元以下罚款。《刑法》第 277 条第 1 款规定“以暴力、威胁方法阻碍国家机关工作人员依法执行职务的，处三年以下有期徒刑、拘役、管制或者罚金。”因此，在面临监管机构调查时，相关市场主体应妥善与监管机构进行沟通，避免因处理不当而遭遇行政处罚甚至刑事风险。

---

① 杭州中恒电气股份有限公司：《关于对深圳证券交易所关注函回复的公告》，2020 年 2 月 26 日。

② 杭州中恒电气股份有限公司：《关于杭州中恒电气股份有限公司及赵某春收到浙江证监局出具警示函的公告》，2020 年 3 月 7 日。

（四）拓展阅读：新《证券法》实施前，已有公司因拒不配合监管机构调查被处罚

事实上，在新《证券法》实施前，有关公司拒不配合监管机构调查的情形早已出现。例如，2019 年，陕西证监局在调查涉及北京中资北方投资顾问有限公司西安分公司的多起举报事项时，该公司以全员在北京公司总部内部培训为由，拒不配合陕西证监局现场取证和调查，严重阻碍陕西证监局履行监督管理职责。为此，陕西证监局作出《关于对北京中资北方投资顾问有限公司西安分公司采取责令改正措施的决定》，认定其违反了《证券、期货投资咨询管理暂行办法》第 27 条规定。按照《证券投资顾问业务暂行规定》第 33 条规定，责令公司改正，且应于 2019 年 6 月 28 日前完成整改并提交书面整改报告，在陕西证监局验收前，不得新增证券投资咨询相关业务。

再如，2018 年 7 月 17 日至 2019 年 6 月 5 日，中国证监会检查、调查人员先后多次前往深大通（000038）检查、调查。在此过程中，深大通及相关人员存在拒绝签收监督检查、调查通知书，拒绝检查、调查人员进入办公场所，拒绝接受询问，拒绝提供会议纪要等相关文件资料，辱骂、威胁检查、调查人员，擅自转移、隐瞒被封存的重要证据等拒绝、阻碍检查、调查的行为。其中，2019 年 5 月 22 日下午，深大通员工使用推搡、抓挠调查人员，抢夺、摔砸执法记录仪等暴力方法抗拒调查，致中国证监会调查人员软组织损伤、手臂被抓伤、执法记录仪部分零件被损毁。[①] 本案系首例因不配合检查、调查，被中国证监会立案查处的案件。深大通及相关人员的违法行为性质特别恶劣，严重扰乱证券市场监管秩序，造成严重不良社会影响。因此，中国证监会依据《证券法》（2014 年修正）和《证券市场禁入规定（2015 年修订）》，对深大通给予警告，并处以 60 万元罚款，对主要责任人员分别采取 5—10 年证券市场禁入措施。[②]

---

① 深圳大通实业股份有限公司：《关于收到中国证监会行政处罚事先告知书的公告》，2019 年 7 月 27 日。

② 深圳大通实业股份有限公司：《关于收到中国证监会行政处罚决定书的公告》，2019 年 12 月 3 日。

十六、首例投服中心表决权征集

（一）案情摘要

2021年6月15日，中国宝安（000009）发布公告称，公司拟在2020年年度股东大会中审议大股东韶关高创有关公司章程修订的临时提案。[①]投服中心经研究认为，该提案中有关公司章程条款的修订意见与投服中心历来反对在公司章程中设置不当反收购条款的公司治理理念相契合。

为保证本次公开征集专项行权的顺利实施，投服中心充分部署相关工作。首先，6月17日，投服中心向中国宝安提交了公开征集报告书，征集报告书说明了本次征集表决权的时间和征集方式。征集报告书集中陈述了投服中心征集表决权的主要理由，投服中心认为中国宝安公司章程中存在董监高离职的高额补偿条款、分类董事会条款以及限制董事、监事选任条款，属于违反《公司法》规定，损害上市公司和股东利益的安排，并且号召广大中小股东在股东大会第10项提案中投赞成票。同时，投服中心督促中国宝安于6月22日前发布公告，随后仍与其保持密切联系。其次，投服中心加强了宣传引导。6月21日晚间，投服中心在征集公告发布后，立即通过媒体渠道公开发声，向市场清晰表明投服中心反对在公司章程中设置不当反收购条款的态度，呼吁广大投资者积极参与公司治理、行使股东法定表决权。最后，投服中心设置了专人专岗，解答投资者疑问主动聘请见证律师，对接收的委托材料进行审核，确保受托材料合法合规。

2021年6月30日，中国宝安2020年年度股东大会召开，投服中心出席会议并代委托股东进行投票。此次股东大会参与投票的股东及代表共3 026人，代表股份约15.45亿股。其中，中小投资者共3 019人，占出席会议股东人数的99%，创下了中国宝安股东大会投票人数的历史纪录，其所代表股份近8.47亿股，占出席会议股东所持有效表决权股份总数的54.82%。根据Wind（万得）数据显示，截至2021年6月17日，议案提

① 中国宝安集团股份有限公司：《关于2020年度股东大会增加临时提案暨召开2020年度股东大会补充通知的公告》，2021年6月15日。

出方韶关高创所持中国宝安的股份数约3.43亿股，占本次出席会议股东所持有效表决权股份总数的22.2%，韶关高创与参会的中小投资者所持股份数之和已占出席会议所有股东所持股份总数的77%。公司章程修订议案最终获得的同意股份数占有效表决权股份总数的74.15%并获通过。可见，中小股东已成为该议案通过与否的决定性力量。[①]

本案例是新《证券法》实施以来，投服中心作为投资者保护机构首次启动股东表决权公开征集。作为新《证券法》赋予投资者保护机构的重要举措，公开征集有望产生强烈的示范引领效应，激发广大中小投资者参与公司治理的热情，从而使中小投资者逐渐成为优化公司治理的重要推动力量。

（二）关联法条

新《证券法》第90条：上市公司董事会、独立董事、持有百分之一以上有表决权股份的股东或者依照法律、行政法规或者国务院证券监督管理机构的规定设立的投资者保护机构（以下简称投资者保护机构），可以作为征集人，自行或者委托证券公司、证券服务机构，公开请求上市公司股东委托其代为出席股东大会，并代为行使提案权、表决权等股东权利。

依照前款规定征集股东权利的，征集人应当披露征集文件，上市公司应当予以配合。

禁止以有偿或者变相有偿的方式公开征集股东权利。

公开征集股东权利违反法律、行政法规或者国务院证券监督管理机构有关规定，导致上市公司或者其股东遭受损失的，应当依法承担赔偿责任。

（三）要点评析

投服中心此次行权的号召作用显著，对规范上市公司治理、提高上市公司质量具有重要意义。公开资料显示，本次投服中心实际征集的股份数量占比很小，此次投服中心的征集行动主要意义在于号召和宣传，而不是

① 参见《投服中心公开征集表决权首战告捷，小股东也能凝聚大力量》，新浪财经百家号，https：//baijiahao.baidu.com/s?id=1704177876887333332&wfr=spider&for=pc，最后访问日期2022年6月14日。

征集表决权的行动本身。这一号召作用对保障股东平等行使权利，促进和提高上市公司治理水平，规范大股东及管理层行为具有重要意义。

（四）拓展阅读：投服中心针对反收购条款的行动

反收购条款从“宝万之争”开始，逐渐进入大众视野，受到市场广泛关注。但由于立法和司法上缺乏明确的判断标准，各式各样“阻击”条款长期存在于数百家上市公司章程之中。投服中心在此次针对中国宝安提案进行征集表决权之前，已经有过三类针对反收购条款的行动。

其一，通过媒体发声。2017 年，投服中心通过在媒体上刊发新闻稿等方式，公开发声反对雅化集团（002497）等在公司章程中设置的“限制部分股东提案权、限制股东对董事监事选任权、设置董监高高额经济补偿”等反收购条款。

其二，向公司发送股东建议函件。2017 年，投服中心以集中发送股东建议函件的方式行使股东权利，建议 427 家上市公司及时修订公司章程中违反法律法规、不合理限制股东权利的条款。发送函件后，大部分公司采纳了投服中心的建议，进行了章程修订，删除了部分反收购条款。2017 年 12 月，投服中心曾向中国宝安发送股东函，建议其删除公司章程中限制董事更换比例的条款，但中国宝安未予回复，也未予修订。

其三，向法院提起股东诉讼。2017 年 6 月 26 日，投服中心以海利生物（603718）《公司章程》相关条款限制股东董事提名权，涉嫌违反《公司法》有关规定向上海市奉贤区人民法院提起诉讼。2018 年 5 月，上海市奉贤区人民法院作出一审判决，支持投服中心的诉讼请求。法院认为，根据《公司法》规定，只要具有公司股东身份，就有选择包括非独立董事候选人在内的管理者的权利，在权利的行使上并未附加任何限制条件，被告海利生物在有关《公司章程》中设定持股 3%的股东需“连续 90 天以上”才具备提名非独立董事候选人的条件，违反了《公司法》的规定，限制了部分股东就非独立董事候选人提出临时提案的权利，相关条款内容应认定为无效。

第二节 新《证券法》实施后上市公司典型违规案例

一、2021年典型违规案例（共30例）

（一）上市公司因未配合股东发布减持计划被处罚

1. 案情摘要

2020年12月29日、2021年1月13日，深圳某上市公司两次收到某律师事务所发来的《股东拟减持股份的提示性公告》，文件提及持股5%以上股东计划通过集中竞价或大宗交易减持公司股份。

2021年1月13日，该股东通过深圳证券交易所集中竞价交易系统减持547.92万股，占总股本的1%。该股东未按照深圳证券交易所《上市公司股东及董事、监事、高级管理人员减持股份实施细则》第13条的规定在首次卖出的15个交易日前预先披露减持计划。

股东减持前已将上述减持计划告知上市公司，上市公司未配合其履行信息披露义务，对股东本次违规减持负有责任。

2. 处理结果

2021年3月12日，深圳证券交易所中小板公司管理部对该上市公司发出监管函。

3. 违反法规

《深圳证券交易所上市公司股东及董事、监事、高级管理人员减持股份实施细则》第13条。

4. 要点评析

根据监管要求，减持计划、解除限售、权益变动等事项，上市公司应当配合相关信息披露义务人履行信息披露义务。

（二）董监高因经营与公司具有同类业务的企业违反忠实义务被处罚

1. 案情摘要

2008年8月起，浙江某上市公司时任董事长兼总裁白某、时任董事兼副总裁蔡某红、时任董事林某秋、时任副总裁兼财务总监蒋某、时任副总裁陶某利、时任监事徐某土与公司部分员工及其亲属、其他社会投资人自筹资金共同设立投资公司，用于收购并转让主营生物药研发业务的某公司100%股权，获取相关收益及利息合计11 087.67万元。截至2020年9月1日，前述人员已向公司上缴违规收益。

公司部分时任董事、监事、高级管理人员未经股东大会同意，开展对外投资，设立并与他人经营与公司具有同类业务的企业。上述董事、监事、高级管理人员违反其对公司应尽的忠实义务，利用其职权地位谋取私利，损害了上市公司利益。

2. 处理结果

2021年4月15日，上海证券交易所上市公司监管一部作出如下监管措施决定：对该上市公司及时任董事长兼总裁白某、时任董事兼副总裁蔡某红、时任董事林某秋、时任副总裁兼财务总监蒋某、时任副总裁陶某利、时任监事徐某土、时任董事会秘书张某予以监管关注。

3. 违反法规

《公司法（2018年修正）》第148条。

4. 要点评析

2022年1月7日颁布的《深圳证券交易所上市公司自律监管指引第1号——主板上市公司规范运作》（以下简称《规范运作》）第3.1.7条、第3.1.10条和《深圳证券交易所上市公司自律监管指引第2号——创业板上市公司规范运作》第3.1.4条（较《公司法》条款更严格）规定，董事、监事和高级管理人员不得利用其在上市公司的职权谋取个人利益，不得利用其董事、监事和高级管理人员身份从第三方获取不当利益，不得利用职务便利为自己或者他人谋取属于公司的商业机会，不得自营、委托他人经营公司同类业务。

（三）上市公司因未披露半年度募集资金专项报告被处罚

1. 案情摘要

贵州某上市公司于2014年1月通过非公开发行方式募集资金11.09亿元。公司仅在2014—2019年的年度报告中披露相关募集资金存放与使用情况的专项报告，未按规定在2014—2019年的半年度报告中披露募集资金专项报告。公司有关募集资金存放使用情况信息披露不及时。

2. 处理结果

2021年6月9日，上海证券交易所作出如下纪律处分决定：对该上市公司及时任董事长兼总经理窦某玲、时任财务总监代某富、时任董事会秘书许某予以通报批评。对于上述纪律处分，上海证券交易所将通报中国证监会，并记入上市公司诚信档案。

3. 违反法规

《上海证券交易所上市公司募集资金管理办法（2013年修订）》（已失效）第27条。（最新法规参考：《上海证券交易所上市公司自律监管指引第1号——规范运作》第6.3.25条。）

（四）上市公司因再融资批文失效未及时披露被处罚

1. 案情摘要

浙江某上市公司于2019年5月6日召开2019年第一次临时股东大会，审议通过了公开发行A股可转换公司债券方案的议案，该方案有效期为自上述股东大会审议通过之日起12个月内。公司于2019年12月11日收到中国证券监督管理委员会出具的核准公司公开发行可转换公司债券的批复。公司于2020年5月18日召开2019年年度股东大会，将本次公开发行A股可转换公司债券的股东大会决议有效期延长12个月，即自2019年第一次临时股东大会审议通过之日起24个月内有效。

2021年5月5日，上述方案的有效期届满，公司未在有效期内完成公开发行可转换公司债券事宜。2021年6月19日，公司披露公告称，因受资本市场环境、融资时机、募投项目、行业情况等综合因素影响，未能在中国证监会核准发行期限内完成公开发行可转换公司债券事宜，相关批复和决议有效期已到期自动失效。

2. 处理结果

2021年7月20日，上海证券交易所上市公司监管一部作出如下监管措施决定：对该上市公司及时任董事会秘书邹某坚予以监管警示。

3. 违反法规

《上海证券交易所股票上市规则（2020年12月修订）》（已失效）第2.1条、第2.3条、第7.5条。[最新法规参考：《上海证券交易所股票上市规则（2022年1月修订）》第2.1.1条、第2.1.7条、第2.2.6条。]

4. 要点评析

公开发行可转换公司债券属于公司重要的再融资事项，相关方案批复及决议的有效期届满，系该项再融资事项的重大进展情况，可能对投资者决策产生较大影响。公司应当在相关方案批复和决议有效期届满后，及时披露公开发行进展，以明确市场预期。但公司未在有效期届满后，披露未完成公开发行事项，直至2021年6月19日才予以披露，相关信息披露存在明显滞后，影响了投资者的合理预期。

（五）因对外投资构成重大资产重组未按照重组履行审议披露程序被处罚

1. 案情摘要

2021年3月31日，重庆某上市公司披露《关于与关联方共同投资设立项目公司的关联交易公告》，公司拟与关联方中交雄安投资公司、中交投资有限公司共同现金出资设立中交雄安产业发展有限公司。相关交易事项于4月15日经公司股东大会审议通过。2021年6月15日，公司披露《关于与关联方共同投资设立项目公司的关联交易公告》，拟与关联方中交公路工程局有限公司及非关联方天津中红众城管理咨询有限公司共同现金出资设立中交红桥（天津）房地产开发有限公司。相关交易事项于6月30日经公司股东大会审议通过。

前述交易的金额累计超过公司最近一期经审计净资产的50%，公司未严格按照重大资产重组相关规定履行审议程序和披露义务。

2. 处理结果

2021年10月8日，深圳证券交易所上市公司管理一部对该上市公司发出监管函。

3. 违反法规

《深圳证券交易所股票上市规则（2020年修订）》（已失效）第1.4条、第2.1条。[最新法规参考：《深圳证券交易所股票上市规则（2022年修订）》第1.4条、第2.1.1条。]

4. 要点评析

除交易、对外投资之外，委托/受托经营等也可能构成重大资产重组。

（六）因董事会议发表意见与表决结果不一致被处罚

1. 案情摘要

经查明，2021年3月27日，四川某上市公司披露董事会决议公告称，时任董事赵某斌在审议公司2020年度报告及摘要时投反对票，其反对理由包括公司设立各个子公司投入大、期望高，但定位不清晰、不透明，以及大股东的表决权存在诉讼、诉求等不确定性，关系公司的利益和风险，在公司重大事项、涉及大股东表决权方面应慎重。

另经核实，赵某斌在董事、监事、高级管理人员对公司2020年年报书面确认意见上表示无异议，对年报的真实性、准确性和完整性出具了确认意见。2021年6月9日，公司披露的工作函回复公告显示，赵某斌称其在公司董事会议案表决票上对2020年度报告及摘要投出反对票，与其在董事、监事、高级管理人员对公司2020年年报的书面确认意见上签字确认，均为其真实意思表示。

2. 处理结果

2021年10月11日，上海证券交易所上市公司管理二部作出如下监管措施决定：对该上市公司时任董事赵某斌予以监管警示。

3. 违反法规

《上海证券交易所股票上市规则（2020年12月修订）》（已失效）第2.2条、第3.1.4条、第3.1.5条。[最新法规参考：《上海证券交易所股票上市规则（2022年1月修订）》第2.1.2条、原第3.1.4条已被废除、第4.3.5条。]

4. 要点评析

上市公司定期报告是投资者全面获取公司信息的重要来源，也是投资者作出投资决策的重要依据，对证券价格及投资者的投资决策具有重大影响。上市公司董事、监事及高级管理人员审议定期报告、签署书面确认意见并保证相关信息披露真实、准确、完整，属于《证券法》规定的法定义务。董事对年报发表的书面确认意见，应当与其在董事会等相关会议中的投票结果保持一致。公司时任董事赵某斌以投资活动、股东表决权存在不确定性等理由对公司董事会审议的年度报告议案投反对票，但又对年度报告签署书面确认意见，前后行为及信息披露存在不一致，可能对投资者关于年报信息披露的预期造成误导。

2022年1月7日颁布的《上海证券交易所股票上市规则（2022年1月修订）》第5.2.6条明确规定："公司董事、监事和高级管理人员发表的异议理由应当明确、具体，与定期报告披露内容具有相关性。"

（七）发出股东大会通知时因未明确董监事候选人被处罚

1. 案情摘要

2020年11月25日，江西某上市公司时任董事长刘某云向全体董事发布《关于召开第四届董事会第二十三次会议的通知》，提议于2020年11月30日9：00召开第四届董事会第二十三次会议。会议审议议案为《关于召开2020年第一次临时股东大会进行董事会、监事会换届选举》。具体议案内容为"董事会拟于2020年12月17日召开公司2020年第一次临时股东大会进行董事会、监事会换届选举，各位股东可以在临时股东大会通知发出后的合理期限内向公司提名推荐董事、监事候选人"。

2. 处理结果

2021年10月19日，江西证监局决定对该上市公司及刘某云采取责令改正的行政监管措施，并记入证券期货市场诚信档案。

3. 违反法规

《上市公司治理准则（2018年修订）》（证监会公告〔2018〕29号）第19条第1款、第44条，《上市公司股东大会规则（2016年修订）》（证监会公告〔2016〕22号，已失效）第17条第1款。[最新法规参考：《上市公司股东大会规则（2022年修订）》第17条第1款。]

（八）机构调研时因泄露未公开信息被处罚

1. 案情摘要

经查明，2021年9月8日，有媒体报道有关浙江某上市公司新能源汽车零配件、风电滚子、总体销售目标等内容，主要涉及内容包括“2024年预计达产5亿元/年高端滚子产能”“新能源车零部件和轴承等三年或新增年营收20亿元”“今年公司目标销售25亿元，到2024年预计翻倍至50亿元”。上述信息系9月3日公司组织机构投资者调研时，由公司董事长以内部文件形式对外提供。

9月14日，公司披露《关于媒体报道的说明暨风险提示公告》称，上述数据为基于公司产能及行业发展作出的预判，属于目标推测，没有数据验证，未来能否实现具有不确定性。

2. 处理结果

2021年10月25日，上海证券交易所上市公司管理一部作出如下监管措施决定：对该上市公司及实际控制人暨时任董事长兼总经理张某、董事会秘书崔某平予以监管警示。

3. 违反法规

《上海证券交易所股票上市规则（2020年12月修订）》（已失效）第2.1条、第2.4条、第2.6条、第2.15条。[最新法规参考：《上海证券交易所股票上市规则（2022年1月修订）》第2.1.1条、第2.1.8条、第2.1.5条、第2.2.9条。]

4. 要点评析

上市公司产能建设及未来营收情况，属于投资者高度关注的重要经营性信息，对于投资者明确上市公司未来发展及业绩预期具有直接影响，上市公司应当在符合中国证监会规定条件的媒体上合理、谨慎、客观、公平地披露。但公司在组织投资者调研期间，将上述未在法定媒体披露且未经验证的目标推测，提供给有关媒体，造成上述信息通过非法定渠道对外发布，信息披露存在不公平。

（九）因认购自身发行的中期票据与发行方案不符被处罚

1. 案情摘要

四川某上市公司以自有资金通过资管产品等方式间接认购自身发行的债务融资工具“21 蓝光 MTN001”，与《公司 2021 年第一期中期票据发行情况公告》披露的“公司未直接认购或者实际由本公司出资”情况不符。

2. 处理结果

2021 年 11 月 9 日，四川证监局决定对该上市公司采取出具警示函的行政监管措施。

3. 违反法规

《上市公司信息披露管理办法（2007 年）》（证监会令第 40 号，已失效）第 2 条第 1 款。[最新法规参考：《上市公司信息披露管理办法（2021 年修订）》第 3 条第 1 款。]

（十）因行政处罚未及时披露被处罚

1. 案情摘要

内蒙古某上市公司所属的凯达煤矿因涉嫌非法占用农用地罪被鄂托克前旗公安局立案调查，并由鄂托克前旗人民检察院审查起诉。2021 年 5 月 26 日，凯达煤矿辩护人向鄂托克前旗人民检察院调取了《量刑意见书》（鄂前检量建〔2021〕74 号）和《起诉书》（鄂前检刑诉〔2021〕74 号），检察院建议对被告单位凯达煤矿单处罚金 20 万元。该案件已于 2021 年 7 月 16 日在鄂托克前旗人民法院正式开庭，目前尚未宣判。公司在知晓上述事项后未及时履行信息披露义务，直至 2021 年 9 月 17 日才披露该事项。

2. 处理结果

2021 年 11 月 29 日，内蒙古证监局决定对该上市公司采取出具警示函行政监管措施并计入诚信档案。

3. 违反法规

《上市公司信息披露管理办法（2021 年修订）》第 3 条、第 22 条。

4. 要点评析

鉴于部分上市公司及其子公司属于重点排污单位，若上述主体受到环保部门的处罚，披露标准不应仅仅参考公司被处罚的金额，还要考虑处罚对公司造成的具体影响。

（十一）因报销无关费用构成资金占用被处罚

1. 案情摘要

董事长、总经理曹某波 2020 年度在江苏某上市公司报销的部分费用与公司生产经营无关，构成非经营性资金占用，但公司未按规定予以披露。根据上市公司后续披露的《整改报告》显示，2018 年至 2021 年 9 月底，曹某波作为公司实际控制人关联方、董事长兼总经理，通过不合理费用报销占用上市公司资金 357.83 万元。截至 2021 年 12 月，曹某波已全部归还上述占用资金及 28.02 万元利息。

2. 处理结果

2021 年 12 月 7 日，江苏证监局决定对该上市公司采取责令改正的行政监管措施，并记入证券期货市场诚信档案。

3. 违反法规

《上市公司信息披露管理办法（2007 年）》（证监会令第 40 号，已失效）第 2 条、第 21 条。［最新法规参考：《上市公司信息披露管理办法（2021 年修订）》第 3 条、第 14 条。］

（十二）证券事务代表因未取得董事会秘书资格证书被处罚

1. 案情摘要

2019 年 8 月 15 日，新疆某上市公司披露《关于证券事务代表辞职暨聘任证券事务代表的公告》，聘请张某梅担任证券事务代表，任期自本次董事会审议通过之日起至公司第三届董事会届满之日止。公告显示，张某梅尚未取得董事会秘书资格证书，但承诺近期参加深圳证券交易所董事会秘书资格培训，取得董事会秘书资格证书。直至2021年8月20日，上市公司披露的《关于续聘证券事务代表的公告》显示，张某梅仍未取得董事会秘书资格证书。

2. 处理结果

2021年12月8日，新疆证监局决定对公司副总经理、董事会秘书姚某采取出具警示函的监督管理措施，并记入证券市场诚信档案。

3. 违反法规

《深圳证券交易所股票上市规则（2020年修订）》（已失效）第3.2.8条。[最新法规参考：《深圳证券交易所股票上市规则（2022年修订）》第4.4.7条。]

4. 要点评析

（十三）董监高薪酬定期报告披露因未包括奖金被处罚

1. 案情摘要

江苏某上市公司在2019年年报中披露“董事、监事、高级管理人员报酬情况”时，未包含公司于2019年7月向陈某龙、眭某、陈某、沈某强、许某生、王某等董事、监事、高级管理人员发放的可转债项目奖金。

2. 处理结果

2021年12月3日，江苏证监局决定对该上市公司采取出具警示函的行政监管措施，并记入证券期货市场诚信档案。

3. 违反法规

《公开发行证券的公司信息披露内容与格式准则第2号——年度报告的内容与格式（2017年修订）》（已失效）第55条。[最新法规参考：《公开发行证券的公司信息披露内容与格式准则第2号——年度报告的内容与格式（2021年修订）》第31条。]

（十四）日常信息披露文件中因存在多处表述错误被处罚

1. 案情摘要

上海某上市公司于2020年4月28日披露的《第二届董事会第四次会议决议公告》中存在四处决议对应公告编号错误，存在三处决议对应公告标题错误；于2020年6月4日披露的《股票交易异常波动公告》、2020年8月15日披露的《2020年半年度报告》中分别存在一处公告内容语句重复；于2020年7月15日披露的《关于控股子公司拟签订及后续处置方案的公告》、2020年6月2日披露的《关于子公司签订〈关闭搬迁协议书〉的公告》中分别存在一处表述错误；于2021年1月22日披露的《公开发行可转化公司债券募集说明书》中一处公司产品产量数据与年度报告披露数据不一致，但未作出说明。

2. 处理结果

2021年12月3日，上海证券交易所上市公司管理一部作出如下监管措施决定：对该上市公司及时任董事会秘书李某予以监管警示。

3. 违反法规

《上海证券交易所股票上市规则（2020年12月修订）》（已失效）第2.1条、第2.5条、第2.6条、第2.7条等。[最新法规参考：《上海证券交易所股票上市规则（2022年1月修订）》第2.1.1条、第2.1.4条、第2.1.5条、第2.1.6条。]

（十五）因使用闲置募集资金暂时补充流动资金购买理财产品被处罚

1. 案情摘要

江苏某上市公司于2020年7月3日发布《关于使用闲置募集资金暂时补充流动资金的公告》，公告显示“公司及全资子公司本次拟使用不超过人民币15 000万元闲置募集资金暂时补充流动资金，并仅用于公司的业务拓展、日常经营等与主营业务相关的生产经营使用”。经查，补充流动资金的15 000万元实际上并未用于生产经营，而是全部用于购买银行理财产品，实际用途与公司公告不符，信息披露不真实。

2. 处理结果

2021 年 12 月 2 日，江苏证监局决定对该上市公司采取责令改正的行政监管措施，并记入证券期货市场诚信档案。

3. 违反法规

《上市公司信息披露管理办法（2007 年）》（证监会令第 40 号，已失效）第 2 条第 1 款，《上市公司监管指引第 2 号——上市公司募集资金管理和使用的监管要求（2012 年）》（证监会公告〔2012〕44 号，已失效）第 8 条。[最新法规参考：《上市公司信息披露管理办法（2021 年修订）》第 3 条第 1 款，《上市公司监管指引第 2 号——上市公司募集资金管理和使用的监管要求（2022 年修订）》第 9 条。]

4. 要点评析

根据 2022 年 1 月 7 日中国证监会颁布的《上市公司监管指引第 2 号——上市公司募集资金管理和使用的监管要求（2022 年修订）》第 8 条，暂时闲置的募集资金可进行现金管理，其投资的产品为结构性存款、大额存单等安全性高的保本型产品。

（十六）因第二类限制性股票归属后减持触发短线交易被处罚

1. 案情摘要

武汉某上市公司于 2021 年 11 月 22 日披露公告显示，公司 2020 年限制性股票激励计划第一个归属期的归属股份于 2021 年 11 月 19 日上市流通。公司监事王某瑛的配偶余某本次获得授予股份 16 000 股，授予价格为 89.07 元/股，余某于股份上市当日将该次归属获得的 3 000 股股份卖出，构成短线交易，成交金额 599 100 元。

2. 处理结果

2021 年 11 月 29 日，深圳证券交易所创业板公司管理部对王某瑛发出监管函。

3. 违反法规

《深圳证券交易所创业板股票上市规则（2020 年 12 月修订）》第 1.4 条、第 2.3.1 条，《深圳证券交易所创业板上市公司规范运作指引（2020

年修订）》（已失效）第1.3条、第3.8.14条。（最新法规参考：《深圳证券交易所上市公司自律监管指引第2号——创业板上市公司规范运作》第1.3条、第4.1.12条。）

4. 要点评析

王某瑛作为公司的监事，未能督促配偶合规买卖股票受到处罚。上市公司董监高不但要自己合规交易，也应督促身边人合规交易。

另外，除本案例第二类限制性股票归属算买入外，限制性股票授予、股票期权行权、员工持股计划解散直接过户给个人等情形均算买入。

（十七）因未按内部标准履行审议披露程序被处罚

1. 案情摘要

2020年10月至11月，甘肃某上市公司控股子公司累计购买理财产品2.26亿元，达到公司2019年经审计财务报告净资产的41%。公司未根据自身《公司章程》第116条的规定履行股东大会审议程序，未履行信息披露义务。

2. 处理结果

2021年12月10日，甘肃证监局决定对该上市公司及董事长马某海、总经理张某平、财务总监周某华、董事会秘书顾某明采取出具警示函的监督管理措施。

3. 违反法规

《上市公司信息披露管理办法（2007年）》（证监会令第40号，已失效）第2条第1款、第3条。[最新法规参考：《上市公司信息披露管理办法（2021年修订）》第3条第1款、第4条。]

4. 要点评析

上市公司可以在内部制度中增加严于监管法规的相关条款，并在实践中严格执行。

（十八）因利润分配方案审议通过后未实施被处罚

1. 案情摘要

2021年4月12日，四川某上市公司披露2020年度利润分配方案的公告，拟以利润分配实施股权登记日实际有权参与股数为基数，向全体股东每10股派发现金红利0.85元（含税），预计派发现金红利总金额为255 548 517元（含税）。2021年5月20日，公司召开股东大会审议通过上述利润分配方案。2021年7月16日，公司披露延缓实施2020年度利润分配方案的公告称，由于公司动用大量自有资金保障公开市场债券兑付，同时公开市场债券再融资环境未能得到改善，公司流动性出现阶段性紧张，部分债务未能如期偿还。截至2021年12月，公司尚未能筹集到2020年度利润分配所需资金，预计无法在2021年7月20日前完成利润分配事宜，经董事会决议拟延缓实施年度利润分配方案。公司同时披露，上述分红事宜纳入公司后续债务重组整体方案中进行考虑，将在明确具体分红安排后进行披露。

2. 处理结果

2021年12月9日，上海证券交易所作出如下纪律处分决定：对该上市公司及时任董事长杨某、杨某正，时任财务负责人欧某明、杨某良予以通报批评。

上海证券交易所上市公司管理一部作出如下监管措施决定：对该上市公司时任董事会秘书罗某华予以监管警示。

3. 违反法规

《上市公司监管指引第3号——上市公司现金分红（2013年）》（证监会公告〔2013〕43号，已失效）第7条，《上海证券交易所股票上市规则（2020年12月修订）》（已失效）第1.4条、第2.1条、第2.3条、第11.4.5条。[最新法规参考：《上市公司监管指引第3号——上市公司现金分红（2022年修订）》第7条，《上海证券交易所股票上市规则（2022年1月修订）》第1.4条、第2.1.1条、第2.1.7条、第5.3.8条。]

4. 要点评析

公司已于2021年4月12日对外披露，并于2021年5月20日召开股东大会审议通过了2020年度利润分配方案，市场已对公司现金分红事项形成明确预期。但公司并未按照规则要求，在规定期限内执行公开披露的现金分红方案，而是经董事会审议后延缓实施，影响了投资者的合理预期。同时，公司也未就影响分红的相关事项及时公告，风险提示不充分。

（十九）董事境外个人信息因未申报超比例减持被处罚

1. 案情摘要

2021 年 9 月 7 日，上海某上市公司时任董事陈某颖通过集中竞价方式减持其所持有的全部股份 1 463 600 股，减持金额合计 13 465 120 元。陈某颖作为时任董事，未按照规定申报境外个人信息并申请锁定股份，导致减持股份数量超过本年度可转让的法定额度，超比例减持金额合计 10 098 840 元。

2. 处理结果

2021 年 12 月 20 日，深圳证券交易所作出如下处分决定：对陈某颖给予通报批评。

3. 违反法规

《深圳证券交易所股票上市规则（2020 年修订）》（已失效）第 1.4 条、第 3.1.7 条、第 3.1.8 条，《深圳证券交易所上市公司规范运作指引（2020 年修订）》（已失效）第 1.2 条、第 3.8.7 条。［最新法规参考：《深圳证券交易所股票上市规则（2022 年修订）》第 1.4 条、第 3.4.8 条，《深圳证券交易所上市公司自律监管指引第 1 号——主板上市公司规范运作》第 1.2 条、原第 3.8.7 条已被废除。］

（二十）因减值计提金额达到披露标准未及时披露被处罚

1. 案情摘要

2019 年 3 月末，上海某上市公司计提存货跌价准备 881.68 万元，超过最近一个会计年度（2017 年）经审计净利润的 10%，但未及时履行信息披露义务，直至 2019 年 4 月 25 日才在 2019 年第一季度报告中披露了相关信息。2019 年 7 月末、8 月末和 9 月末，公司分别计提存货跌价准备 1 876.88 万元、786.59 万元和 1 133.67 万元，均已超过最近一个会计年度（2018 年）经审计净利润的 10%，但未及时履行信息披露义务，直至

2019 年 10 月 31 日才在 2019 年第三季度报告中披露了相关信息。2019 年 11 月末，公司计提存货跌价准备 1 424.96 万元，超过最近一个会计年度（2018 年）经审计净利润的 10%，但未及时履行信息披露义务，直至 2020 年 1 月 23 日才在 2019 年度业绩预亏公告中披露了 2019 年度计提存货跌价准备相关信息。

2. 处理结果

2021 年 12 月 29 日，上海证监局决定对董事长孙某平、总经理王某玮采取出具警示函的监管措施。

3. 违反法规

《上市公司信息披露管理办法（2007 年）》（证监会令第 40 号，已失效）第 2 条第 1 款，第 30 条第 1 款、第 2 款第 5 项。[最新法规参考：《上市公司信息披露管理办法（2021 年修订）》第 3 条第 1 款、第 22 条。]

（二十一）因股东持股比例达到 30%后未遵循慢走原则被处罚

1. 案情摘要

2021 年 10 月 25 日，广州某公司认购广西某上市公司发行的 99 155 880 股股份并上市，本次发行完成后，广州某公司持有该上市公司 30.67%的股份。10 月 28 日、29 日，广州某公司通过集中竞价交易方式继续增持 829 600 股股份，占总股本的 0.16%。

2. 处理结果

2021 年 12 月 28 日，深圳证券交易所创业板公司管理部对广州某公司出具监管函。

3. 违反法规

《上市公司收购管理办法（2020 年修正）》第 63 条。

（二十二）因被动成为第一大股东未披露详式权益变动报告书被处罚

1. 案情摘要

2021 年 9 月 9 日，江苏某上市公司披露《关于股东减持比例达到 1%

及股份减持数量过半暨公司第一大股东变更的提示性公告》。9月8日，公司原第一大股东减持公司股份434.23万股。本次减持实施后，原第一大股东持有公司股份3 560.64万股，占公司总股本比例为7.97%，曾某持有公司股份3 630万股，占公司总股本比例为8.13%，成为公司第一大股东。曾某至今未能按规定编制详式权益变动报告书并予公告。

2. 处理结果

2021年12月30日，深圳证券交易所创业板公司管理部对曾某出具监管函。

3. 违反法规

《上市公司收购管理办法（2020年修正）》第16条、第17条，《深圳证券交易所创业板股票上市规则（2020年12月修订）》第1.4条、第2.3.10条，《深圳证券交易所创业板上市公司规范运作指引（2020年修订）》（已失效）第4.1.2条。（最新法规参考：《深圳证券交易所上市公司自律监管指引第2号——创业板上市公司规范运作》第4.1.5条。）

（二十三）因未按新规修订公司内部制度被处罚

1. 案情摘要

广西证监局对广西某上市公司进行现场检查，发现该上市公司未按照新修订的《证券法》、《上市公司信息披露管理办法》（证监会令第182号）、《关于上市公司内幕信息知情人登记管理制度的规定》（证监会公告〔2021〕5号，已失效。最新法规参考：《上市公司监管指引第5号——上市公司内幕信息知情人登记管理制度》）等法律法规及时修订完善信息披露管理和内幕信息知情人管理制度，相关制度存在与现行法律法规不相符的情形。经现场检查发现，公司还存在信息披露、内幕信息管理和公司治理方面的问题。

2. 处理结果

2022年1月7日，广西证监局决定对该上市公司、时任董事长兼总经理秦某、时任财务总监李某毅、董事利某、贸易业务核心人员夏某采取出具警示函的行政监管措施。

3. 违反法规

《上市公司信息披露管理办法》第三十条。

（二十四）因日常经营构成的损失达到披露标准未及时披露被处罚

1. 案情摘要

2020年11月，经广东某上市公司董事长马某、时任总经理伍某批准，公司对以往年度的库存商品、原材料进行折价销售以回笼资金。2020年11月至12月，公司实现销售收入20.27亿元，销售毛利为-7.53亿元，但公司直至2021年1月30日才披露上述重大损失事项。

2. 处理结果

2021年12月31日，广东证监局决定对该上市公司、马某、伍某等采取出具警示函的行政监管措施。

3. 违反法规

《上市公司信息披露管理办法（2007年）》（证监会令第40号，已失效）第2条、第30条。［最新法规参考：《上市公司信息披露管理办法（2021年修订）》第3条、第22条。］

（二十五）因持股5%以上股东质押不超过5%股份未及时披露被处罚

1. 案情摘要

昆山某上市公司股东肖某国持有公司8 139 909股股份，占公司总股本的5.53%。2021年12月15日，公司披露股东质押股份公告，肖某国已累计质押1 710 000股股份，占公司总股本的1.16%。其中，肖某国于2021年10月22日质押880 000股公司股份，占公司总股本的0.60%；于2021年12月13日质押830 000股公司股份，占公司总股本的0.56%。肖某国在第一次质押公司股份时，未及时披露质押情况，直至第二次质押公司股份时才一并对外公告，信息披露不及时。

2. 处理结果

2022年1月20日，上海证券交易所科创板公司管理部作出如下监管措施决定：对股东肖某国予以监管警示。

3. 违反法规

《上市公司股东、董监高减持股份的若干规定》第12条，《上海证券交易所科创板股票上市规则（2020年12月修订）》第1.4条、第9.2.5条，以及《上海证券交易所上市公司股东及董事、监事、高级管理人员减持股份实施细则》第16条。

4. 要点评析

《上海证券交易所上市公司股东及董事、监事、高级管理人员减持股份实施细则》第16条规定："上市公司大股东的股权被质押的，该股东应当在该事实发生之日起2日内通知上市公司，并按本所有关股东股份质押事项的披露要求予以公告。"严于《股票上市规则》股东股份质押的披露要求。

作为科创板公司持股5%以上股东，肖某国质押所持公司股份，应当在2个交易日内通知上市公司，并披露该次质押股份数量、累计质押股份数量以及占公司总股本比例。

（二十六）因关联交易未穿透判断被处罚

1. 案情摘要

2021年5月19日，浙江某上市公司披露转让全资子公司股权的公告称，拟将全资子公司51%的股权转让给浙江某建设工程有限公司（以下简称建设公司A），转让价格为12 649.53万元，占公司上年经审计净资产的3.79%。公司同时披露，建设公司A是另一家建设公司（以下简称建设公司B）的全资子公司，本次交易不构成关联交易。

经访谈并查阅相关合同，建设公司A购买相关股权的资金来源于借款，公司原副总经理周某红为该笔交易协调资金，并提供了连带担保，本次交易系周某红联合他人以建设公司A的名义受让。2021年9月，周某红与建设公司B签订股权转让合同，建设公司B将建设公司A的51%的股权转让给周某红，并约定建设公司B付清借款合同的全部债务后再支付股权转让款。上述交易发生时，周某红离任公司高管未满12个月，该笔交易构成关联交易，但公司披露为非关联交易，且未履行相关审议程序，信息披露不准确。

2. 处理结果

2022年1月20日，上海证券交易所上市公司管理一部作出如下监管措施决定：对该上市公司及时任董事长兼总经理胡某锋，财务总监张某丽，董事会秘书郭某滨、张某鑫予以监管警示。

3. 违反法规

《上海证券交易所股票上市规则（2020年12月修订）》（已失效）第2.1条、第2.3条、第2.5条、第7.5条、第10.2.4条。[最新法规参考：《上海证券交易所股票上市规则（2022年1月修订）》第2.1.1条、第2.1.7条、第2.1.4条、第2.2.6条、第6.3.6条。]

（二十七）因关联交易未审议通过即实施被处罚

1. 案情摘要

根据黑龙江证监局《关于对黑龙江某上市公司采取出具警示函措施的决定》（监管措施〔2021〕17号）查明的事实及相关公告，该上市公司于2020年6月30日、12月29日分别召开2019年度股东大会、2020年度第一次临时股东大会，审议《2020年度日常关联交易计划》议案均未获通过。但根据公司2020年度报告显示，公司2020年度实际发生各类日常关联交易合计为37.71亿元，占上一年末经审计净资产的387%，已达到须履行股东大会决策程序的标准，但公司未按规定提交股东大会审议通过。2021年5月17日，公司召开2020年度股东大会，《2020年度日常关联交易计划及完成情况》议案仍未获审议通过。截至2021年10月22日，公司《2020年度日常关联交易计划》仍未获股东大会决策予以追认。

2. 处理结果

2021年11月1日，上海证券交易所作出如下监管措施决定：对该上市公司及时任董事会秘书邬某芳予以监管警示。

3. 违反法规

《上海证券交易所股票上市规则（2020年12月修订）》（已失效）

第2.1条、第10.2.4条、第10.2.5条、第10.2.12条。[最新法规参考:《上海证券交易所股票上市规则(2022年1月修订)》第2.1.1条、第6.3.6条、第6.3.7条、第6.3.17条。]

4. 要点评析

股东大会在大股东回避表决的情况下，如希望议案顺利审议通过，可以从两方面做工作：一是从投资者关系入手，提前联系股东，拉拢更多的外部投资者投票；二是征集投票权。

(二十八) 因合并范围披露不准确被处罚

1. 案情摘要

2019年7月，广东某上市公司将子公司100%股权出售给汕头市某景投资有限公司(以下简称某景投资)，并完成相关工商变更。由于公司已将子公司相关的风险报酬转移至某景投资，不再享有可变回报，也没有能力运用对被投资方的权力影响其回报金额，不满足实施控制的条件，因此不应将子公司继续纳入财务报表合并范围。而公司2019年、2020年审计报告披露，因尚未收到股权转让款，仍将子公司纳入合并报表范围。

2. 处理结果

2022年1月18日，广东证监局决定对该上市公司采取责令改正的行政监管措施，对时任董事长、总经理、代董事会秘书柯某彬和财务总监余某采取出具警示函的行政监管措施。

3. 违反法规

《企业会计准则第33号——合并财务报表(2014年修订)》第2条、第7条等。

4. 要点评析

根据《上海证券交易所会计监管动态(2021年合辑)》合并财务报表系列，问题(丧失控制权时点的判断)：出售子公司股权终止确认的时点如何判断?

案例：A公司在2020年末向B公司出售全资子公司100%股权，截至2020年12月31日，B公司已根据协议安排分期支付股权转让款，但累计支付比例低于50%。子公司在2020年12月31日已完成了股东工商登记和董事会改选。

分析：现行企业会计准则未对丧失控制权的判断时点作出明确规定，但明确了企业合并中关于“购买日”的判断条件，在判断是否丧失控制权时可以参考上述“购买日”的判断条件。根据《企业会计准则第20号——企业合并》及其应用指南，同时满足下列条件的，通常可认为实现了控制权的转移：①企业合并合同或协议已获股东大会等通过；②企业合并事项需要经过国家有关主管部门审批的，已获得批准；③参与合并各方已办理了必要的财产权转移手续；④合并方或购买方已支付了合并价款的大部分（一般应超过50%），并且有能力、有计划支付剩余款项；⑤合并方或购买方实际上已经控制了被合并方或被购买方的财务和经营政策，并享有相应的利益、承担相应的风险。

本案例讨论的核心问题是，当一项交易已满足上述五项条件中的其他条件，但未满足“购买方已支付了合并价款的大部分（一般应超过50%）”的条件的情况下，A公司是否能够终止确认该股权投资，并全额确认处置股权相关投资收益。根据上述准则规定，考虑合并方或购买方是否已支付了合并价款的大部分，实质上需要考虑对方是否有能力、有计划支付股权转让款。本案例中，B公司已支付的股权转让款是按合同约定的付款安排支付，且A公司分析了B公司的财务状况后认定其有能力、有计划支付剩余股权转让款，则可能在2020年末终止确认该股权投资，并全额确认处置股权相关投资收益。

（二十九）因内幕信息知情人填报不规范被处罚

1. 案情摘要

广东某上市公司2019年和2020年年报内幕信息知情人仅登记两名签字注册会计师及一名现场负责人，未登记审计机构项目组其他成员，且登记的2020年年报知悉时间与实际情况不符。未就筹划与公司第二大股东设立合资公司生产六氟磷酸锂、电池电解液添加剂的重大事项填写内幕信息知情人登记表，也未制作重大事项进程备忘录。

2. 处理结果

2022 年 1 月 18 日，广东证监局决定对该上市公司采取责令改正的行政监管措施。

3. 违反法规

《关于上市公司建立内幕信息知情人登记管理制度的规定（2011 年）》（证监会公告〔2011〕30 号，已失效）第 6 条、第 7 条、第 10 条等。[最新法规参考：《上市公司监管指引第 5 号——上市公司内幕信息知情人登记管理制度》第 6 条、第 7 条、第 10 条等。]

（三十）因诉讼影响达到沪主板公告格式指引要求未及时披露被处罚

1. 案情摘要

根据公司 2021 年 6 月 9 日披露的问询函回复公告，2016 年初，苏州某上市公司向某亮科技有限公司（以下简称某亮科技）预付投资款 5 000 万元，并按照后续约定，转为第三方借款，借款年利息为 10%，起息日为 2016 年 10 月 28 日。因某亮科技未按约定归还借款，截至 2018 年 12 月 31 日，尚余借款本金 4 070 万元及利息未能全部收回。公司管理层判断某亮科技已不具备还款能力，对此全额计提坏账准备。上述坏账金额占公司 2017 年经审计净利润的 19.47%，已达到临时公告的披露标准，但公司并未予以公告。

2019 年 5 月，公司向法院提起诉讼，要求某亮科技及其股东归还上述款项。双方达成调解协议，某亮科技同意于 2019 年 7 月 30 日之前归还公司借款本金 4 070 万元及相应利息，但某亮科技并未按照调解协议予以执行。2020 年 8 月，双方达成新的和解协议，公司收回 1 000 万元并申请结案，剩余 3 070 万元予以核销。上述诉讼事项可能产生的损益金额占公司最近一期经审计净利润的 14.85%，达到临时公告的披露标准。但公司未及时披露上述诉讼事项及调解、和解相关进展，直至监管问询后才予以披露。

2. 处理结果

2021 年 7 月 20 日，上海证券交易所上市公司监管一部作出如下监管措施决定：对该上市公司及时任财务总监兼董事会秘书凌某菁予以监管警示。

3. 违反法规

《上海证券交易所股票上市规则（2020 年 12 月修订）》（已失效）第 2. 1 条、第 2. 3 条、第 9. 2 条、第 11. 12. 5 条、第 11. 1. 1 条等。[最新法规参考：《上海证券交易所股票上市规则（2022 年 1 月修订）》第 2. 1. 1 条、第 2. 1. 7 条、第 6. 1. 2 条、第 7. 7. 6 条、第 7. 4. 1 条等。]

4. 要点评析

目前，沪主板格式指引仍然沿用 2016 年 8 月版本，涉及诉讼、仲裁的还需考虑净利润指标，即上市公司涉及的诉讼、仲裁事项可能导致的损益达到上市公司最近一个会计年度经审计净利润的 10%，且绝对额超过 100 万元人民币的，应履行信息披露义务。

二、对新规理解不准确导致违规（共 9 例）

（一）因总经理离职独立董事未进行核查被处罚

1. 案情摘要

2021 年 4 月 12 日，山东某上市公司披露《关于总经理辞职的公告》称，公司董事会收到董事长出具的关于同意丁某国辞去公司总经理职务的函，至此，丁某国同时不再担任公司全资子公司总经理职务及公司控股子公司董事长、经理职务。公司独立董事对此发表了意见。4 月 14 日，该上市公司披露《关于免去公司总经理的公告》称，经董事长提议，免去丁某国总经理职务。4 月 15 日，深圳证券交易所上市公司管理二部就上述事项向公司发出关注函，回函内容显示，丁某国表示并未以任何形式提出辞职；公司于 4 月 12 日披露的《关于总经理辞职的公告》未按照《深圳证券交易所上市公司规范运作指引（2020 年修订）》第 3. 2. 10 条的规定提供丁某国的书面辞职报告，独立董事未按照《深圳证券交易所上市公司规范运作指引（2020 年修订）》第 3. 2. 13 条的规定对总经理离职原因进行核查。

2. 处理结果

2021 年 5 月 10 日，深圳证券交易所上市公司管理二部对该上市公司，董事长潘某华及独立董事黎某、倪某、涂某、饶某发出监管函。

3. 违反法规

《深圳证券交易所上市公司规范运作指引（2020 年修订）》（已失效）第 3.2.10 条、第 3.2.13 条。（最新法规参考：《深圳证券交易所上市公司自律监管指引第 1 号——主板上市公司规范运作》第 3.2.8 条、第 3.2.11 条。）

（二）因间接持有的股份变动超过 1%未及时披露被处罚

1. 案情摘要

（1）某生一号证券投资单一资金信托（以下简称某生一号）证券账户减持北京某上市公司股份，陈某涛未履行信息披露义务

某生一号是陈某涛的一致行动人。根据信托合同约定，陈某涛享有某生一号投资的收益、承担损失，并拥有该部分的表决权。陈某涛实质上通过某生一号增持，实际持有该部分股票，应当依法履行相关信息披露义务。

某生一号证券账户自 2020 年 3 月 9 日至 3 月 20 日以集中竞价方式减持 28 046 142 股，占上市公司总股本的比例为 1.6%，导致陈某涛及其一致行动人减持比例超过 1%。陈某涛未及时通知上市公司履行信息披露义务。

2020 年 4 月 10 日，上市公司查阅股东名册时知悉上述减持事项，并于 5 月 22 日披露相关信息。

（2）陈某涛转让徐州中天涌慧企业管理有限公司（以下简称徐州中天涌慧）股权间接减持上市公司股份，陈某涛未履行信息披露义务

徐州中天涌慧持股占上市公司总股本的 1.69%，为陈某涛一致行动人。陈某涛持有徐州中天涌慧 88.89%的股权。

2020 年 5 月 12 日，陈某涛将其持有的徐州中天涌慧股权全部转让。股权转让后，陈某涛及其一致行动人持有的股份减少比例占上市公司总股本的 1.69%，超过 1%。陈某涛未及时通知上市公司履行信息披露义务。

2020 年 5 月 22 日，上市公司披露相关信息。

2. 处理结果

2020 年 11 月 27 日，北京证监局的决定如下：对陈某涛给予警告，并处以 100 万元罚款。

3. 违反法规

新《证券法》第63条第3款。

（三）因不同主体买卖构成短线交易被处罚

1. 案情摘要

安徽证监局发现王某海作为安徽某上市公司的董事、高级管理人员，存在以下违规行为。

王某海配偶肖某霞于2021年6月3日，以集中竞价方式买入股票100股，交易金额为1 678.00元；王某海于2021年11月15日，以集中竞价方式减持股票10 000股，交易金额为12.69万元，构成短线交易。

2. 处理结果

2021年12月22日，安徽证监局决定对王某海采取出具警示函的行政监管措施。

3. 违反法规

新《证券法》第44条。

（四）因两位家属买卖构成短线交易被处罚

1. 案情摘要

栗某岐担任北京某上市公司董事期间，其父亲栗某邦、配偶王某博于2021年8月30日至9月14日存在短期内卖出、买入公司股票的情况。

2. 处理结果

2021年10月14日，北京证监局决定对栗某岐采取出具警示函的行政监管措施。

3. 违反法规

新《证券法》第44条。

（五）因利用他人账户短线交易被处罚

1. 案情摘要

河北某上市公司实际控制人李某成直接持有128 137 155股公司股份，占公司总股本的15.65%。2021年6月12日，公司披露自查实际控制人短线交易的公告称，张某玉、李某为公司控股股东员工，其购买公司股票所用资金来自公司实际控制人李某成，存在短线交易的行为。其中，李某成实际控制张某玉的账户自2018年2月至8月，通过二级市场累计买入公司股票3 500 760股，成交金额约3 450万元；实际控制李某的账户自2018年2月至5月，通过二级市场累计买入公司股票1 644 870股，成交金额约1 693万元；实际控制张某玉的账户于2018年2月13日、8月8日、8月9日，共计卖出公司股票159 400股，成交金额约175.83万元，获利约21.33万元。公司同时披露，李某成已将上述违规买卖股票所产生的收益上缴公司。

2. 处理结果

2021年7月27日，上海证券交易所上市公司监管一部作出如下监管措施决定：对公司实际控制人李某成予以监管警示。

3. 违反法规

原《证券法》（已失效）第47条，《上海证券交易所股票上市规则（2020年12月修订）》（已失效）第1.4条、第2.1条、第3.1.7条。[最新法规参考：《证券法（2019年修订）》第44条，《上海证券交易所股票上市规则（2022年1月修订）》第1.4条、第2.1.1条、第3.4.6条和第3.4.7条。]

4. 要点评析

《证券法》在2019年修订之前即在实际认定上有处罚案例，《证券法》修订后第44条更加明确了短线交易的认定。

（六）科创板核心技术人员因违规减持被处罚

1. 案情摘要

截至2021年9月9日，王某涛作为江苏某上市公司核心技术人员直接持有公司股份836 629股，占公司总股本的0.62%，股份来源为首次公开发行前股份，并已于2021年8月30日起解除限售并上市流通。2021年9月10日至17日期间，王某涛通过大宗交易方式减持公司股份330 000股。其中，超比例违规减持公司股份共计120 843股，占其直接持有的首发前公司股份的比例约为14.44%。

2. 处理结果

2021 年 12 月 24 日，上海证券交易所作出如下纪律处分决定：对公司时任核心技术人员王某涛予以通报批评。

3. 违反法规

《上海证券交易所科创板股票上市规则（2020 年 12 月修订）》第 1.4 条、第 2.4.5 条。

4. 要点评析

科创板是唯一强制要求对核心技术人员做股份减持限制的板块，随着科创板上市公司也都开始进入解禁潮，一定要对核心技术人员做好合规股份变动管理的培训。作为公司时任核心技术人员，王某涛在所持首发前股份限售期满之日起一年内，减持股份数量超过其上市时直接持有的公司首发前股份总数的 25%，且违规减持金额较大。

（七）因重要资产质押未及时披露被处罚

1. 案情摘要

2020 年 2 月 21 日，广东某上市公司子公司将其所持有的 Magnetic MRO AS 公司全部股权质押给民生银行广州分行，用于担保该上市公司的 2 606.76 万欧元贷款。公司未披露其控股孙公司股份被质押的重大事项。

2. 处理结果

2022 年 1 月 5 日，广东证监局决定对该上市公司、董事长卜某胜、总经理胡某、财务总监姚某华、董事会秘书胡某采取出具警示函的行政监管措施。

3. 违反法规

《上市公司信息披露管理办法（2007 年）》（证监会令第 40 号，已失效）第 2 条、第 30 条、第 31 条、第 33 条。[最新法规参考：《上市公司信息披露管理办法（2021 年修订）》第 3 条、第 22 条、第 24 条、第 26 条。]

（八）因重要子公司被调查未披露被处罚

1. 案情摘要

北京某上市公司未及时披露时任公司副总经理赵某志涉嫌违法违纪被有权机关调查并采取强制措施的情况，未及时披露重要子公司北京天源建筑工程有限责任公司涉嫌违法违规被调查以及受到刑事处罚的情况。

2. 处理结果

2022 年 1 月 11 日，北京证监局决定对该上市公司及董事长卞某鹏、总经理王某、董事会秘书刘某明等采取出具警示函的行政监管措施。

3. 违反法规

《上市公司信息披露管理办法（2007 年）》（证监会令第 40 号，已失效）第 30 条第 2 款第 11 项、第 33 条第 1 款。[最新法规参考：《上市公司信息披露管理办法（2021 年修订）》第 22 条、第 26 条第 1 款。]

（九）因未及时披露公开征集投票权函件被处罚

1. 案情摘要

山东某上市公司于 2022 年 1 月 14 日晚间披露的《股东湖南某股权投资合伙企业（有限合伙）公开征集投票权的公告》显示，公司于 2022 年 1 月 10 日收到股东湖南某股权投资合伙企业（有限合伙）关于公开征集投票权的函，但公司迟至 1 月 14 日晚间才对外披露相关公告。

2. 处理结果

2022 年 1 月 17 日，深圳证券交易所上市公司管理一部对该上市公司发出监管函。

3. 违反法规

《公开征集上市公司股东权利管理暂行规定》第 11 条，《深圳证券交易所股票上市规则（2022 年修订）》第 2. 1. 1 条。

三、处罚后相关规则涉及修订的违规案例（共 4 例）

（一）因决议公告内容与会议底稿不符被处罚

1. 案情摘要

2020 年 10 月 30 日，北京某上市公司披露《第八届董事会第四十一次会议决议公告》显示，经六名董事表决同意，董事会审议通过《2020 年第三季度报告》，但公司未向深圳证券交易所上市公司管理一部报备与会董事表决票。2020 年 11 月 12 日，深圳证券交易所上市公司管理一部向公司发出《三季报问询函》，要求公司报备第八届董事会第四十一次会议董事表决票，并核查披露的会议决议是否真实、准确、完整。2021 年 4 月 16 日，公司披露《第八届董事会第四十一次会议决议的更正公告》《第八届董事会第四十七次会议决议公告》《关于对深圳证券交易所 2020 年度三季报问询函的回复公告》等公告，前述公告显示，三名独立董事对《2020 年第三季度报告》表决情况为弃权，该议案实际未审议通过，公司直至 2021 年 4 月 15 日才重新审议通过上述议案并披露。

2. 处理结果

2021 年 6 月 22 日，深圳证券交易所上市公司管理一部对公司发出监管函。

3. 违反法规

《深圳证券交易所股票上市规则（2018 年 11 月修订）》（已失效）第 1.4 条、第 2.1 条、第 6.4 条、第 17.1 条，及《深圳证券交易所股票上市规则（2020 年修订）》（已失效）第 1.4 条、第 2.1 条、第 6.4 条、第 16.1 条。[最新法规参考：《深圳证券交易所股票上市规则（2022 年修订）》第 1.4 条、第 2.1.1 条、第 5.2.4 条、第 13.1.1 条。]

4. 要点评析

2022 年 1 月 7 日，沪深交易所颁布修订后的《股票上市规则》要求："本所要求提供董事会会议记录的，公司应当按本所要求提供。"

（二）因可转债赎回披露不规范被处罚

1. 案情摘要

2021 年 9 月 17 日，厦门某上市公司披露《关于提前赎回"弘信转债"的公告》。截至 2021 年 9 月 16 日，公司股票已满足连续 30 个交易日中有 15 个交易日的收盘价格不低于"弘信转债"当期转股价格（15.34 元/股）的 130%，触发《募集说明书》中约定的有条件赎回条款；公司将按照可转换公司债券面值加当期应计利息的价格赎回在赎回登记日登记在册的全部“弘信转债”。公司未在赎回条件满足的5个交易日前及时向市场充分提示风险，直至触发赎回条件才披露提前赎回全部“弘信转债”的公告。

2. 处理结果

2021年10月11日，深圳证券交易所创业板公司管理部对该上市公司发出监管函。

3. 违反法规

《可转换公司债券管理办法》第13条，《深圳证券交易所创业板股票上市规则（2020年12月修订）》第1.4条、第5.1.1条。

4. 要点评析

2022年1月7日，沪深交易所颁布修订后的《股票上市规则》要求：“上市公司应当持续关注可转换公司债券约定的赎回条件是否满足，预计可能满足赎回条件的，应当在预计赎回条件满足的5个交易日前披露提示性公告，向市场充分提示风险。”

（三）因第三季报敏感期违规交易被处罚

1. 案情摘要

陈某森作为苏州某上市公司董事长，于2021年9月28日通过集中竞价方式卖出公司股票29.92万股，涉及交易金额914.36万元。公司于10月28日披露《2021年第三季度报告》，陈某森的上述卖出行为处于公司定期报告公告前30日内，构成敏感期交易。

2. 处理结果

2022年1月20日，深圳证券交易所创业板公司管理部对陈某森发出监管函。

3. 违反法规

《深圳证券交易所创业板股票上市规则（2020年12月修订）》第1.4条、第2.3.1条，《深圳证券交易所创业板上市公司规范运作指引（2020年修订）》（已失效）第3.8.15条。［最新法规参考：《深圳证券交易所上市公司自律监管指引第2号——创业板上市公司规范运作》已将原《深圳证券交易所创业板上市公司规范运作指引（2020年修订）》第3.8.15条废除。]

4. 要点评析

2022年1月7日，中国证监会发布的《上市公司董事、监事和高级管理人员所持本公司股份及其变动管理规则（2022年修订）》和沪深交易所颁布的修订后的《股票上市规则》已取消三季报窗口期的要求，但股东及董监高仍需注意不要利用已获悉的未公开信息进行内幕交易。

（四）因银行存款被划扣未披露被处罚

1. 案情摘要

2020年6月，河南某上市公司5.31亿元银行存款被划扣。2021年4月26日，公司收回该笔被划扣资金。公司于2021年4月2日知悉该笔资金被划扣事项，但直至2021年4月29日才在2020年年度报告中予以披露，未能及时履行信息披露义务。

2. 处理结果

2022年1月18日，深圳证券交易所上市公司管理二部对该上市公司发出监管函。

3. 违反法规

《深圳证券交易所股票上市规则（2020年修订）》（已失效）第1.4条、第2.1条、第2.7条和第11.11.3条。[最新法规参考：《深圳证券交易所股票上市规则（2022年修订）》第1.4条、第2.1.1条、第2.1.7条、第7.7.6条。]

4. 要点评析

2022年1月7日，沪深交易所颁布的修订后的《股票上市规则》已提高披露上限，即公司营业用主要资产被查封、扣押、冻结、抵押、质押或者报废超过总资产的30%应当及时披露相关情况及对公司的影响。

第三章

新《证券法》实施的上市公司监管制度调整

2022年初，中国证监会、沪深交易所正式颁布了整合后的法规，规则数量压缩60%，是资本市场上市公司监管法规体系30年来的首次全面整合修订。整合后的体系包含信息披露、公司治理、并购重组、监管职责四大业务分类；在证监会层面形成基础规则、监管指引、规则适用意见三个层次；在交易所层面形成自律监管规则、自律监管指引、自律监管指南三个层次，实现了行政监管与自律监管的有效衔接。

本章从上市公司合规视角出发，围绕公司治理、信息披露、合规交易等15个业务层面的100余个对比表，对相关修订内容进行解析，报告涉及法规以全面整合修订后的监管法规体系为主，以仍现行有效的重要法规为辅，例如本次没有参与修订的《上海证券交易所科创板股票上市规则（2020年12月修订）》，以及未实质修订的《上海证券交易所科创板上市公司自律监管指引第1号——规范运作》，全面展现并对比沪深交易所各板块相关事项的变化、注意要点、规范要求。

同时，鉴于规则制定具有时效性，且不同证券交易所各板块规则表述会有所不同，本章仅就有关制度的要点参考各证券交易所的规则进行总结，其内容未必与原法规完全一致。因此，更为准确、具体的规定请参见相关规则原文。

第一节　公司治理

本节涉及法规如下。

法规名称	颁布时间	文号	发文单位	涉及条款
上市公司章程指引（2022年修订）	2022-01-05	中国证券监督管理委员会〔2022〕2号	中国证券监督管理委员会	全文
上市公司股东大会规则（2022年修订）	2022-01-05	中国证券监督管理委员会〔2022〕13号	中国证券监督管理委员会	全文

续表

法规名称	颁布时间	文号	发文单位	涉及条款
上市公司独立董事规则	2022-01-05	中国证券监督管理委员会〔2022〕14号	中国证券监督管理委员会	全文
上海证券交易所股票上市规则（2022年1月修订）	2022-01-07	上证发〔2022〕1号	上海证券交易所	第四章
上海证券交易所上市公司自律监管指引第1号——规范运作	2022-01-07	上证发〔2022〕2号	上海证券交易所	第二、三、四、五章
上海证券交易所科创板股票上市规则（2020年12月修订）	2020-12-31	上证发〔2020〕101号	上海证券交易所	第四章
上海证券交易所科创板上市公司自律监管指引第1号——规范运作	2022-01-07	上证发〔2022〕14号	上海证券交易所	第三章
深圳证券交易所股票上市规则（2022年修订）	2022-01-07	深证上〔2022〕12号	深圳证券交易所	第四章
深圳证券交易所上市公司自律监管指引第1号——主板上市公司规范运作	2022-01-07	深证上〔2022〕13号	深圳证券交易所	第二、三、四、五章
深圳证券交易所创业板股票上市规则（2020年12月修订）	2020-12-31	深证上〔2020〕1292号	深圳证券交易所	第四章
深圳证券交易所上市公司自律监管指引第2号——创业板上市公司规范运作	2022-01-07	深证上〔2022〕14号	深圳证券交易所	第二、三、四、五章

一、《上市公司章程指引》修订要点①

修订说明	法规条款
新增关于上市公司设立党组织、开展党建活动的规定	第 12 条 公司根据中国共产党章程的规定，设立共产党组织、开展党的活动。公司为党组织的活动提供必要条件。
新增股东大会审议事项（股权激励和员工持股计划、公司在一年内担保金额超过公司最近一期经审计总资产百分之三十的担保）	第 41 条 （十五）审议股权激励计划和员工持股计划； 第 42 条 （三）公司在一年内担保金额超过公司最近一期经审计总资产百分之三十的担保。
明确上市公司须以现场与网络相结合的方式召开股东大会	第 56 条 股东大会的通知包括以下内容： （六）网络或其他方式的表决时间及表决程序。
股东大会对董事会的授权范围，增加对外捐赠事项	第 107 条 董事会行使下列职权： （八）在股东大会授权范围内，决定公司对外投资、收购出售资产、资产抵押、对外担保事项、委托理财、关联交易、对外捐赠等事项； 第 110 条 董事会应当确定对外投资、收购出售资产、资产抵押、对外担保事项、委托理财、关联交易、对外捐赠等权限，建立严格的审查和决策程序；重大投资项目应当组织有关专家、专业人员进行评审，并报股东大会批准。
删除公司应通过各种方式和途径为股东参加股东大会提供便利的原规定	原第 80 条 公司应在保证股东大会合法、有效的前提下，通过各种方式和途径，优先提供网络形式的投票平台等现代信息技术手段，为股东参加股东大会提供便利。 注释：公司就发行优先股事项召开股东大会的，应当提供网络投票，并可以通过中国证监会认可的其他方式为股东参加股东大会提供便利。

① 《上市公司章程指引》有较多吸纳其他规则和根据上位法调整表述之处，建议公司根据新《上市公司章程指引》，逐条比对修订公司章程。

续表

修订说明	法规条款
其他	1. 吸纳散落别处的规则内容。 新增第 135 条，吸纳《关于加强社会公众股股东权益保护的若干规定》（以下简称《股东权益保护规定》）第五条第（三）项关于上市公司高管应当忠实履职的规定；第 126 条，吸纳《关于上市公司总经理及高层管理人员不得在控股股东单位兼职的通知》关于公司高管不得在控股股东单位领薪的内容；第 79 条，增加持有百分之一以上有表决权股份的股东及投资者保护机构作为公开征集股东投票权的主体，吸纳《股东权益保护规定》关于第一条第（三）项征集投票权的相关内容。 2. 根据上位法新规定调整相关表述。 部分条款落实新《证券法》的相关规定，如第 30 条修改短线交易的表述；第 79 条新增“股东买入公司有表决权的股份违反《证券法》第六十三条第一款、第二款规定的，该超过规定比例部分的股份在买入后的三十六个月内不得行使表决权，且不计入出席股东大会有表决权的股份总数”的规定；第 140 条新增监事应对定期报告签署书面确认意见的规定。

二、《上市公司股东大会规则》修订要点

修订说明	法规条款
根据上位法新规定调整相关表述	第 31 条　股东买入公司有表决权的股份违反《证券法》第六十三条第一款、第二款规定的，该超过规定比例部分的股份在买入后的三十六个月内不得行使表决权，且不计入出席股东大会有表决权的股份总数。 第 52 条　本规则所称公告、通知或股东大会补充通知，是指在符合中国证监会规定条件的媒体和证券交易所网站上公布有关信息披露内容。
删除列举召开股东大会的方式，进一步明确上市公司须以现场与网络相结合的方式召开股东大会	第 21 条　公司应当在股东大会通知中明确载明网络或其他方式的表决时间以及表决程序。

续表

修订说明	法规条款
吸纳散落别处的规则内容	第 32 条　单一股东及其一致行动人拥有权益的股份比例在百分之三十及以上的上市公司，应当采用累积投票制。 第 50 条　上市公司制定或修改章程应依照本规则列明股东大会有关条款。

三、《上市公司独立董事规则》修订要点

修订说明	法规条款
修改规则之间不一致的内容	第 17 条　独立董事任期届满前，上市公司可以经法定程序解除其职务。提前解除职务的，上市公司应将其作为特别披露事项予以披露。 说明：修订后与 2019 年施行的《上市公司章程指引》相关规定保持一致。 第 22 条　为了充分发挥独立董事的作用，独立董事除应当具有《公司法》和其他相关法律、法规赋予董事的职权外，上市公司还应当赋予独立董事以下特别职权： （一）重大关联交易（指上市公司拟与关联人达成的总额高于 300 万元或高于上市公司最近经审计净资产值的 5%的关联交易）应由独立董事事前认可；独立董事作出判断前，可以聘请中介机构出具独立财务顾问报告，作为其判断的依据； （二）向董事会提议聘用或解聘会计师事务所； 第（一）（二）项事项应由二分之一以上独立董事同意后，方可提交董事会讨论。 说明：修订后与《股东权益保护规定》的相关规定保持一致。
吸纳散落别处的规则内容	第 3 条、第 21 条、第 22 条吸纳《股东权益保护规定》第二条关于完善独立董事制度、发挥独立董事作用的相关内容。

（五）董监高声明与承诺事项发生重大变化（持有本公司的股票情况除外）的更新要求

板块	规定	修订说明
沪主板	4.3.4　声明与承诺事项发生重大变化的（持有本公司的股票情况除外），董事、监事和高级管理人员应当在5个交易日内更新并报送本所和公司董事会。	未做修订。
深主板	4.3.4　声明与承诺事项发生重大变化（持有本公司的股票情况除外）的，董事、监事和高级管理人员应当在五个交易日内更新并报送本所和公司董事会。	本次新增。

（六）董秘空缺期间在指定代行人员之前由董事长代行职责，董秘空缺的应在6个月内完成聘任

板块	规定	修订说明
沪主板	4.4.6　上市公司董事会秘书空缺期间，董事会应当及时指定一名董事或者高级管理人员代行董事会秘书的职责并向本所报告，同时尽快确定董事会秘书的人选。公司指定代行董事会秘书职责的人员之前，由公司董事长代行董事会秘书职责。 公司董事会秘书空缺时间超过3个月的，董事长应当代行董事会秘书职责，并在6个月内完成董事会秘书的聘任工作。	由之前的法定代表人代行职责变更为公司董事长代行职责； 董秘空缺的应在6个月内完成聘任。
深主板	4.4.6　上市公司董事会秘书空缺期间，董事会应当指定一名董事或者高级管理人员代行董事会秘书的职责并报本所，同时尽快确定董事会秘书人选。公司指定代行董事会秘书职责的人员之前，由董事长代行董事会秘书职责。 公司董事会秘书空缺期间超过三个月的，董事长应当代行董事会秘书职责，并在六个月内完成董事会秘书的聘任工作。	董秘空缺的应在6个月内完成聘任。

（七）控股股东、实际控制人应当明确承诺，如存在占用公司资金、要求公司违法违规提供担保的，在占用资金全部归还、违规担保全部解除前不转让所持有、控制的公司股份，但转让股份所得资金用以清偿占用资金、解除违规担保的除外

法规依据：《股票上市规则》4.5.2/4.5.3。

五、《规范运作》修订要点①

（一）召集人应当合理设置股东大会提案②

<table>
<tr><th>板块</th><th>要点</th><th>法规依据</th></tr>
<tr><td>沪主板</td><td>在股东大会上表决的提案中，某项提案生效是其他提案生效的前提的，召集人应当在股东大会通知中明确披露相关前提条件，并进行特别提示。股东大会资料披露时间要求由“5个交易日前”调整为“5日前”。</td><td>《规范运作》2.1.3</td></tr>
<tr><td>深主板</td><td rowspan="2">召集人应当合理设置股东大会提案，保证同一事项的提案表决结果明确清晰。除采用累积投票制以外，股东大会对所有提案应当逐项表决，股东大会对同一事项有不同提案的，应当按照提案提出的时间顺序进行表决，股东或者其代理人不得对同一事项的不同提案同时投同意票。
在一次股东大会上表决的提案中，一项提案生效是其他提案生效的前提的，召集人应当在股东大会通知中明确披露，并就作为前提的提案表决通过是后续提案表决结果生效的前提进行特别提示。</td><td>《规范运作》2.1.5</td></tr>
<tr><td>创业板</td><td>《规范运作》2.1.5</td></tr>
</table>

（二）明确股东不得提出股东大会临时提案的情形③

<table>
<tr><th>板块</th><th>要点</th><th>法规依据</th></tr>
<tr><td>深主板</td><td rowspan="2">股东提出股东大会临时提案的，不得存在下列任一情形：
（一）提出提案的股东不符合持股比例等主体资格要求；
（二）超出提案规定时限；
（三）提案不属于股东大会职权范围；
（四）提案没有明确议题或具体决议事项；
（五）提案内容违反法律法规、本所有关规定；
（六）提案内容不符合公司章程的规定。
召集人认定临时提案存在第一款规定的情形，进而认定股东大会不得对该临时提案进行表决并做出决议的，应当在收到提案后两日内公告相关股东临时提案的内容，并说明做出前述认定的依据及合法合规性，同时聘请律师事务所对相关理由及其合法合规性出具法律意见书并公告。</td><td>《规范运作》2.1.6</td></tr>
<tr><td>创业板</td><td>《规范运作》2.1.6</td></tr>
</table>

① 说明：以下内容是将沪深交易所各自修改内容进行了整合并且对各个板块做了对应相关内容的比较。
② 科创板无明确规定。
③ 上交所无明确规定。

（三）提出临时提案的股东在规定时间内持股比例不得低于3%[①]

板块	要点	法规依据
沪主板	股东大会召开前，符合条件的股东提出临时提案的，发出提案通知至会议决议公告期间的持股比例不得低于3%。	《规范运作》2.1.4

（四）现场股东大会应当在交易日召开

板块	要点	法规依据
沪主板	公司利用本所网络投票系统为股东提供网络投票方式的，现场股东大会应当在本所交易日召开。	《规范运作》2.1.10
科创板	现场股东大会应当在本所交易日召开。	《规范运作》7.7.5
深交所	股东大会的现场会议日期和股权登记日都应当为交易日。	《规范运作》2.1.8

（五）股东或其代理人在股东大会上不得对互斥提案同时投同意票[②]

板块	要点	法规依据
沪主板	除采用累积投票制以外，股东大会对所有提案应当逐项表决。股东或者其代理人在股东大会上不得对互斥提案同时投同意票。	《规范运作》2.1.16

（六）需要单独计票的影响中小投资者利益的重大事项是指应当由独立董事发表独立意见的事项

板块	要点	法规依据
沪主板	需要单独计票的影响中小投资者利益的重大事项是指应当由独立董事发表独立意见的事项。	《规范运作》2.1.21
深交所		《规范运作》2.1.12

① 其他板块无明确规定。

② 其他板块无明确规定。

（七）董监高候选人在相关会议审议其受聘议案时，应当亲自出席会议

板块	要点	法规依据
沪主板	董事、监事和高级管理人员候选人在股东大会、董事会或者职工代表大会等有权机构审议其受聘议案时，应当亲自出席会议，就其履职能力、专业能力、从业经历、违法违规情况、与上市公司是否存在利益冲突，与公司控股股东、实际控制人以及其他董事、监事和高级管理人员的关系等情况进行说明。	《规范运作》3.2.6
深主板		《规范运作》3.2.7
创业板		《规范运作》3.2.10

（八）半数以上董监高在任职期间出现应当离职情形的，延长离职时间最长不得超过3个月

板块	要点	法规依据
沪主板	公司半数以上董事、监事和高级管理人员在任职期间出现依照规范运作规定应当离职情形的，经公司申请并经本所同意，相关董事、监事和高级管理人员离职期限可以适当延长，但延长时间最长不得超过3个月。	《规范运作》3.2.9
深主板		《规范运作》3.2.10
创业板		《规范运作》3.2.13

（九）董事应当亲自出席董事会会议，亲自出席包括本人现场出席或者以通讯方式出席

板块	要点	法规依据
沪主板	亲自出席，包括本人现场出席或者以通讯方式出席。	《规范运作》3.3.3

（十）董事不得委托他人签署对定期报告的书面确认意见

板块	要点	法规依据
沪主板	董事应当依法对定期报告签署书面确认意见，不得委托他人签署，也不得以对定期报告内容有异议、与审计机构存在意见分歧等为理由拒绝签署。	《规范运作》3.3.5
科创板		《规范运作》4.3.7
深交所		《规范运作》3.3.20

（十一）财务负责人若收到控股股东、实际控制人侵占公司利益的指令，应当明确予以拒绝

板块	要点	法规依据
沪主板	财务负责人对财务报告编制、会计政策处理、财务信息披露等财务相关事项负有直接责任。 财务负责人应当加强对公司财务流程的控制，定期检查公司货币资金、资产受限情况，监控公司与控股股东、实际控制人等关联人之间的交易和资金往来情况。财务负责人应当监控公司资金进出与余额变动情况，在资金余额发生异常变动时积极采取措施，并及时向董事会报告。 财务负责人应当保证公司的财务独立，不受控股股东、实际控制人影响，若收到控股股东、实际控制人及其他关联人占用、转移资金、资产或者其他资源等侵占公司利益的指令，应当明确予以拒绝，并及时向董事会报告。	《规范运作》3.3.9
科创板		《规范运作》6.3.5
深主板		《规范运作》3.3.30
创业板		《规范运作》3.3.36

（十二）独立董事任职条件①

板块	要点	法规依据
沪主板	独立董事候选人应当符合下列法律规定的要求： （一）《公司法》关于董事任职的规定； （二）《公务员法》关于公务员兼任职务的规定（如适用）； （三）中国证监会《上市公司独立董事规则》（以下简称《独立董事规则》）的相关规定； （四）中共中央纪委、中共中央组织部《关于规范中管干部辞去公职或者退（离）休后担任上市公司、基金管理公司独立董事、独立监事的通知》的规定（如适用）； （五）中共中央组织部《关于进一步规范党政领导干部在企业兼职（任职）问题的意见》的规定（如适用）；	《规范运作》3.5.2

① 独立董事因在同一国资委附属企业任职或服务，可豁免适用独立性负面情形（沪主板、深交所：规范运作3.5.4）。

续表

板块	要点	法规依据
深交所	（六）中共中央纪委、教育部、监察部《关于加强高等学校反腐倡廉建设的意见》的规定（如适用）； （七）中国人民银行《股份制商业银行独立董事和外部监事制度指引》等的相关规定（如适用）； （八）中国证监会《证券公司董事、监事和高级管理人员任职资格监管办法》等的相关规定（如适用）； （九）中国银保监会《银行业金融机构董事（理事）和高级管理人员任职资格管理办法》《保险公司董事、监事和高级管理人员任职资格管理规定》《保险机构独立董事管理办法》等的相关规定（如适用）； （十）其他法律法规及本所规定的情形。	《规范运作》3.5.2
科创板	科创公司独立董事候选人任职资格应符合下列规定： （一）《公司法》关于董事任职资格的规定； （二）《公务员法》关于公务员兼任职务的规定； （三）中央纪委、中央组织部《关于规范中管干部辞去公职或者退（离）休后担任上市公司、基金管理公司独立董事、独立监事的通知》的规定； （四）中央纪委、教育部、监察部《关于加强高等学校反腐倡廉建设的意见》关于高校领导班子成员兼任职务的规定； （五）中国保监会《保险公司独立董事管理暂行办法》的规定； （六）其他法律、行政法规和部门规章的规定。	《规范运作》4.4.5

（十三）独立董事候选人最多在五家境内外上市公司兼任独董

板块	要点	法规依据
沪主板	独立董事应当确保有足够的时间和精力有效地履行独立董事的职责。已在5家境内外上市公司担任独立董事的，不得再被提名为其他上市公司独立董事候选人。	《规范运作》3.5.6
科创板	已在5家境内上市公司担任独立董事的，不得再被提名为其他上市公司独立董事候选人。	《规范运作》4.4.8
深交所	独立董事候选人最多在五家境内外上市公司（含本次拟任职上市公司）兼任独立董事，并确保有足够的时间和精力有效地履行独立董事职责。	《规范运作》3.5.7

（十四）明确以会计专业人士身份被提名为独立董事候选人需要具备的条件

<table>
<tr><th>板块</th><th>要点</th><th>法规依据</th></tr>
<tr><td>沪主板</td><td rowspan="3">至少符合下列条件之一：
（一）具有注册会计师资格；
（二）具有会计、审计或者财务管理专业的高级职称、副教授及以上职称或者博士学位；
（三）具有经济管理方面高级职称，且在会计、审计或者财务管理等专业岗位有5年以上全职工作经验。</td><td>《规范运作》3.5.7</td></tr>
<tr><td>科创板</td><td>《规范运作》4.4.9</td></tr>
<tr><td>深交所</td><td>《规范运作》3.5.8</td></tr>
</table>

（十五）独立董事聘请中介机构进行审计、核查或者发表专业意见，应当经全体独立董事同意

<table>
<tr><th>板块</th><th>要点</th><th>法规依据</th></tr>
<tr><td>沪主板</td><td rowspan="2">独立董事聘请中介机构进行审计、核查或者发表专业意见，应当经全体独立董事同意。</td><td>《规范运作》3.5.13</td></tr>
<tr><td>深交所</td><td>《规范运作》3.5.18</td></tr>
</table>

（十六）独董需发表独立意见的事项

<table>
<tr><th>要点</th><th>说明</th></tr>
<tr><td rowspan="2">独立董事应当对上市公司下列重大事项发表独立意见：
（一）提名、任免董事；
（二）聘任、解聘高级管理人员；
（三）董事、高级管理人员的薪酬；
（四）聘用、解聘会计师事务所；
（五）因会计准则变更以外的原因作出会计政策、会计估计变更或重大会计差错更正；
（六）公司的财务会计报告、内部控制被会计师事务所出具非标准无保留审计意见；
（七）内部控制评价报告；（科创板未明确）
（八）相关方变更承诺的方案；</td><td>沪主板
《规范运作》
3.5.14</td></tr>
<tr><td>科创板
《规范运作》
4.4.3</td></tr>
</table>

续表

要点	说明
（九）优先股发行对公司各类股东权益的影响； （十）制定利润分配政策、利润分配方案及现金分红方案； （十一）需要披露的关联交易、提供担保（不含对合并报表范围内子公司提供担保）、委托理财、提供财务资助、募集资金使用、股票及其衍生品种投资等重大事项； （十二）重大资产重组方案、管理层收购、股权激励计划、员工持股计划、回购股份方案、上市公司关联人以资抵债方案； （十三）公司拟决定其股票不再在本所交易； （十四）独立董事认为有可能损害中小股东合法权益的事项； （十五）法律法规、交易所相关规定要求的其他事项。	深交所《规范运作》3.5.19

（十七）股东大会因故取消的应当在会议召开前2个交易日披露相关公告

板块	要点	法规依据
沪主板	发出股东大会通知后，股东大会因故需要取消的，召集人应当在现场会议召开日前至少2个交易日公告并说明原因。	《规范运作》2.1.6
深交所		《规范运作》2.1.9

（十八）征集人持有公司股票的，应当承诺审议征集议案的股东大会决议公告前不转让所持有的股份

板块	要点	法规依据
深交所	征集人持有公司股票的，应当承诺在审议征集议案的股东大会决议公告前不转让所持股份。	《规范运作》2.1.10

（十九）股东大会特别决议事项

板块	要点	法规依据
深交所	以下事项必须经出席股东大会的股东所持表决权的三分之二以上通过： （一）修改公司章程及其附件（包括股东大会议事规则、董事会议事规则及监事会议事规则）；	《规范运作》2.1.18

续表

板块	要点	法规依据
	（二）增加或者减少注册资本； （三）公司合并、分立、解散或者变更公司形式； （四）分拆所属子公司上市； （五）《股票上市规则》规定的连续十二个月内购买、出售重大资产或者担保金额超过公司资产总额百分之三十； （六）发行股票、可转换公司债券、优先股以及中国证监会认可的其他证券品种； （七）以减少注册资本为目的回购股份； （八）重大资产重组； （九）股权激励计划； （十）上市公司股东大会决议主动撤回其股票在本所上市交易，并决定不再在交易所交易或者转而申请在其他交易场所交易或转让； （十一）股东大会以普通决议认定会对公司产生重大影响、需要以特别决议通过的其他事项； （十二）法律法规、交易所相关规定、公司章程或股东大会议事规则规定的其他需要以特别决议通过的事项。 前款第（四）项、第（十）项所述提案，除应当经出席股东大会的股东所持表决权的三分之二以上通过外，还应当经出席会议的除上市公司董事、监事、高级管理人员和单独或者合计持有上市公司百分之五以上股份的股东以外的其他股东所持表决权的三分之二以上通过。	

（二十）高级管理人员的辞职自辞职报告送达董事会时生效

板块	要点	法规依据
深交所	高级管理人员的辞职自辞职报告送达董事会时生效。	《规范运作》 3.2.8/3.2.11

（二十一）控股股东、实际控制人不得隐瞒控制权

板块	要点	法规依据
沪主板	控股股东和实际控制人应当遵守诚实信用原则，依法行使股东权利、履行股东义务，不得隐瞒其控股股东、实际控制人身份，逃避相关义务和责任。	《规范运作》 4.1.1

续表

板块	要点	法规依据
深交所	控股股东、实际控制人不得隐瞒其控股股东、实际控制人身份，逃避相关义务和责任。 上市公司应当根据股东持股比例、董事会成员构成及其推荐和提名主体、过往决策实际情况、股东之间的一致行动协议或者约定、表决权委托等情况，客观、审慎、真实、准确地认定上市公司控制权的归属，无正当、合理理由不得认定为无控股股东、实际控制人。	《规范运作》4.1.2

（二十二）控股股东、实际控制人不得强令、指使公司违规对外提供担保

板块	要点	法规依据
沪主板	控股股东、实际控制人应当维护上市公司在提供担保方面的独立决策，支持并配合公司依法依规履行对外担保事项的内部决策程序与信息披露义务，不得强令、指使或者要求公司及相关人员违规对外提供担保。 控股股东、实际控制人强令、指使或者要求公司从事违规担保行为的，公司及其董事、监事和高级管理人员应当拒绝，不得协助、配合、默许。	《规范运作》4.2.9
科创板		《规范运作》6.4.1
深交所		《规范运作》4.2.7

（二十三）控股股东及实际控制人应该维护公司控制权稳定，在确有必要转让控制权时应当维护公司和中小股东利益

板块	要点	法规依据
沪主板	控股股东、实际控制人应当维持控制权稳定。确有必要转让上市公司股权导致控制权变动（以下简称控制权转让）的，应当保证交易公允、公平、合理、具有可行性，不得利用控制权转让炒作股价，不得损害公司及其他股东的合法权益。 控股股东、实际控制人转让控制权之前，应当对拟受让人的主体资格、诚信状况、受让意图、履约能力、是否存在不得转让控制权的情形等情况进行合理调查。 控股股东、实际控制人在转让控制权之前，存在占用公司资金、要求公司违法违规提供担保等违规情形的，应当将占用资金全部归还、违规担保全部解除，但转让控制权所得资金用以清偿占用资金、解除违规担保的除外。 控股股东、实际控制人转让公司控制权时，应当关注、协调新老股东更换，确保公司董事会以及公司管理层平稳过渡。	《规范运作》4.3.5/4.3.6
科创板		《规范运作》2.4.3
深交所		《规范运作》4.3.5/4.3.6

（二十四）大幅完善内部控制与内部审计要求

该部分要求具体体现在沪主板、深交所规范运作第五章。

第二节 信息披露

本节涉及法规如下。

法规名称	颁布时间	文号	发文单位	涉及条款
上海证券交易所股票上市规则（2022年1月修订）	2022-01-07	上证发〔2022〕1号	上海证券交易所	第二章 第七章
深圳证券交易所股票上市规则（2022年修订）	2022-01-07	深证上〔2022〕12号	深圳证券交易所	第二章 第七章
上海证券交易所上市公司自律监管指引第2号——信息披露事务管理	2022-01-07	上证发〔2022〕3号	上海证券交易所	全文
深圳证券交易所上市公司自律监管指引第5号——信息披露事务管理	2022-01-07	深证上〔2022〕17号	深圳证券交易所	全文

（一）已披露的事项发生重大变化，可能对公司股票及其衍生品种交易价格产生较大影响的应当及时披露进展公告[①]

板块	要点	法规依据
沪主板	上市公司及相关信息披露义务人筹划重大事项，持续时间较长的，应当按规定分阶段披露进展情况，及时提示相关风险，不得仅以相关事项结果尚不确定为由不予披露。 已披露的事项发生重大变化，可能对公司股票及其衍生品种交易价格产生较大影响的，公司及相关信息披露义务人应当及时披露进展公告。	《股票上市规则》2.2.6
深主板		《股票上市规则》2.2.5

① 原《股票上市规则》中关于应当披露进展的具体情形被删除了，取而代之的是“发生重大变化，可能对股价产生较大影响”的原则性规定。以后上市公司在判断是否需披露进展时，主观判断的影响因素可能会加大。

（二）允许非交易时段对外发布重大信息，但应当在下一交易时段开始前披露相关公告

<table>
<tr><th>板块</th><th>要点</th><th>法规依据</th></tr>
<tr><td>沪主板</td><td rowspan="2">上市公司及相关信息披露义务人不得通过股东大会、投资者说明会、分析师会议、路演、接受投资者调研、接受媒体采访等形式，向任何单位和个人提供公司尚未披露的重大信息。
公司及相关信息披露义务人确有需要的，可以在非交易时段通过新闻发布会、媒体专访、公司网站、网络自媒体等方式对外发布重大信息，但应当于最近一个信息披露时段内披露相关公告。
公司及相关信息披露义务人向公司股东、实际控制人或者其他第三方报送文件或者传递信息涉及未公开重大信息的，应当及时履行信息披露义务。（深主板）</td><td>《股票上市规则》2.2.9</td></tr>
<tr><td>深主板</td><td>《股票上市规则》2.2.8</td></tr>
</table>

（三）取消了暂缓披露的期限不超过两个月的要求

法规依据：沪主板：原《股票上市规则》2.18；深主板：原《股票上市规则》2.20。

（四）业绩预告披露情形①

板块	具体要求	法规依据
沪主板	1. 上市公司预计年度经营业绩和财务状况将出现下列情形之一的，应当在会计年度结束后1个月内进行预告： （一）净利润为负值； （二）净利润实现扭亏为盈； （三）实现盈利，且净利润与上年同期相比上升或者下降50%以上； （四）扣除非经常性损益前后的净利润孰低者为负值，且扣除与主营业务无关的业务收入和不具备商业实质的收入后的营业收入低于1亿元； （五）期末净资产为负值；	《股票上市规则》5.1.1/5.1.2

① 对于沪主板，现强制业绩预告的情形同时适用于半年度，年度业绩预告新增“扣非前后净利润孰低为负值，且扣除后营业收入低于1亿元”和“期末净资产为负值”两种情形。此外，因财务类退市指标已被实施退市风险警示的，应当于会计年度结束之日起1个月内做业绩预告。对于深主板，业绩预告新增“扣非前后净利润孰低为负值，且扣除后营业收入低于1亿元”的情形。此外，因财务类退市指标被实施退市风险警示的，应当于首个会计年度结束之日起1个月内做业绩预告。取消了季度报告业绩预告的强制要求。进一步明晰免除“小基数”公司进行业绩预告的具体情形。

续表

板块	具体要求	法规依据
	（六）本所认定的其他情形。 （七）上交所认定的其他情形。 公司预计半年度经营业绩将出现前款第（一）项至第（三）项情形之一的，应当在半年度结束后 15 日内进行预告。 2. 上市公司预计报告期实现盈利且净利润与上年同期相比上升或者下降 50%以上，但存在下列情形之一的，可以免于按照本规则上述第一款第（三）项的规定披露相应业绩预告： （一）上一年年度每股收益绝对值低于或者等于 0.05 元； （二）上一年半年度每股收益绝对值低于或者等于 0.03 元。	
深主板	1. 上市公司预计年度经营业绩和财务状况出现下列情形之一的，应当在会计年度结束之日起一个月内进行预告： （一）净利润为负值； （二）净利润实现扭亏为盈； （三）实现盈利，且净利润与上年同期相比上升或者下降 50%以上； （四）扣除非经常性损益前后的净利润孰低者为负值，且扣除与主营业务无关的业务收入和不具备商业实质的收入后的营业收入低于一亿元； （五）期末净资产为负值； （六）公司股票交易因触及《深圳证券交易股票上市规则》第 9.3.1 条第一款规定的情形被实施退市风险警示后的首个会计年度； （七）本所认定的其他情形。 公司预计半年度经营业绩将出现前款第（一）项至第（三）项情形之一的，应当在半年度结束之日起十五日内进行预告。 公司因第一款第（六）项情形进行年度业绩预告的，应当预告全年营业收入、扣除与主营业务无关的业务收入和不具备商业实质的收入后的营业收入、净利润、扣除非经常性损益后的净利润和期末净资产。 2. 上市公司预计报告期实现盈利且净利润与上年同期相比上升或者下降 50%以上，但存在下列情形之一的，可以免于披露相应业绩预告： （一）上一年年度每股收益绝对值低于或者等于 0.05 元，可免于披露年度业绩预告； （二）上一年半年度每股收益绝对值低于或者等于 0.03 元，可免于披露半年度业绩预告。	《股票上市规则》5.1.1/5.1.2

（五）业绩快报取消致歉要求[①]

板块	具体要求	相关法规
沪主板	上市公司披露业绩快报后，如预计本期业绩或者财务状况与已披露的业绩快报数据和指标差异幅度达到 20% 以上，或者最新预计的报告期净利润、扣除非经常性损益后的净利润或者期末净资产与已披露的业绩快报发生方向性变化的，应当及时披露业绩快报更正公告，说明具体差异及造成差异的原因。	《股票上市规则》5. 1. 8
深主板	上市公司披露业绩快报后，预计本期业绩或者财务状况与已披露的业绩快报的数据和指标差异幅度达到 20% 以上，或者最新预计的报告期净利润、扣除非经常性损益后的净利润或者期末净资产方向与已披露的业绩快报不一致的，应当及时披露业绩快报修正公告，说明具体差异及造成差异的原因。	《股票上市规则》5. 1. 7

（六）可转债信息披露要求调整

板块	具体要求	相关法规
沪主板	上市公司应当在可转换公司债券约定的付息日前 3 至 5 个交易日内披露付息公告；在可转换公司债券期满前 3 至 5 个交易日内披露本息兑付公告。（之前是 2 个交易日内披露本息兑付公告） 公司应当在满足赎回、回售条件后每 5 个交易日至少披露 1 次赎回、回售提示性公告。（之前规定应当在赎回、回售期结束前至少发布 3 次赎回提示性公告）	《股票上市规则》7. 2. 2/7. 2. 4/7. 2. 5
深主板	公司应当在满足赎回、回售条件后每 5 个交易日至少披露 1 次赎回、回售提示性公告。（之前规定应当在赎回、回售期结束前至少发布 3 次赎回提示性公告）	《股票上市规则》7. 2. 4/7. 2. 5

（七）发生证券纠纷代表人诉讼，无论金额大小都需披露

板块	具体要求	相关法规
沪主板 深主板	上市公司发生的下列诉讼、仲裁事项应当及时披露： （一）涉案金额超过 1000 万元，并且占公司最近一期经审计净资产绝对值 10% 以上； （二）涉及公司股东大会、董事会决议被申请撤销或者宣告无效的诉讼；	《股票上市规则》7. 4. 1

① 业绩快报的更正标准由10%上调为20%，取消了致歉的要求。

续表

板块	具体要求	相关法规
	（三）证券纠纷代表人诉讼。 未达到前款标准或者没有具体涉案金额的诉讼、仲裁事项，可能对公司股票及其衍生品种交易价格产生较大影响的，公司也应当及时披露。	《股票上市规则》7.4.1

（八）完善破产重整事项披露要求

板块	具体要求	相关法规
沪主板	上市公司控股股东、第一大股东、对上市公司经营具有重要影响的子公司或者参股公司发生破产事项，可能对上市公司股票及其衍生品种交易价格产生较大影响的，应当参照相关规定及时履行信息披露义务。（细化破产过程中的披露要求）	《股票上市规则》第七章第五节
深主板		《股票上市规则》第七章第五节

（九）自主变更会计政策的审议及披露要求

板块	具体要求	相关法规
沪主板	公司自主变更会计政策的，除应当在董事会审议通过后及时披露相关公告外，还应当披露董事会、独立董事和监事会对会计政策变更是否符合相关规定的意见。需股东大会审议的，还应当披露会计师事务所出具的专项意见。	《股票上市规则》7.6.3
深主板	上市公司自主变更会计政策应当经董事会审议通过，会计政策变更的影响金额达到下列标准之一的，还应当在定期报告披露前提交股东大会审议： （一）对上市公司最近一个会计年度经审计净利润的影响比例超过50%； （二）对上市公司最近一期经审计净资产的影响比例超过50%。 本节所述会计政策变更对最近一个会计年度经审计净利润、最近一期经审计净资产的影响比例，是指公司因变更会计政策对最近一个会计年度、最近一期经审计的财务报告进行追溯调整后的公司净利润、净资产与原披露数据的差额除以原披露数据，净资产、净利润为负数的取其绝对值。 公司自主变更会计政策的，除应当在董事会审议通过后及时按照前款规定披露外，还应当公告董事会、独立董事和监事会对会计政策变更是否符合有关规定的意见；需股东大会审议的，还应当披露会计师事务所出具的专项意见。	《股票上市规则》7.6.3/7.6.4

（十）变更重要会计估计的要求

板块	具体要求	相关法规
沪主板	上市公司变更重要会计估计的，应当在变更生效当期的定期报告披露前将变更事项提交董事会审议，并在董事会审议通过后比照自主变更会计政策履行披露义务。	《股票上市规则》7.6.4
深主板	上市公司变更重要会计估计的，应当在变更生效当期的定期报告披露前将变更事项提交董事会审议，并在董事会审议通过后比照自主变更会计政策履行披露义务。 会计估计变更的影响金额达到以下标准之一的，公司应当在变更生效当期的定期报告披露前将会计估计变更事项提交股东大会审议，并在不晚于发出股东大会通知时披露会计师的专项意见： （一）对上市公司最近一个会计年度经审计净利润的影响比例超过50%； （二）对上市公司最近一期经审计的净资产的影响比例超过50%。 本节所述会计估计变更对最近一个会计年度经审计净利润、最近一期经审计的净资产的影响比例，是指假定公司变更后的会计估计已在最近一个会计年度、最近一期经审计财务报告中适用，据此计算的公司净利润、净资产与原披露数据的差额除以原披露数据，净资产、净利润为负数的取其绝对值。	《股票上市规则》7.6.5

（十一）其他重大事项

板块	具体要求	相关法规
沪主板	上市公司出现下列重大风险情形之一的，应当及时披露相关情况及对公司的影响： （一）发生重大亏损或者遭受重大损失； （二）发生重大债务和未能清偿到期重大债务的违约情况； （三）可能依法承担重大违约责任或者大额赔偿责任； （四）公司决定解散或者被有权机关依法责令关闭； （五）重大债权到期未获清偿，或者主要债务人出现资不抵债或者进入破产程序； （六）公司营业用主要资产被查封、扣押、冻结、抵押、质押或者报废超过总资产的30%； （七）公司主要银行账户被冻结；（沪主板） （八）主要或者全部业务陷入停顿；	《股票上市规则》7.7.6

续表

板块	具体要求	相关法规
深主板	（九）公司涉嫌犯罪被依法立案调查，公司的控股股东、实际控制人、董事、监事和高级管理人员涉嫌犯罪被依法采取强制措施； （十）公司或者其控股股东、实际控制人、董事、监事和高级管理人员受到刑事处罚，涉嫌违法违规被中国证监会立案调查或者受到中国证监会行政处罚，或者受到其他有权机关重大行政处罚； （十一）公司的控股股东、实际控制人、董事、监事和高级管理人员涉嫌严重违纪违法或者职务犯罪被纪检监察机关采取留置措施且影响其履行职责； （十二）公司董事长或者总经理无法履行职责。除董事长、总经理外的其他董事、监事和高级管理人员因身体、工作安排等原因无法正常履行职责达到或者预计达到3个月以上，或者因涉嫌违法违规被有权机关采取强制措施且影响其履行职责； （十三）本所或者公司认定的其他重大风险情况。	
	上市公司应当按规定披露履行社会责任的情况。 公司出现下列情形之一的，应当披露事件概况、发生原因、影响、应对措施或者解决方案： （一）发生重大环境、生产及产品安全事故； （二）收到相关部门整改重大违规行为、停产、搬迁、关闭的决定或通知； （三）不当使用科学技术或者违反科学伦理； （四）其他不当履行社会责任的重大事故或者负面影响事项。	《股票上市规则》7.7.10
	发生行业分类变更、财务负责人变动等需要披露。	《股票上市规则》7.7.8

（十二）《信息披露事务管理指引》中相关要求

板块	具体要求	相关法规
沪主板	完善信息披露事务制度要求； 加强直通披露管理； 强化内幕信息知情人登记管理要求。	《信息披露事务管理2号指引》
深主板		《信息披露事务管理5号指引》全文

第三节　合规交易与股份变动管理

本节涉及法规如下。

法规名称	颁布时间	文号	发文单位	涉及条款
上市公司董事、监事和高级管理人员所持本公司股份及其变动管理规则（2022 年修订）	2022-01-05	中国证券监督管理委员会公告〔2022〕19 号	中国证券监督管理委员会	全文
上市公司监管指引第 5 号——上市公司内幕信息知情人登记管理制度	2022-01-05	中国证券监督管理委员会公告〔2022〕17 号	中国证券监督管理委员会	全文
公开发行证券的公司信息披露内容与格式准则第 5 号——公司股份变动报告的内容与格式（2022 年修订）	2022-01-05	中国证券监督管理委员会公告〔2022〕8 号	中国证券监督管理委员会	全文
公开发行证券的公司信息披露内容与格式准则第 17 号——要约收购报告书（2022 年修订）	2022-01-05	中国证券监督管理委员会公告〔2022〕9 号	中国证券监督管理委员会	全文
上海证券交易所上市公司自律监管指引第 8 号——股份变动管理	2022-01-07	上证发〔2022〕9 号	上海证券交易所	全文
深圳证券交易所上市公司自律监管指引第 10 号——股份变动管理	2022-01-07	深证上〔2022〕22 号	深圳证券交易所	全文
上海证券交易所股票上市规则（2022 年 1 月修订）	2022-01-07	上证发〔2022〕1 号	上海证券交易所	第三章
上海证券交易所科创板股票上市规则（2020 年 12 月修订）	2020-12-31	上证发〔2020〕101 号	上海证券交易所	第二章
上海证券交易所科创板上市公司自律监管指引第 1 号——规范运作	2022-01-07	上证发〔2022〕14 号	上海证券交易所	第二章第四节

续表

法规名称	颁布时间	文号	发文单位	涉及条款
深圳证券交易所股票上市规则（2022 年修订）	2022-01-07	深证上〔2022〕12 号	深圳证券交易所	第三章
深圳证券交易所创业板股票上市规则（2020 年 12 月修订）	2020-12-31	深证上〔2020〕1292 号	深圳证券交易所	第二章
深圳证券交易所上市公司自律监管指引第 2 号——创业板上市公司规范运作	2022-01-07	深证上〔2022〕14 号	深圳证券交易所	第四章第四节

一、IPO 在 36 个月锁定期内可转让的情形①

适用板块	沪主板、深主板	
相关规定	发行人申请其首次公开发行的股票上市时，其控股股东和实际控制人应当承诺：自发行人股票上市之日起 36 个月内，不转让或者委托他人管理其直接或者间接持有的发行人首次公开发行股票前已发行的股份。自发行人股票上市之日起一年后，出现下列情形之一的，经上述承诺主体申请并经交易所同意，可以豁免遵守上述承诺： （一）转让双方存在实际控制关系，或者均受同一实际控制人所控制，且受让人承继不转让股份的义务； （二）因上市公司陷入危机或者面临严重财务困难，受让人提出的挽救公司的方案获得该公司股东大会审议通过和有关部门批准，且受让人承诺继续遵守上述承诺； 发行人没有或者难以认定控股股东、实际控制人的，按照相关规定承诺所持首次公开发行前股份自发行人股票上市之日起 36 个月内不得转让的股东，适用前款第（一）项规定。（沪主板）	
法规依据	《股票上市规则》3.1.5	
修订说明	沪主板	新增“上市公司陷入危机或者面临严重财务困难，受让人提出的挽救公司的方案”的豁免情形。 如果上市公司没有或难以认定控股股东的，允许承诺锁定 36 个月的股东在同一控制关系下在锁定期内转让股份。
	深主板	明确 IPO 36 个月锁定期内同一控制下主体转让的，受让人须承诺继续遵守相关承诺。

① 科创板、创业板要求：转让双方存在控制关系或者受同一实际控制人控制的，自发行人股票上市之日起 12 个月后，可豁免遵守 36 个月内不得转让的规定。（股票上市规则 2.4.4/2.3.4）。

二、上市公司股东认购公司发行的新股在锁定期内可转让的情形[①]

适用板块		沪主板、深主板
相关规定		上市公司股东认购公司发行的新股，在规定的期限内不得转让，但同一实际控制人控制的不同主体之间转让公司股份且受让方承继不得转让股份义务的除外。股东认购公司发行的新股，就限制股份转让作出承诺的，在承诺的期限内不得转让，但依法依规履行承诺变更程序的除外。
法规依据		《股票上市规则》3.2.4
修订说明	沪主板	新增：上市公司股东认购公司发行的新股，在同一控制关系下允许在锁定期内转让。
	深主板	

三、可申请解除限售的情形[②]

适用板块		沪主板、深主板
相关规定		投资者申请限售股票及其衍生品种解除限售的，应当委托上市公司办理相关手续，并满足下列条件： （一）限售期已满； （二）解除限售不影响该投资者履行其作出的有关承诺； （三）申请解除限售的投资者不存在对公司的资金占用，公司对该投资者不存在违规担保等损害公司利益的行为； （四）不存在法律法规及本所相关规定中规定的限制转让情形。
法规依据		《股票上市规则》3.3.4
修订说明	沪主板	增加解除限售的负面情形。解除限售影响投资者履行承诺、投资者存在对公司的资金占用、公司对投资者存在违规担保等情形的，不得解除限售。
	深主板	《规范运作》（2020 年修订）4.3.5 相关内容，进行整合，并无实质性改变。

① 科创板、创业板无相关规定。

② 与《创业板规范运作》4.4.5 规定一致，科创板无相关规定。

四、限制股份表决权的情形①

适用板块	沪主板、深主板	
相关规定	投资者违反《证券法》第六十三条买入公司有表决权的股份的，在买入后的36个月内，对该超过规定比例部分的股份不得行使表决权。	
法规依据	《股票上市规则》3.4.2	
修订说明	沪主板	贯彻落实新《证券法》相关规定。
	深主板	

五、公司股本变动导致投资者权益被动变动的披露要求②

适用板块	沪主板、深主板	
相关规定	因上市公司股本变动，导致投资者在该公司中拥有权益的股份变动涉及《证券法》《上市公司收购管理办法》规定的收购或者股份权益变动情形的，公司应当自完成股本变更登记之日起两个交易日内就因此导致的公司股东权益的股份变动情况作出公告。	
法规依据	《股票上市规则》3.4.3/3.4.4	
修订说明	沪主板	未做实质性修改。
	深主板	

六、投资者持有公司已发行的可转债达到发行总量的20%及之后每增加或减少10%的披露要求③

适用板块	沪主板、深主板
相关规定	投资者持有上市公司已发行的可转换公司债券达到发行总量的20%时，应当在事实发生之日起2个交易日内通知该上市公司予以公告。 投资者持有上市公司已发行的可转换公司债券达到发行总量的20%后，每增加或者减少10%时，应当按照前款规定履行报告和公告义务。

① 科创板、创业板同样适用。

② 《创业板股票上市规则》2.3.11有相关规定，科创板无。

③ 与《创业板股票上市规则》8.3.2规则一致，科创板无。

续表

适用板块	沪主板、深主板	
法规依据	《股票上市规则》3.4.4/3.4.8	
修订说明	沪主板	1. 3日内披露变更为2个交易日内披露； 2. 删除达到20%后每增加或减少10%后，在报告期内和公告后2日内，不得再行买卖该公司的可转换公司债券和股票的要求。
	深主板	无实质性改变。

七、窗口期规定

（一）相关规定

涉及对象 / 敏感期	沪主板		科创板		深交所	
	董监高①	控股股东、实际控制人	董监高	控股股东、实际控制人	董监高	控股股东、实际控制人
年报	前30日②	—	前30日②	前10日（限增持）③	前30日②	—
半年报	前30日②	—	前30日②	前10日（限增持）③	前30日②	—
季度报	前10日	—	前30日	前10日（限增持）③	前10日	—
业绩预告或快报	前10日	—	前10日	前10日（限增持）	前10日	—
重大事项	发生之日至依法披露之日	—	发生之日至披露后两个交易日	发生之日至披露后两个交易日（限增持）	发生之日至依法披露之日	—

---

①《科创板上市公司信息披露业务指南第2号——信息报送及资料填报》规定公司董事、监事和高级管理人员违反禁止买卖本公司股票的时间窗口限制的，包括但不限于公司定期报告公告前30日内、业绩预告或业绩快报公告前10日内、自可能对本公司股票交易价格产生重大影响的重大事项发生之日起或在决策过程中至依法披露后两个交易日内。与修改前规定保持一致。

② 上交所表述为“因特殊原因推迟年度报告、半年度报告公告日期的，自原预约公告日前30日起算，至公告前1日”。深交所表述为“因特殊原因推迟公告日期的，自原预约公告日前30日起算”。

③ 科创板只对控股股东、实际控制人的增持行为作出敏感期限制，未见减持限制。对于因特殊原因推迟定期报告公告日期的，敏感期则自原预约公告日期前10日起到定期报告实际公告之日的期间内。

（二）修订说明

沪主板	1. 季度报告的窗口期调整为“公告前10日内”，删除“重大事项披露后2日内不得买卖”的要求； 2. 取消了控股股东增持的窗口期。（原《上市公司股东及其一致行动人增持股份行为指引》第9条、原《上市公司控股股东、实际控制人行为指引》4.5）。
科创板	未做改动。
深交所	1. 季度报告的窗口期调整为“公告前10日内”，删除“重大事项披露后2日内不得买卖”的要求； 2. 董监高配偶、证券事务代表及其配偶不再适用敏感期的规定； 3. 取消控股股东的窗口期规定。
法规依据	《上市公司董事、监事和高级管理人员所持本公司股份及其变动管理规则（2022年修订）》第12条；《深圳证券交易所上市公司自律监管指引第10号——股份变动管理》（以下简称《10号指引》）第13条；《上海证券交易所上市公司自律监管指引第8号——股份变动管理》（以下简称《8号指引》）第10条；《上海证券交易所科创板上市公司自律监管指引第1号——规范运作》（以下简称《1号指引》）4.4.2/2.6.8

八、新增要求董监高申报其亲属身份信息

申报人员	董监高及其近亲属，其中近亲属包括配偶、父母、子女（深交所还明确包含兄弟姐妹）等。
申报信息	包括姓名、担任职务、身份证件号码、证券账户、离任职时间。
申报时间	（一）新上市公司的董事、监事、高级管理人员在公司申请股票上市时； （二）新任董事、监事在股东大会（或职工代表大会）通过其任职事项后两个交易日内； （三）新任高级管理人员在董事会通过其任职事项后两个交易日内； （四）现任董事、监事、高级管理人员在其已申报的个人信息发生变化后的两个交易日内； （五）现任董事、监事、高级管理人员在离任后两个交易日内； （六）本所要求的其他时间。
法规依据	《8号指引》第5条；《10号指引》第5条

九、明确董监高股份限售自实际离任为起算时点

适用板块	沪主板、深交所	
相关规定	上市公司董事、监事和高级管理人员自实际离任之日起 6 个月内，不得转让其持有及新增的本公司股份。	
法规依据	《8 号指引》第 8 条； 《10 号指引》第 11 条	
修订说明	沪主板	明确董监高离任起 6 个月内，新增的本公司股份也不得转让，从公告实际离任之日起算。
	深交所	离任后股份的锁定时点由申报离任之日改为公告实际离任之日起算。

十、董监高每年减持不得超过 25%的规定

沪主板	明确因司法强制执行、继承、遗赠、依法分割财产等导致股份变动的可以超过 25%的法定额度。
	法规依据：《8 号指引》第 7 条
深交所	明确当计算 25%的可解锁额度出现小数时，按四舍五入取整数位。
	法规依据：《10 号指引》第 8 条

十一、增持计划及进展相关规定

	沪主板	深交所
相关主体	（一）在一个上市公司中拥有权益的股份达到或者超过该公司已发行股份的 30% 但未达到 50%的，自上述事实发生之日起 1 年后，每 12 个月内增持不超过该公司已发行的 2%的股份； （二）在一个上市公司中拥有权益的股份达到或者超过该公司已发行股份的 50% 的股东及其一致行动人，继续增加其在该公司拥有的权益且不影响该公司的上市地位； （三）上市公司控股股东、5%以上股东、董事、监事和高级管理人员披露股份增持计划。（深交所）	
	法规依据：《8 号指引》第 11 条；《10 号指引》第 14 条	

续表

	沪主板	深交所
披露增持计划情形	首次披露其股份增持情况并且拟继续增持的，应当披露其后续股份增持计划。	
	法规依据：《8 号指引》第 13 条；《10 号指引》第 15 条	
期限过半公告	原定增持计划期限过半，相关股东实际增持数量或者金额未过半或者未达到区间下限 50% 的，应当公告说明原因。原定增持计划期限过半，相关股东仍未实施增持计划的，应当公告说明原因和后续增持安排，并于此后每月披露 1 次增持计划实施进展。	应当在事实发生之日通知公司，委托公司在次一交易日前披露增持股份进展公告，如增持计划实施期限过半时仍未实施增持的，应当详细披露原因及后续安排。
	法规依据：《8 号指引》第 15 条	法规依据：《10 号指引》第 17 条
增持计划完成公告	1. 相关股东增持前持股比例超过 30% 但未达到 50% 的：增持计划实施结果公告+律师意见。（沪主板：及时披露；深交所：增持行为完成后 3 日内。） 2. 相关股东增持前持股比例达到或超过 50% 的：增持计划实施结果公告+律师意见+限售要求（事实发生之日起至披露公告期间不得再行增持公司股份）。（沪主板：及时披露；深交所：增持行为完成后 3 日内。）	
	法规依据：《8 号指引》第 16 条、第 17 条；《10 号指引》第 18 条、第 19 条	
定期报告中披露进展要求	相关增持主体的增持计划尚未实施完毕，或者其实施期限尚未届满的，上市公司应当在各定期报告中披露相关增持主体增持计划的实施情况。	
	法规依据：《8 号指引》第 18 条；《10 号指引》第 21 条	
增持完成前不可减持规定	在上市公司发布相关增持主体增持计划实施完毕公告前，该增持主体不得减持本公司股份。	
	法规依据：《8 号指引》第 20 条；《10 号指引》第 22 条	
不可同时发布多个减持计划	相关股东在前次增持计划期限届满或者实施完毕后可提出新的增持计划。（沪主板）	
	法规依据：《8 号指引》第 19 条	

第四节　交易与关联交易

本节涉及法规如下。

法规名称	颁布时间	文号	发文单位	涉及条款
上海证券交易所股票上市规则（2022年1月修订）	2022-01-07	上证发〔2022〕1号	上海证券交易所	第六章
上海证券交易所上市公司自律监管指引第1号——规范运作	2022-01-07	上证发〔2022〕2号	上海证券交易所	第六章第一节第二节
深圳证券交易所股票上市规则（2022年修订）	2022-01-07	深证上〔2022〕12号	深圳证券交易所	第六章
深圳证券交易所上市公司自律监管指引第1号——主板上市公司规范运作	2022-01-07	深证上〔2022〕13号	深圳证券交易所	第六章第一节第二节
深圳证券交易所创业板股票上市规则（2020年12月修订）	2020-12-31	深证上〔2020〕1292号	深圳证券交易所	第七章
深圳证券交易所上市公司自律监管指引第2号——创业板上市公司规范运作	2022-01-07	深证上〔2022〕14号	深圳证券交易所	第七章第一节第二节
上海证券交易所上市公司自律监管指引第5号——交易与关联交易	2022-01-07	上证发〔2022〕6号	上海证券交易所	全文
深圳证券交易所上市公司自律监管指引第7号——交易与关联交易	2022-01-07	深证上〔2022〕19号	深圳证券交易所	全文

一、重大交易的定义

相关规定	本节所称重大交易，包括除上市公司日常经营活动之外发生的下列类型的事项： （一）购买资产； （二）出售资产； （三）对外投资（含委托理财、对子公司投资等）； （四）提供财务资助［含有息或者无息借款（沪主板）、委托贷款等］； （五）提供担保（含对控股子公司担保等）； （六）租入或者租出资产； （七）委托或者受托管理资产和业务； （八）赠与或者受赠资产； （九）债权或者债务重组； （十）转让或者受让研发项目； （十一）签订许可协议； （十二）放弃权利（含放弃优先购买权、优先认缴出资权利等）； （十三）交易所认定的其他交易。
法规依据	沪主板、深主板《股票上市规则》6.1.1

说明：原来只有“购买或者出售资产”排除了部分与日常经营相关的除外情形，现在所有类别的交易，均不包含日常经营活动发生的。比如，对外担保、对外投资、租赁等交易，如确属于与日常经营相关的，可视作日常交易而非重大交易。

二、重大交易披露与股东大会判断标准新增资产净额相关指标

相关规定	1. 披露要求 交易标的（如股权）涉及的资产净额（同时存在账面值和评估值的，以高者为准）占上市公司最近一期经审计净资产的10%以上，且绝对金额超过1 000万元。 2. 股东大会要求 交易标的（如股权）涉及的资产净额（同时存在账面值和评估值的，以高者为准）占上市公司最近一期经审计净资产的50%以上，且绝对金额超过5 000万元。
法规依据	沪主板、深主板《股票上市规则》6.1.2第1款第2项/6.1.3第1款第2项

说明1：应披露的交易、应提交股东大会审议的标准增设“交易标的（如股权）涉及的资产净额占上市公司最近一期经审计净资产”这一指标，明确总资产、净资产、营业收入、净利润、成交金额指标中任一指标达到相关标准的交易需披露或者提交股东大会审议。

说明2：关于资金净额的相关要求来源于《上市公司重大资产重组管理办法》第14条，（一）购买的资产为股权的，资产净额以被投资企业的净资产额与该项投资所占股权比例的乘积和成交金额二者中的较高者为准；出售的资产为股权的，其资产总额、营业收入以及资产净额分别以被投资企业的资产总额、营业收入以及净资产额与该项投资所占股权比例的乘积为准。

购买股权导致上市公司取得被投资企业控股权的，资产净额以被投资企业的净资产额和成交金额二者中的较高者为准；出售股权导致上市公司丧失被投资企业控股权的，其资产总额、营业收入以及资产净额分别以被投资企业的资产总额、营业收入以及净资产额为准。

（二）购买的资产为非股权资产的，其资产净额以相关资产与负债的账面值差额和成交金额二者中的较高者为准；出售的资产为非股权资产的，其资产总额、资产净额分别以该资产的账面值、相关资产与负债账面值的差额为准；该非股权资产不涉及负债的，不适用第十二条第一款第（三）项规定的资产净额标准。

三、可豁免提交股东大会审议的交易情形

相关规定	上市公司发生的交易属于下列情形之一的，可以免于按照上市规则第6.1.3条的规定提交股东大会审议，但仍应当按照有关规定履行信息披露义务： （一）公司发生受赠现金资产、获得债务减免等不涉及对价支付、不附有任何义务的交易； （二）公司发生的交易仅达到上市规则第6.1.3条第一款第（四）项或者第（六）项标准，且上市公司最近一个会计年度每股收益的绝对值低于0.05元。
法规依据	沪主板、深主板《股票上市规则》6.1.4

说明：新增获得债务减免等不涉及对价支付、不附有任何义务的交易等免于提交股东大会审议的情形。

四、购买或出售资产导致合并报表范围发生变更的判断标准

相关规定	上市公司购买或者出售股权的，应当按照公司所持权益变动比例计算相关财务指标适用上市规则第6.1.2条和第6.1.3条的规定。 交易导致上市公司合并报表范围发生变更的，应当以该股权对应标的公司的相关财务指标适用上市规则第6.1.2条和第6.1.3条的规定。 因委托或者受托管理资产和业务等，导致上市公司合并报表范围发生变更的，参照适用前款规定。
法规依据	沪主板、深主板《股票上市规则》6.1.5

说明：购买或者出售股权导致合并报表范围变更的，以该股权对应标的公司的“相关财务指标”适用规定，原来仅有标的公司的“全部资产总额和营业收入”须适用。租入或租出资产、委托或受托管理资产和业务导致合并报表范围变更的参照执行。

五、交易达到股东大会标准的，关于审计报告、评估报告的要求

相关规定	上市公司发生交易达到上市规则第 6. 1. 3 条规定标准，交易标的为公司股权的，应当披露标的资产经会计师事务所审计的最近一年又一期财务会计报告。会计师事务所发表的审计意见应当为标准无保留意见，审计截止日距审议相关交易事项的股东大会召开日不得超过 6 个月。 公司发生交易达到上市规则第 6. 1. 3 条规定标准，交易标的为公司股权以外的其他资产的，应当披露标的资产由资产评估机构出具的评估报告。评估基准日距审议相关交易事项的股东大会召开日不得超过一年。 中国证监会、交易所根据审慎原则要求，公司依据其章程或者其他法律法规等规定，以及公司自愿提交股东大会审议的交易事项，应当适用前两款规定。 注 1：上市公司发生交易达到披露的标准，交易对方以非现金资产作为交易对价或者抵偿上市公司债务的，上市公司应当参照上述规定披露涉及资产的审计报告或者评估报告。 注 2：上市公司购买或出售交易标的少数股权，因上市公司在交易前后均无法对交易标的形成控制、共同控制或重大影响等客观原因，导致确实无法对交易标的最近一年又一期财务会计报告进行审计的，可以在披露相关情况后免于按照规定披露审计报告。
法规依据	沪主板、深主板《股票上市规则》6. 1. 6　6. 1. 7　6. 1. 8/6. 1. 6　6. 1. 7

说明：达到股东大会标准的交易，标的为股权的，审计报告必须为标准无保留意见。达到《股票上市规则》6. 1. 2、6. 1. 3 标准的交易，交易对方以非现金资产作为交易对价或者抵偿上市公司债务的，需要进行审计或评估，未达到 6. 1. 3 标准的，审计基准日距董事会召开日或相关事项公告日不得超过 6 个月，评估基准日不得超过 1 年。即使未达到《股票上市规则》股东大会要求，但根据其他规则、公司章程或公司自愿提交股东大会审议的，也须审计评估。此外，如购买或出售交易标的少数股权，确实无法审计的，可免于出具审计报告。

六、财务资助相关

（一）不符合豁免情形的对外财务资助必须经董事会审议

相关规定	上市公司发生“财务资助”交易事项，除应当经全体董事的过半数审议通过外，还应当经出席董事会会议的三分之二以上董事审议通过，并及时披露。 财务资助事项属于下列情形之一的，还应当在董事会审议通过后提交股东大会审议： （一）单笔财务资助金额超过上市公司最近一期经审计净资产的10%； （二）被资助对象最近一期财务报表数据显示资产负债率超过70%； （三）最近12个月内财务资助金额累计计算超过公司最近一期经审计净资产的10%； （四）本所或者公司章程规定的其他情形。 资助对象为公司合并报表范围内的控股子公司（深主板明确为持股比例超过50%的控股子公司），且该控股子公司其他股东中不包含上市公司的控股股东、实际控制人及其关联人的，可以免于适用前两款规定。
法规依据	沪主板、深主板《股票上市规则》6.1.9

说明：对外财务资助必须提交董事会或股东大会审议；其中董事会应当经出席董事会会议的三分之二以上董事同意，根据“资产负债率超过70%的被资助/被担保对象”一项，资产负债率参考最近一期的财务报表数据，无需审计。

（二）向参股公司提供财务资助，区分关联参股公司与非关联参股公司

事项	相关规定	法规依据
向关联参股公司提供财务资助	公司的关联参股公司（不包括上市公司控股股东、实际控制人及其关联人控制的主体）的其他股东按出资比例提供同等条件的财务资助的，上市公司可以向该关联参股公司提供财务资助，应当经全体非关联董事的过半数审议通过，还应当经出席董事会会议的非关联董事的三分之二以上董事审议通过，并提交股东大会审议。	沪主板/深主板/创业板《规范运作》6.1.5/6.1.5/7.1.5

续表

事项	相关规定	法规依据
向控股子公司、参股公司提供财务资助	上市公司对控股子公司、参股公司提供财务资助的，该公司的其他股东原则上应当按出资比例提供同等条件的财务资助。如其他股东未能以同等条件或者出资比例向该公司提供财务资助的，应当说明原因以及上市公司利益未受到损害的理由，上市公司是否已要求上述其他股东提供相应担保。	深主板/创业板《规范运作》6.1.5/7.1.5

七、对外担保

（一）对外担保须提交股东大会的情形

相关规定	上市公司提供担保属于下列情形之一的，还应当在董事会审议通过后提交股东大会审议： （一）单笔担保额超过上市公司最近一期经审计净资产10%； （二）上市公司及其控股子公司对外提供的担保总额，超过上市公司最近一期经审计净资产50%以后提供的任何担保； （三）上市公司及其控股子公司对外提供的担保总额，超过上市公司最近一期经审计总资产30%以后提供的任何担保； （四）被担保对象最近一期财务报表数据显示资产负债率超过70%；（沪主板：为资产负债率超过70%的担保对象提供的担保） （五）最近12个月内担保金额累计计算超过公司最近一期经审计总资产的30%； （六）对股东、实际控制人及其关联人提供的担保； （七）交易所或者公司章程规定的其他情形。 上市公司股东大会审议前款第（五）项担保事项时，应当经出席会议的股东所持表决权的三分之二以上通过。
法规依据	沪主板、深主板《股票上市规则》6.1.10

说明：对外担保须提交股东大会的情形，新增“上市公司及其控股子公司对外提供的担保总额，超过上市公司最近一期经审计总资产30%以后提供的任何担保”，取消“按照担保金额连续12个月内累计计算原则，超过公司最近一期经审计净资产的50%，且绝对金额超过5 000万元以上”。

（二）上市公司应当在印章保管与使用管理相关制度中明确与担保事项相关的印章使用审批权限

相关规定	上市公司应当明确与担保事项相关的印章使用审批权限，做好与担保事项相关的印章使用登记。 公司印章保管人员应当按照印章保管与使用管理制度管理印章，拒绝违反制度使用印章的要求。公司印章保管或者使用出现异常的，公司印章保管人员应当及时向董事会、监事会报告。（沪主板）
法规依据	沪主板/深主板/创业板《规范运作》6.2.3/6.2.3/7.2.4

（三）需要提供反担保的情形

相关规定	上市公司为控股股东、实际控制人及其关联人提供担保的，应当要求对方提供反担保。
法规依据	沪主板/深主板《规范运作》6.2.4/6.2.4

（四）上市公司董事会应当建立定期核查制度

相关规定	公司董事会应当建立定期核查制度，每年度对上市公司全部担保行为进行核查，核实公司是否存在违规担保行为并及时披露核查结果。（沪主板） 上市公司董事会应当建立定期核查制度，对上市公司担保行为进行核查。上市公司发生违规担保行为的，应当及时披露，董事会应当采取合理、有效措施解除或者改正违规担保行为，降低公司损失，维护公司及中小股东的利益，并追究有关人员的责任。（深主板、创业板）
法规依据	沪主板/深主板/创业板《规范运作》6.2.4/6.2.13/7.2.16

（五）因关联方不及时偿债，导致上市公司承担担保责任的处理要求

相关规定	因控股股东、实际控制人及其关联人不及时偿债，导致上市公司承担担保责任的，公司董事会应当及时采取追讨、诉讼、财产保全、责令提供担保等保护性措施避免或者减少损失，并追究有关人员的责任。
法规依据	沪主板/深主板/创业板《规范运作》6.2.12/6.2.14/7.2.16

（六）公司向其合营或者联营企业提供担保满足条件的可以进行年度预计和调剂

相关规定	1. 可进行年度预计的情形 上市公司向其合营或者联营企业提供担保且被担保人不是上市公司的董事、监事、高级管理人员、持股5%以上的股东、控股股东或实际控制人的关联人，如每年发生数量众多、需要经常订立担保协议而难以就每份协议提交董事会或者股东大会审议的，上市公司可以对未来12个月内拟提供担保的具体对象及其对应新增担保额度进行合理预计，并提交股东大会审议。 前述担保事项实际发生时，上市公司应当及时披露，任一时点的担保余额不得超过股东大会审议通过的担保额度。 2. 可调剂的情形 上市公司向其合营或者联营企业进行担保额度预计，同时满足以下条件的，可以在其合营或联营企业之间进行担保额度调剂： （一）获调剂方的单笔调剂金额不超过上市公司最近一期经审计净资产的10%； （二）在调剂发生时资产负债率超过70%的担保对象，仅能从资产负债率超过70%（股东大会审议担保额度时）的担保对象处获得担保额度； （三）在调剂发生时，获调剂方不存在逾期未偿还负债等情况。 前款调剂事项实际发生时，上市公司应当及时披露。
法规依据	沪主板《规范运作》6.2.6/6.2.7

（七）控股子公司为公司合并报表范围内的法人提供担保的情形

相关规定	上市公司控股子公司为上市公司合并报表范围内的法人或者其他组织提供担保的，上市公司应当在控股子公司履行审议程序后及时披露。 按照交易所《股票上市规则》应当提交上市公司股东大会审议的担保事项除外。（沪主板、深主板）
法规依据	沪主板/深主板/创业板《规范运作》6.2.10/6.2.11/7.2.11

说明：该规定为沪主板新增规定，之前无相关规定。

八、租入或租出资产的计算标准

相关规定	上市公司租入或者租出资产的，应当以约定的全部租赁费用或者租赁收入适用上市规则第6.1.2条和第6.1.3条的规定。
法规依据	沪主板、深主板《股票上市规则》6.1.13

说明：租入或租出资产，明确以约定的全部租赁费用或者租赁收入适用标准，即无需适用资产指标。

九、委托理财预计的计算标准

相关规定	上市公司/与关联人进行委托理财，因交易频次和时效要求等原因难以对每次投资交易履行审议程序和披露义务的，可以对投资范围、额度及期限等进行合理预计，以额度计算占净资产的比例，适用上市规则第 6.1.2 条、第 6.1.3 条/第 6.3.6 条、第 6.3.7 条的规定。 相关额度的使用期限不应超过 12 个月，期限内任一时点的交易金额（含前述投资的收益进行再投资的相关金额）不应超过投资额度。
法规依据	沪主板/深主板《股票上市规则》6.1.12 6.3.16/6.1.12 6.3.14

说明：明确上市公司/与关联人进行委托理财，可以对投资范围、额度及期限等预计，以额度计算占净资产的比例适用重大交易的披露标准/以额度适用关联交易的披露标准。但相关额度使用期限不得超过 12 个月，委托理财的收益再投资也应纳入额度管理。

十、放弃权利的计算标准

相关规定	上市公司直接或者间接放弃对控股子公司或者控制的其他主体的优先购买或者认缴出资等权利，导致合并报表范围发生变更的，应当以放弃金额与该主体的相关财务指标，适用上市规则第 6.1.2 条、第 6.1.3 条的规定。 上市公司放弃权利未导致上市公司合并报表范围发生变更，但相比于未放弃权利，所拥有该主体权益的比例下降的，应当以放弃金额与按权益变动比例计算的相关财务指标，适用上市规则第 6.1.2 条、第 6.1.3 条的规定。 上市公司部分放弃权利的，还应当以前两款规定的金额和指标与实际受让或者出资金额，适用上市规则第 6.1.2 条、第 6.1.3 条的规定。
法规依据	沪主板、深主板《股票上市规则》6.1.14

说明：导致合并报表范围发生变更的，以放弃金额与相关财务指标适用；未导致合并报表范围发生变更，但相比于未放弃权利权益比例下降的，以放弃金额与按权益变动比例计算的相关财务指标适用；部分放弃权利的，还应当以前两款计算指标与实际受让或出资金额适用。

十一、交易安排中的或有对价需要纳入计算标准

相关规定	上市公司发生交易，相关安排涉及未来可能支付或者收取对价等有条件确定金额的，应当以可能支付或收取的最高金额作为成交金额，适用上市规则第 6.1.2 条、第 6.1.3 条的规定。
法规依据	沪主板、深主板《股票上市规则》6.1.17/6.1.16

说明：交易相关安排涉及未来可能支付或者收取对价等有条件确定金额的，应当以可能支付或收取的最高金额作为成交金额，适用相关规定。

十二、分期实施各项交易的判断标准

相关规定	上市公司分期实施上市规则第 6. 1. 1 条规定的交易的，应当以协议约定的全部金额为标准适用上市规则第 6. 1. 2 条、第 6. 1. 3 条的规定。
法规依据	沪主板、深主板《股票上市规则》6. 1. 18/6. 1. 17

十三、日常交易区分不同交易类别适用不同标准

相关规定	1. 本节所称“日常交易”，是指上市公司发生与日常经营相关的以下类型的交易： （一）购买原材料、燃料和动力等； （二）接受劳务等； （三）出售产品、商品等； （四）提供劳务等； （五）工程承包等； （六）与日常经营相关的其他交易。 2. 上市公司签署日常交易相关合同，达到下列标准之一的，应当及时披露： （一）涉及上述第（一）项、第（二）项事项的，合同金额占上市公司最近一期经审计总资产 50%以上，且绝对金额超过 5 亿元； （二）涉及上述第（三）项至第（五）项事项的，合同金额占上市公司最近一个会计年度经审计主营业务收入 50%以上，且绝对金额超过 5 亿元； （三）公司或者交易所认为可能对上市公司财务状况、经营成果产生重大影响的其他合同。
法规依据	沪主板、深主板《股票上市规则》6. 2. 1　6. 2. 2

说明：日常交易区分不同交易类别，适用不同标准。购买原材料、燃料和动力、接受劳务等，披露标准为合同金额达总资产 50%以上；出售产品、商品、提供劳务、工程承包等，披露标准为合同金额达主营业务收入 50%以上。

十四、关联方的认定

相关规定	1. 具有以下情形之一的法人（或者其他组织），为上市公司的关联法人（或者其他组织）： （一）直接或者间接控制上市公司的法人（或者其他组织）； （二）由前项所述法人（或者其他组织）直接或者间接控制的除上市公司、控股子公司及控制的其他主体以外的法人（或者其他组织）；（受同一国有资产管理机构控制而形成该项所述情形的，不因此构成关联关系，但其法定代表人、董事长、总经理或者半数以上的董事兼任上市公司董事、监事或者高级管理人员的除外。）

续表

	（三）关联自然人直接或者间接控制的，或者担任董事（不含同为双方的独立董事）、高级管理人员的，除上市公司、控股子公司及控制的其他主体以外的法人（或者其他组织）； （四）持有上市公司5%以上股份的法人（或者其他组织）及其一致行动人。 2. 具有以下情形之一的自然人，为上市公司的关联自然人： （一）直接或者间接持有上市公司5%以上股份的自然人； （二）上市公司董事、监事和高级管理人员； （三）直接或者间接地控制上市公司的法人（或者其他组织）的董事、监事和高级管理人员； （四）本款第（一）项、第（二）项所述人士的关系密切的家庭成员。 在过去12个月内或者相关协议或者安排生效后的12个月内，存在以上情形的，为上市公司的关联人。 中国证监会、交易所或者上市公司可以根据实质重于形式的原则，认定其他与上市公司有特殊关系，可能或者已经造成上市公司对其利益倾斜的法人（或者其他组织）或者自然人为上市公司的关联人。
法规依据	沪主板、深主板《股票上市规则》6.3.3　6.3.4

说明：沪主板：持有对公司具有重要影响的控股子公司10%以上股份的法人和自然人不再被明确列为关联人。

十五、关联交易审议披露标准

相关规定	1. 上市公司与关联人发生的交易达到下列标准之一的，应当及时披露： （一）与关联自然人发生的交易金额（包括承担的债务和费用）在30万元以上的交易；（深交所表述为超过） （二）与关联法人（或者其他组织）发生的交易金额（包括承担的债务和费用）在300万元以上，且占上市公司最近一期经审计净资产绝对值0.5%以上的交易。（深交所表述为超过） 2. 关联自然人： 除本规则上述规定外，上市公司与关联人发生的交易金额（包括承担的债务和费用）在3 000万元以上，且占上市公司最近一期经审计净资产绝对值5%以上的，应当按照本规则第6.1.6条的规定披露审计报告或者评估报告，并将该交易提交股东大会审议。（深交所表述为超过）
法规依据	沪主板、深主板《股票上市规则》6.3.6　6.3.7

说明：深主板修改关联交易的披露标准，原来为“30万元以上”“300万元以上”“3 000万元以上”，包括本数，现在将“以上”修改为“超过”，不包含本数。

十六、关联股东的认定新增情形

相关规定	关联股东包括下列股东或者具有下列情形之一的股东： 在交易对方任职，或者在能直接或间接控制该交易对方的法人或其他组织、该交易对方直接或者间接控制的法人或其他组织任职；（沪主板新增） 为交易对方或者其直接或者间接控制人的关系密切的家庭成员。（沪主板、深主板新增）
法规依据	沪主板、深主板《股票上市规则》6.3.9

十七、关联交易连续12个月累计计算原则

相关规定	上市公司在连续12个月内发生的以下关联交易，应当按照累计计算的原则，分别适用本规则第6.3.6条、第6.2.7条的规定： （一）与同一关联人进行的交易； （二）与不同关联人进行的相同交易类别下标的相关的交易。（深主板：与不同关联人进行的与同一交易标的的交易。） 上述同一关联人，包括与该关联人受同一主体控制，或者相互存在股权控制关系的其他关联人。
法规依据	沪主板、深主板《股票上市规则》6.3.15/6.3.20

说明：沪主板：关联交易累计时，由同一关联自然人担任董事或高级管理人员的法人不再视为同一关联人。深主板：将第（二）项“与不同关联人进行的与同一交易标的相关的交易”缩小为“与不同关联人进行的与同一交易标的的交易”，例如交易标的为资产的，之前需关注相关资产之间的整体性及关联性，如构成资产组的需要累计，现在无需累计。

十八、因交易或关联交易导致被担保方成为公司关联人的处理规定

相关规定	公司因交易或者关联交易导致被担保方成为公司的关联人，在实施该交易或者关联交易的同时，应当就存续的关联担保履行相应审议程序和信息披露义务。 董事会或者股东大会未审议通过前款规定的关联担保事项的，交易各方应当采取提前终止担保等有效措施。
法规依据	沪主板、深主板《股票上市规则》6.3.11/6.3.13

说明：公司因交易或者关联交易导致被担保方成为公司的关联人，在实施该交易或者关联交易的同时，应当就存续的关联担保履行相应审议程序和信息披露义务。

十九、关联交易豁免的情形

板块	沪主板
相关规定	上市公司与关联人发生的下列交易，可以免于按照关联交易的方式审议和披露： （一）上市公司单方面获得利益且不支付对价、不附任何义务的交易，包括受赠现金资产、获得债务减免、无偿接受担保和财务资助等； （二）关联人向上市公司提供资金，利率水平不高于贷款市场报价利率，且上市公司无需提供担保； （三）一方以现金方式认购另一方公开发行的股票、公司债券或企业债券、可转换公司债券或者其他衍生品种； （四）一方作为承销团成员承销另一方公开发行的股票、公司债券或企业债券、可转换公司债券或者其他衍生品种； （五）一方依据另一方股东大会决议领取股息、红利或者报酬； （六）一方参与另一方公开招标、拍卖等，但是招标、拍卖等难以形成公允价格的除外； （七）上市公司按与非关联人同等交易条件，向上市规则第 6.3.3 条第三款第（二）项至第（四）项规定的关联自然人提供产品和服务； （八）关联交易定价为国家规定； （九）交易所认定的其他交易。
法规依据	《股票上市规则》6.3.18

说明：上市公司受赠现金资产、获得债务减免可直接免于按照关联交易的方式审议和披露（以前只能免于股东大会）。无偿接受担保和资助，或利率水平不高于贷款市场报价利率且上市公司无相应担保，同时担任独立董事豁免关联交易无需再向交易所申请。新增按与非关联人同等交易条件向持股5%以上之外情形的关联自然人提供产品和服务可免于关联交易情形。但是明确招标、拍卖等难以形成公允价格的不得豁免。

板块	深主板
相关规定	上市公司与关联人发生的下列交易，应当按照规定履行关联交易信息披露义务以及上市规则第六章第一节的规定履行审议程序，并可以向交易所申请豁免按照上市规则第 6.3.7 条的规定提交股东大会审议： （一）面向不特定对象的公开招标、公开拍卖或者挂牌的（不含邀标等受限方式），但招标、拍卖等难以形成公允价格的除外； （二）上市公司单方面获得利益且不支付对价、不附任何义务的交易，包括受赠现金资产、获得债务减免等； （三）关联交易定价由国家规定； （四）关联人向上市公司提供资金，利率不高于贷款市场报价利率，且上市公司无相应担保。

续表

板块	深主板
	上市公司与关联人发生的下列交易，可以免于按照规定履行相关义务，但属于上市规则第六章第一节规定的应当履行披露义务和审议程序情形的仍应履行相关义务： （一）一方以现金方式认购另一方公开发行的股票及其衍生品种、公司债券或者企业债券，但提前确定的发行对象包含关联人的除外； （二）一方作为承销团成员承销另一方公开发行的股票及其衍生品种、公司债券或者企业债券； （三）一方依据另一方股东大会决议领取股息、红利或者报酬； （四）上市公司按与非关联人同等交易条件，向上市规则第6.3.3条第三款第（二）项至第（四）项规定的关联自然人提供产品和服务； （五）交易所认定的其他情形。
法规依据	《股票上市规则》6.3.10/6.3.11

说明：新增（二）（三）（四）3项可申请豁免按照关联交易标准提交股东大会审议的情形，并明确面向不特定对象的公开招标、公开拍卖或者挂牌的交易应当以“价格公允”为前提。

免于按照关联交易标准披露的情形新增“按与非关联人同等交易条件，向《上市规则》第6.3.3条第三款第（二）项至第（四）项规定的关联自然人提供产品和服务”。

二十、关联交易可以免于审计或评估的情形

相关规定	公司与关联人发生下列情形之一的交易时，可以免于审计或者评估： （一）上市规则规定的日常关联交易； （二）与关联人等各方均以现金出资，且按照出资比例确定各方在所投资主体的权益比例。（深主板）
法规依据	沪主板、深主板《股票上市规则》6.3.7

二十一、《监管指引5号/7号——交易与关联交易》涉及修订要点

（一）上市公司应当及时更新关联方相关信息

相关规定	上市公司应当及时通过交易所业务管理系统填报和更新上市公司关联人名单及关联关系信息。
法规依据	《监管指引》第5号第6条； 《监管指引》第7号第7条

（二）财务公司关联交易

相关规定	判断标准 上市公司与存在关联关系的财务公司发生存款、贷款：存款本金额度及利息、贷款利息金额等的较高额判断； 上市公司控股的财务公司与关联人发生存款、贷款：存款利息、贷款本金额度及利息金额等的较高额判断。
法规依据	《监管指引》第 5 号第 9 条； 《监管指引》第 7 号第 13 条

（三）与关联方共同投资

相关规定	1. 上市公司与关联人共同投资，向共同投资的企业增资、减资（沪深交易所） 以上市公司的投资、增资、减资、购买投资份额的发生额作为计算标准。 2. 关联人单方面向上市公司控制的企业增资或减资（深交所） 以关联人增资或者减资发生额作为计算标准。 3. 关联人单方面向上市公司参股企业增资，或关联方单方面受让上市公司拥有权益主体的其他股东的股权或投资份额（沪深交易所） 构成关联共同投资，涉及放弃权利的，适用放弃权利规定；不涉及放弃权利，但可能对上市公司构成重大影响的，应当及时披露。 4. 关联方单方面向上市公司控制的企业增资或减资（上交所） 相关规定同第三款。
法规依据	《监管指引》第 5 号第 17 条、第 18 条； 《监管指引》第 7 号第 21 条、第 22 条、第 23 条

（四）关联购买与出售资产

相关规定	上市公司因购买或出售资产可能导致交易完成后上市公司控股股东、实际控制人及其他关联人对上市公司形成非经营性资金占用的，应当在公告中明确合理的解决方案，并在相关交易实施完成前解决，避免形成非经营性资金占用。
法规依据	《监管指引》第 5 号第 25 条； 《监管指引》第 7 号第 28 条

（五）证券投资与衍生品交易

相关规定	1. 证券投资（深交所） （1）证券投资额度占公司最近一期经审计净资产 10% 以上且绝对金额超过一千万元人民币的，应当在投资之前经董事会审议通过并及时履行信息披露义务。

续表

	证券投资额度占公司最近一期经审计净资产 50%以上且绝对金额超过五千万元人民币的，还应当提交股东大会审议； (2) 相关额度的使用期限不应超过 12 个月，期限内任一时点的交易金额（含前述投资的收益进行再投资的相关金额）不应超过证券投资额度； (3) 上市公司与关联人进行证券投资的，应当以证券投资额度作为计算标准适用关联交易的相关规定。 2. 衍生品交易 (1) 上市公司从事衍生品交易，应当提供可行性分析报告，提交董事会审议并及时履行信息披露义务，独立董事应当发表专项意见； (2) 上市公司与关联人之间进行衍生品交易的，除应当经董事会审议通过外，还应当提交股东大会审议；(深交所) (3) 上市公司已交易衍生品的公允价值减值与用于风险对冲的资产（如有）价值变动加总，导致合计亏损或者浮动亏损金额每达到公司最近一年经审计的归属于上市公司股东净利润的 10%且绝对金额超过一千万元人民币的，公司应当及时披露。
法规依据	《监管指引》第 5 号第三章第一节； 《监管指引》第 7 号第三章第一节

（六）委托理财

相关规定	1. 以资金管理、投资理财等投融资活动为主营业务的上市公司或其控股子公司，其业务行为不适用“委托理财”章节规定； 2. 上市公司与关联人之间进行委托理财的，还应当以委托理财额度作为计算标准，适用《股票上市规则》关联交易的相关规定；(深交所) 3. 委托理财发生重大不利影响时应及时披露进展公告。
法规依据	《监管指引》第 5 号第三章第二节； 《监管指引》第 7 号第三章第二节

（七）与专业投资机构共同投资及合作

相关规定	1. 上市公司与专业投资机构共同投资，无论参与金额大小均应当及时披露，并以其承担的最大损失金额，参照上市公司对外投资相关规定履行相应的审议程序，构成关联交易的还应当履行关联交易审议程序； 说明：前款所称“最大损失金额”，应当以上市公司因本次投资可能损失的投资总额、股份权益或承担其他责任可能导致的损失金额的较高者为准。

续表

	2. 上市公司将超募资金用于永久性补充流动资金后的12个月内，不得与专业投资机构共同投资； 3. 上市公司应当在年度报告披露与专业投资机构共同投资及合作事项进展情况。
法规依据	《监管指引》第5号第三章第三节； 《监管指引》第7号第三章第三节

第五节　募集资金管理

本节涉及法规如下。

法规名称	颁布时间	文号	发文单位	涉及条款
上市公司监管指引第2号——上市公司募集资金管理和使用的监管要求（2022年修订）	2022-01-05	中国证券监督管理委员会公告〔2022〕15号	中国证券监督管理委员会	全文
上海证券交易所上市公司自律监管指引第1号——规范运作	2022-01-07	上证发〔2022〕2号	上海证券交易所	第六章第三节
上海证券交易所科创板上市公司自律监管指引第1号——规范运作	2022-01-07	上证发〔2022〕14号	上海证券交易所	第五章
深圳证券交易所上市公司自律监管指引第1号——主板上市公司规范运作	2022-01-07	深证上〔2022〕13号	深圳证券交易所	第六章第三节
深圳证券交易所上市公司自律监管指引第2号——创业板上市公司规范运作	2022-01-07	深证上〔2022〕14号	深圳证券交易所	第六章

一、募集资金存储

募集资金专户设立	1. 募集资金应当存放于经董事会批准设立的专户集中管理； 2. 专户不得存放非募集资金或者用作其他用途； 3. 公司存在两次以上融资的，应当分别设置募集资金专户。（沪主板、深交所）

续表

三方监管协议的签署	1. 协议签署日期：募集资金到账后一个月内； 2. 协议签署主体：上市公司、保荐机构或独立财务顾问、商业银行（公司通过控股子公司实施募投项目的，应当由公司、实施募投项目的控股子公司、商业银行和保荐机构或者独立财务顾问共同签署三方监管协议，公司及其控股子公司应当视为共同一方）； 3. 协议内容：沪主板、深交所要求一致，科创板不同； 4. 协议在有效期届满前提前终止：应当自协议终止之日起一个月内与相关当事人签订新的协议。（沪主板：两周内）
法规依据	《规范运作》6. 3. 6　6. 3. 7/5. 2. 1　5. 2. 2/6. 3. 6　6. 3. 7/6. 2. 1　6. 2. 2
修订说明	沪主板：新增公司存在两次以上融资的，应当分别设置募集资金专户。超募资金也应当存放于募集资金专户管理。 其他板块未做修改。

二、募集资金置换自筹资金

时间要求	募集资金到账后 6 个月内。
审议程序	董事会+监事会+独立董事+保荐机构/独立财务顾问+会计师事务所。
法规依据	《规范运作》6. 3. 10　6. 3. 11/5. 3. 3/6. 3. 10　6. 3. 12/6. 3. 5　6. 3. 7
修订说明	各个板块都未做修改。

三、闲置募集资金的使用

闲置募集资金暂时用于补充流动资金	
相关规定	1. 基本要求 （一）不得变相改变募集资金用途，不得影响募集资金投资计划的正常进行； （二）不得将闲置募集资金直接或者间接用于证券投资、衍生品交易等高风险投资； （三）单次补充流动资金时间不得超过 12 个月； （四）已归还已到期的前次用于暂时补充流动资金的募集资金； （五）补充流动资金到期日之前，公司应当将该部分资金归还至募集资金专户，并在资金全部归还后及时公告。 2. 审议程序 董事会+监事会+独立董事+保荐机构/独立财务顾问。
法规依据	《规范运作》6. 3. 10　6. 3. 14/5. 3. 6/6. 3. 10　6. 3. 15/6. 3. 5　6. 3. 10
修订说明	各个板块未做相关修改。

续表

暂时闲置的募集资金进行现金管理	
相关规定	1. 强调募集资金现金管理保本要求，允许进行现金管理的产品为“结构性存款、大额存单等安全性高的保本型产品”； 2. 投资期限：不得超过 12 个月；（沪主板、深交所） 3. 审议程序：董事会+监事会+独立董事+保荐机构/独立财务顾问； 4. 公司应当在出现产品发行主体财务状况恶化、所投资的产品面临亏损等重大风险情形时，及时对外披露风险提示性公告。（沪主板、深交所）
法规依据	《规范运作》6. 3. 10　6. 3. 12/5. 3. 4　5. 3. 5/6. 3. 10　6. 3. 13/6. 3. 5　6. 3. 8
修订说明	沪主板新增投资期限不得超过 12 个月、及时披露风险提示性公告的相关内容；其他板块未做修改。

四、募集资金用途变更

募集资金用途变更范围	上市公司在下列情形的，视为募集资金用途变更，应当在董事会审议通过后及时公告，并履行股东大会审议程序： （一）取消或者终止原募集资金项目，实施新项目； （二）变更募集资金投资项目实施主体（募集资金投资项目实施主体在上市公司及全资子公司之间进行变更）； （三）变更募集资金投资项目实施方式； （四）交易所认定为募集资金用途变更的其他情形。
审议程序	董事会+监事会+独立董事+保荐机构/独立财务顾问+股东大会
法规依据	《规范运作》6. 3. 10　6. 3. 15/5. 4. 1　5. 4. 2/6. 3. 10　6. 3. 17/6. 3. 5　6. 3. 14
修订说明	沪主板明确募集资金用途变更的定义，与其他板块保持一致； 其他板块未做修改。

说明：募集资金投资项目实施主体在上市公司及全资子公司之间进行变更，或者仅涉及变更募投项目实施地点，不视为对募集资金用途的变更，可免于履行股东大会程序，但仍应当经董事会审议通过。

五、超募资金的使用

（一）超募资金用于在建项目及新项目[①]

所属板块	基本要求	董事会	监事会	独立董事	保荐机构	股东大会	说明
沪主板	应当投资于主营业务	√	√	√	√	√	比照适用《募集资金管理办法》募集资金投向变更的相关规定，科学、审慎地进行投资项目的可行性分析，及时履行信息披露义务。
科创板		√	√	√	√	单次使用金额≥5 000万元且≥超募资金总额的10%	计划单次使用超募资金金额达到5 000万元且达到超募资金总额的10%以上的，还应当提交股东大会审议通过。
创业板	—	√	建议召开	√	√		
深主板	应当按照在建项目和新项目的进度情况使用	√	建议召开	√	√	视情况定	项目涉及关联交易、购买资产、对外投资等的，还应当按照《股票上市规则》等规定履行审议程序和信息披露义务。

（二）超募资金用于永久补充流动资金

基本规定	（一）公司在补充流动资金后12个月内不得进行证券投资、衍生品交易等高风险投资及为控股子公司以外的对象提供财务资助； （二）每12个月内累计永久补充流动资金和偿还银行贷款的金额不得超过超募资金总额的30%。 说明：上市公司与专业投资机构共同投资与主营业务相关的投资基金，或者市场化运作的贫困地区产业投资基金和扶贫公益基金等投资基金，不适用上述要求。
审议程序	董事会+监事会（创业板不强制）+独立董事+保荐机构/独立财务顾问+股东大会

① 说明：各个板块未做相关修改。

续表

修订说明	沪主板：（一）超募资金用于永久补充流动资金或者归还银行贷款的，原要求12个月内不进行财务资助，本次明确向控股子公司提供财务资助除外；（二）公司与专业投资机构共同投资的情况除外。与其他板块保持一致。 深主板：超募资金用于永久补充流动资金需要监事会审议，以前不强制。 科创板、创业板未做修改。

六、节余募集资金的使用[①②]

板块	对应时间点	免于履行程序年报中披露	董事会、监事会、独立董事、保荐机构	还需股东大会
沪主板	单个募投项目完成后	X<100万元或者X<该项目募集资金投资额5% （说明：用于募投项目）	X≥100万元且X≥该项目募集资金投资额5% （说明：用于其他募投项目）	X用于非募投项目（包括补充流动资金）
	全部募投项目完成后	X<500万元或者X<募集资金净额5%	X≥500万元且X≥募集资金净额5%	X≥募集资金净额10%
科创板	单个或全部募投项目完成后	X<1 000万元	X≥1 000万元	未明确规定
深主板		X<500万元或者X<项目募集资金净额1%	X≥500万元且X≥项目募集资金净额1%	X≥该项目募集资金净额10%
创业板		X<500万元且X<该项目募集资金净额5%	X≥500万元或者X≥该项目募集资金净额5%	X≥该项目募集资金净额10%且X>1 000万元

七、其他规定

内审要求	沪主板新增：公司内部审计部门应当至少每半年对募集资金的存放与使用情况检查一次，并及时向审计委员会报告检查结果。（深主板：每季度；创业板：每半年；科创板：无。）

① 说明：各个板块未做相关修改。

② 下表中X代表节余资金（包括利息收入）。

续表

募集资金存放与实际使用情况的专项报告	1. 半年度：董事会+监事会； 2. 年度：董事会+监事会+会计师事务所出具的鉴证报告； 3. 鉴证结论为“保留结论”“否定结论”或者“无法提出结论”的，公司董事会应当就鉴证报告中会计师提出该结论的理由进行分析、提出整改措施并在年度报告中披露；（深交所新增，上交所无相关规定） 4. 董事会应当在收到独立董事聘请会计师事务所对募集资金存放与使用情况出具的鉴证报告后及时公告。如鉴证报告认为上市公司募集资金的管理和使用存在违规情形的，董事会还应当公告募集资金存放与使用情况存在的违规情形、已经或者可能导致的后果及已经或者拟采取的措施。（创业板无相关规定，深主板本次新增，上交所一致）
其他	沪主板明确：募集资金相关事项涉及关联交易、购买资产、对外投资等的，还应当按照《股票上市规则》等规则的有关规定履行审议程序和信息披露义务。（深主板规定一致，科创板、创业板无）

第六节　股份回购

本节涉及法规如下。

法规名称	颁布时间	发文字号	发文单位
上市公司股份回购规则	2022-01-05	中国证券监督管理委员会〔2022〕4 号	中国证券监督管理委员会
上海证券交易所上市公司自律监管指引第 7 号——回购股份	2022-01-07	上证发〔2022〕8 号	上海证券交易所
深圳证券交易所上市公司自律监管指引第 9 号——回购股份	2022-01-07	深证上〔2022〕21 号	深圳证券交易所

一、回购股份需满足的条件

<table>
<tr><th>板块</th><th>要点</th><th>法规依据</th></tr>
<tr><td>上交所</td><td rowspan="2">上市公司回购股份应当符合以下条件：
（一）公司股票上市已满1年；
（二）公司最近1年无重大违法行为；
（三）回购股份后，公司具备债务履行能力和持续经营能力；
（四）回购股份后，公司的股权分布原则上应当符合上市条件；公司拟通过回购股份终止其股票上市交易的，应当符合相关规定；
（五）中国证监会和本所规定的其他条件。</td><td>《回购股份监管指引第7号》第11条</td></tr>
<tr><td>深交所</td><td>《回购股份监管指引第9号》第10条</td></tr>
</table>

说明：沪深交易所新增公司最近1年无重大违法行为的相关要求。

二、因回购导致被动触发要约情形的可免于发出要约

板块	要点	法规依据
深交所	因上市公司回购股份，导致股东持有或者通过协议、其他安排与他人共同持有该公司已发行的有表决权股份超过百分之三十的，该等股东可以免于发出要约。	《回购股份监管指引第9号》第11条

三、回购实施/回购减持窗口期规定

<table>
<tr><th>板块</th><th>要点</th><th>法规依据</th></tr>
<tr><td>上交所</td><td rowspan="2">（一）公司年度报告、半年度报告公告前10个交易日内，因特殊原因推迟公告日期的，自原预约公告日前10个交易日起算；（沪主板：上市公司年度报告、半年度报告、季度报告前10个交易日内，因特殊原因推迟公告日期的，自原预约公告日前10个交易日起算，至公告前一日）
（二）公司季度报告、业绩预告、业绩快报公告前10个交易日内；
（三）自可能对本公司股票交易价格产生重大影响的重大事项发生之日或者在决策过程中，至依法披露之日内；
（四）中国证监会规定的其他情形。
上市公司因为维护公司价值及股东权益所必需回购股份并为减少注册资本的，不适用前款规定。</td><td>《回购股份监管指引第7号》第11条、第45条</td></tr>
<tr><td>深交所</td><td>《回购股份监管指引第9号》第17条、第43条</td></tr>
</table>

说明：明确因特殊原因推迟公告（年报、半年报，上交所还包括季报）日期的，自原预约公告日前10个交易日起算，至公告前一日为不得回购期间；取消重大事件披露后2个交易日的要求。

四、因维护公司价值及股东权益所必需回购股份的披露要求

板块	要点	法规依据
上交所	上市公司因维护公司价值及股东权益所必需情形回购股份的，应当按照规定在回购股份方案中明确披露拟用于减少注册资本或者出售的回购股份数量或者资金总额。	《回购股份监管指引第7号》第15条

五、回购专用账户中的股份不得质押和出借

<table>
<tr><th>板块</th><th>要点</th><th>法规依据</th></tr>
<tr><td>上交所</td><td rowspan="2">上市公司回购专用账户中的股份，不享有股东大会表决权、利润分配、公积金转增股本、认购新股和可转换公司债券等权利，不得质押和出借。</td><td>《回购股份监管指引第7号》第23条</td></tr>
<tr><td>深交所</td><td>《回购股份监管指引第9号》第22条</td></tr>
</table>

六、回购股份方案可变更或终止的情形

板块	要点	法规依据
深交所	因公司生产经营、财务状况、外部客观情况发生重大变化等原因，确需变更或者终止的，应当及时披露拟变更或者终止的原因、变更的事项内容，说明变更或者终止的合理性、必要性和可行性，以及可能对公司债务履行能力、持续经营能力及股东权益等产生的影响，并应当按照公司制定本次回购股份方案的决策程序提交董事会或者股东大会审议。	《回购股份监管指引第9号》第33条

第七节 承诺事项

本节涉及法规如下。

法规名称	颁布时间	发文字号	发文单位	涉及条文
上市公司监管指引第 4 号——上市公司及其相关方承诺	2022-01-05	中国证券监督管理委员会〔2022〕16 号	中国证券监督管理委员会	全文
上海证券交易所上市公司自律监管指引第 1 号——规范运作	2022-01-07	上证发〔2022〕2 号	上海证券交易所	第六章第四节
深圳证券交易所上市公司自律监管指引第 1 号——主板上市公司规范运作	2022-01-07	深证上〔2022〕13 号	深圳证券交易所	第六章第四节
深圳证券交易所上市公司自律监管指引第 2 号——创业板上市公司规范运作	2022-01-07	深证上〔2022〕14 号	深圳证券交易所	第七章第四节

一、《上市公司监管指引第 4 号——上市公司及其相关方承诺》（以下简称《监管指引第 4 号》）修订要点

扩大主体适用范围	将上市公司董监高、上市公司资产交易对方、破产重整投资人纳入承诺主体适用范围。
	法规依据：《监管指引第 4 号》第 2 条
完善承诺人信息披露要求	1. 承诺人作出承诺，有关各方必须及时、公平地披露或者提供相关信息，保证所披露或者提供信息的真实、准确、完整，不得有虚假记载、误导性陈述或者重大遗漏； 2. 承诺人应当关注自身经营、财务状况及承诺履行能力，在其经营财务状况恶化、担保人或者担保物发生变化导致或者可能导致其无法履行承诺时，应当及时告知上市公司，说明有关影响承诺履行的具体情况，同时提供新的履行担保，并由上市公司予以披露； 3. 承诺履行条件已经达到时，承诺人应当及时通知公司，并履行承诺和信息披露义务。
	法规依据：《监管指引第 4 号》第 7 条、第 8 条、第 9 条

续表

增加对承诺人履行承诺的督促义务	上市公司董事会应当积极督促承诺人遵守承诺。承诺人违反承诺的，上市公司董事、监事、高级管理人员应当勤勉尽责，主动、及时要求承诺人承担相应责任。
	法规依据：《监管指引第4号》第11条
不得变更、豁免的承诺	下列承诺不得变更或豁免： （一）依照法律法规、中国证监会规定作出的承诺； （二）除中国证监会明确的情形外，上市公司重大资产重组中按照业绩补偿协议作出的承诺； （三）承诺人已明确不可变更或撤销的承诺。
	法规依据：《监管指引第4号》第12条
增加非交易过户的承诺承继要求	承诺人作出股份限售等承诺的，其所持有股份因司法强制执行、继承、遗赠等原因发生非交易过户的，受让方应当遵守原股东作出的相关承诺。
	法规依据：《监管指引第4号》第16条
明确违反承诺的情形	违反承诺是指未按承诺的履约事项、履约方式、履约时限、履约条件等履行承诺的行为。 变更、豁免承诺的方案未经股东大会审议通过且承诺到期的，视同超期未履行承诺。
	法规依据：《监管指引第4号》第15条

二、明确承诺事项重点监管领域

板块	要点	法规依据
沪主板	上市公司的实际控制人、股东、关联方、收购人和上市公司在首次公开发行股票、再融资、并购重组以及公司治理专项活动等过程中作出的解决同业竞争、资产注入、股权激励、解决产权瑕疵等各项承诺事项，必须有明确的履约时限，不得使用“尽快”“时机成熟时”等模糊性词语，承诺履行涉及行业政策限制的，应当在政策允许的基础上明确履约时限。	《规范运作》6.4.4
深主板		《规范运作》6.4.4
创业板		《规范运作》7.4.4

三、针对追溯调整相关资产承诺期实际盈利数的披露要求

<table>
<tr><th>板块</th><th>要点</th><th>法规依据</th></tr>
<tr><td>沪主板</td><td>公司追溯调整标的资产承诺期实际盈利数的，应当及时披露相关情况并明确说明调整后是否实现。</td><td>《规范运作》6.4.6</td></tr>
<tr><td>深主板</td><td rowspan="2">公司追溯调整公司或相关资产承诺期实际盈利数的，应当及时披露相关情况并明确说明调整后是否实现。公司或相关资产年度业绩未达到承诺的，董事会应当对相关情况进行审议，会计师事务所、保荐人或独立财务顾问（如适用）应当进行出具专项审核意见。</td><td>《规范运作》6.4.6</td></tr>
<tr><td>创业板</td><td>《规范运作》7.4.6</td></tr>
</table>

四、其他规定

要点	法规依据
公司应当及时将承诺人承诺事项从相关信息披露文件中单独摘出，逐项在交易所网站上予以公开。	《规范运作》6.4.2/7.4.2
承诺人作出追加承诺后两个交易日内，应当通知上市公司董事会并及时公告。	《规范运作》6.4.10/6.4.9/7.4.9

第八节　员工持股计划

本节涉及法规如下。

法规名称	颁布时间	发文字号	发文单位	涉及条文
上海证券交易所上市公司自律监管指引第1号——规范运作	2022-01-07	上证发〔2022〕2号	上海证券交易所	第六章第六节
上海证券交易所科创板上市公司自律监管指引第1号——规范运作	2022-01-07	上证发〔2022〕14号	上海证券交易所	第七章第六节

续表

法规名称	颁布时间	发文字号	发文单位	涉及条文
深圳证券交易所上市公司自律监管指引第 1 号——主板上市公司规范运作	2022-01-07	深证上〔2022〕13 号	深圳证券交易所	第六章第六节
深圳证券交易所上市公司自律监管指引第 2 号——创业板上市公司规范运作	2022-01-07	深证上〔2022〕14 号	深圳证券交易所	第七章第八节

一、上市公司及其董事、监事、高级管理人员或者其他员工，通过设立资产管理计划、信托计划、持股平台等形式实施员工持股计划类似方案的，参照相关规定履行信息披露义务。（科创板为明确规定）

二、深交所将原《上市公司信息披露指引第 4 号——员工持股计划》（已失效）分别调整至《深圳证券交易所上市公司自律监管指引第 1 号——主板上市公司规范运作》第六章第六节“员工持股计划”、《深圳证券交易所上市公司自律监管指引第 2 号——创业板上市公司规范运作》第七章第八节“员工持股计划”，主要内容没有变化。

第九节　停复牌

本节涉及法规如下。

法规名称	颁布时间	发文字号	发文单位
上市公司股票停复牌规则	2022-01-05	中国证券监督管理委员会〔2022〕7 号	中国证券监督管理委员会
上海证券交易所上市公司自律监管指引第 4 号——停复牌	2022-01-07	上证发〔2022〕5 号	上海证券交易所
深圳证券交易所上市公司自律监管指引第 6 号——停复牌	2022-01-07	深证上〔2022〕18 号	深圳证券交易所

一、《停复牌规则》修订要点

删除上市公司停复牌申请被交易所拒绝时的披露要求。上市公司如发生应当披露的重大事项，仍需按照分阶段披露原则及时履行信息披露义务。

二、完善重组停牌规定

板块	要点	法规依据
深交所	上市公司筹划发行股份购买资产，可以根据实际情况申请短期停牌，停牌时间不超过 10 个交易日。停牌期间更换重组标的，累计停牌时间不得超过 10 个交易日。	《深圳证券交易所上市公司自律监管指引第 6 号——停复牌》（以下简称《6 号指引》）第 9 条

说明：明确停牌期间如更换重组标的，累计停牌时间不得超过 10 个交易日，筹划重组期间更换财务顾问等中介机构的，不得以此为由申请停牌或者延期复牌。

三、新增公司停牌期间相关主体被立案调查的监管要求

板块	要点	法规依据
深交所	上市公司筹划发行股份购买资产，公司或其现任董事、监事、高级管理人员、控股股东、实际控制人等在停牌期间因涉嫌违法违规被司法机关立案侦查或者被中国证监会立案调查的，公司应当核实并披露该事项对公司本次重组的影响，不能继续推进的，应当及时申请复牌。 公司筹划其他重大事项，相关主体在停牌期间因涉嫌违法违规被司法机关立案侦查或者被中国证监会立案调查的，参照上述规定办理。	《6 号指引》第 17 条

四、缩短控制权变更、要约收购、破产重整等事项停牌时长

板块	要点	法规依据
深交所	上市公司筹划控制权变更、要约收购、破产重整等事项的，原则上应当分阶段披露筹划进展。确需申请停牌的，可以申请停牌不超过 2 个交易日。确有必要的，可以延期至 5 个交易日。	《6 号指引》第 18 条、第 19 条

说明：控制权变更、要约收购、破产重整等事项停牌时长由原来的“不得超过 5 个交易日”变更为“不超过 2 个交易日，确有必要的，可以延至 5 个交易日”。

五、其他修改要点

板块	要点	法规依据
深交所	相关信息发生泄露的，公司应当及时申请停牌或在第一时间披露重组预案或者报告书。	《6 号指引》第 9 条
	公司应当每个月披露一次相关事项的具体进展情况及筹划的事项是否发生变更等具体信息，逾期未披露的，本所可以视情况对公司所筹划重组事项的真实性予以核查。（说明：原规定为 10 个交易日披露一次进展。）	《6 号指引》第 16 条
	将重组进展相关信息披露要求调整至《上市公司自律监管指引第 8 号——重大资产重组》中规定。	—

第十节　投资者关系

本节涉及法规如下。

法规名称	颁布时间	发文字号	发文单位	涉及条文
上海证券交易所上市公司自律监管指引第 1 号——规范运作	2022-01-07	上证发〔2022〕2 号	上海证券交易所	第七章
上海证券交易所科创板上市公司自律监管指引第 1 号——规范运作	2022-01-07	上证发〔2022〕14 号	上海证券交易所	第八章
深圳证券交易所上市公司自律监管指引第 1 号——主板上市公司规范运作	2022-01-07	深证上〔2022〕13 号	深圳证券交易所	第七章
深圳证券交易所上市公司自律监管指引第 2 号——创业板上市公司规范运作	2022-01-07	深证上〔2022〕14 号	深圳证券交易所	第八章

一、投资者关系管理活动常见负面情形

板块	要点	法规依据
沪主板	（一）透露或泄露尚未公开披露的重大信息； （二）发布含有虚假或者引人误解的内容，作出夸大性宣传、误导性提示； （三）对公司股票及其衍生品种价格作出预期或者承诺； （四）从事歧视、轻视等不公平对待中小股东的行为； （五）从事其他违反信息披露规则或者涉嫌操纵证券市场、内幕交易等违法违规行为。	《规范运作》7.1.1
深主板		《规范运作》7.1.1
创业板		《规范运作》8.1.1

二、明确投资者关系管理档案保存期限不得少于 3 年

板块	要点	法规依据
沪主板	投资者关系管理档案应当按照投资者关系管理的方式进行分类，将相关记录、现场录音、演示文稿、活动中提供的文档（如有）等文件资料存档并妥善保管，保存期限不得少于 3 年。	《规范运作》7.1.5
深主板		《规范运作》7.1.5
创业板		《规范运作》8.1.6

三、公司应当将投资者关系管理活动相关制度公开

板块	要点	法规依据
沪主板	上市公司应当建立、健全投资者关系管理活动相关制度及程序，保证信息披露的公平性：公司应当公开投资者关系管理活动相关制度。	《规范运作》7.1.7
深主板		《规范运作》7.1.8
创业板		《规范运作》8.1.9

四、投资者说明会相关规定

<table>
<tr><th>板块</th><th>要点</th><th>法规依据</th></tr>
<tr><td>沪主板</td><td rowspan="2">应当及时召开投资者说明会的相关情形：
（一）公司当年现金分红水平未达相关规定，需要说明原因的；
（二）公司在披露重组预案或重组报告书后终止重组的；
（三）公司股票交易出现相关规则规定的异常波动，公司核查后发现存在未披露重大事件的；
（四）公司相关重大事件受到市场高度关注或质疑的；
（五）公司在年度报告披露后，按照中国证监会和交易所相关规定应当召开年度报告业绩说明会的；
（六）其他按照中国证监会和本所规定应当召开投资者说明会的情形。
说明：创业板未明确规定。</td><td>《规范运作》
7.3.3</td></tr>
<tr><td>深主板</td><td>《规范运作》
7.3.3</td></tr>
</table>

五、上市公司接受调研相关规定

<table>
<tr><th>板块</th><th>要点</th><th>法规依据</th></tr>
<tr><td>沪主板</td><td rowspan="3">（1）原则上董事会秘书应当全程参加调研；
（2）上市公司应当就调研过程和交流内容形成书面调研记录，参加调研的人员和董事会秘书应当签字确认。具备条件的，可以对调研过程进行录音录像；
（3）强调了上市公司在各类调研和采访活动的事前、事中及事后的关注事项；
（4）上市公司接受新闻媒体及其他机构或者个人调研或采访，上市公司控股股东、实际控制人接受与公司相关的调研或采访参照相关规定执行。</td><td>《规范运作》
第七章第四节</td></tr>
<tr><td>深主板</td><td>《规范运作》
第七章第四节</td></tr>
<tr><td>创业板</td><td>《规范运作》
第八章第四节</td></tr>
</table>

六、上证 e 互动平台/深交所互动易平台

<table>
<tr><th>板块</th><th>要点</th><th>法规依据</th></tr>
<tr><td>沪主板</td><td rowspan="3">明确上市公司信息披露应以通过符合条件媒体披露的内容为准，不得利用互动易平台迎合市场热点或者与市场热点不当关联，不得故意夸大相关事项对公司的影响、不当影响公司股价。</td><td>《规范运作》
第七章第五节</td></tr>
<tr><td>深主板</td><td>《规范运作》
第七章第五节</td></tr>
<tr><td>创业板</td><td>《规范运作》
第八章第五节</td></tr>
</table>

第十一节 社会责任

本节涉及法规如下。

法规名称	颁布时间	发文字号	发文单位	涉及条文
上海证券交易所上市公司自律监管指引第1号——规范运作	2022-01-07	上证发〔2022〕2号	上海证券交易所	第八章
深圳证券交易所上市公司自律监管指引第1号——主板上市公司规范运作	2022-01-07	深证上〔2022〕13号	深圳证券交易所	第八章
深圳证券交易所上市公司自律监管指引第2号——创业板上市公司规范运作	2022-01-07	深证上〔2022〕14号	深圳证券交易所	第九章

一、上市公司应当形成符合本公司实际的社会责任战略规划及工作机制

板块	要点	法规依据
沪主板	上市公司应当根据所处行业及自身经营特点，形成符合本公司实际的社会责任战略规划及工作机制。公司的社会责任战略规划至少应当包括公司的商业伦理准则、员工保障计划及职业发展支持计划、合理利用资源及有效保护环境的技术投入及研发计划、社会发展资助计划以及对社会责任规划进行落实管理及监督的机制安排等内容。	《规范运作》8.3
深主板		《规范运作》8.3
创业板		《规范运作》9.3

二、应当披露社会责任报告的情形

<table>
<tr><th>板块</th><th>要点</th><th>法规依据</th></tr>
<tr><td>沪主板</td><td>在本所上市的“上证公司治理板块”样本公司、境内外同时上市的公司及金融类公司，应当在年度报告披露的同时披露公司履行社会责任的报告（以下简称社会责任报告）。本所鼓励其他有条件的上市公司，在年度报告披露的同时披露社会责任报告等非财务报告。</td><td>《规范运作》8.5</td></tr>
<tr><td>深主板</td><td rowspan="2">“深证 100”样本公司应当在年度报告披露的同时披露公司履行社会责任的报告，交易所鼓励其他有条件的上市公司，在年度报告披露的同时披露社会责任报告。</td><td>《规范运作》8.4</td></tr>
<tr><td>创业板</td><td>《规范运作》9.4</td></tr>
</table>

注：具体以每年年报披露通知中的规定为准，要求会更严格。

三、倡导上市公司在环保领域践行社会责任

<table>
<tr><th>板块</th><th>要点</th><th>法规依据</th></tr>
<tr><td>沪主板</td><td rowspan="3">上市公司应当将生态环保要求融入发展战略和公司治理过程，并根据自身生产经营特点，对环境的影响程度等实际情况，履行下列环境保护责任：
（一）遵守环境保护法律法规与行业标准；
（二）制订执行公司环境保护计划；
（三）高效使用能源、水资源、原材料等自然资源；
（四）合规处置污染物；
（五）建设运行有效的污染防治设施；
（六）足额缴纳环境保护相关税费；
（七）保障供应链环境安全；
（八）其他应当履行的环境保护责任事项。</td><td>《规范运作》8.8</td></tr>
<tr><td>深主板</td><td>《规范运作》8.6</td></tr>
<tr><td>创业板</td><td>《规范运作》9.8</td></tr>
</table>

四、明确年度社会责任报告中应披露的涉及环境信息的情形

<table>
<tr><th>板块</th><th>要点</th><th>法规依据</th></tr>
<tr><td>沪主板</td><td rowspan="3">上市公司可以根据自身实际情况，在公司年度社会责任报告中披露或者单独披露如下环境信息：
（一）公司环境保护方针、年度环境保护目标及成效；
（二）公司年度资源消耗总量；
（三）公司环保投资和环境技术开发情况；
（四）公司排放污染物种类、数量、浓度和去向；
（五）公司环保设施的建设和运行情况；
（六）公司在生产过程中产生的废物的处理、处置情况，废弃产品的回收、综合利用情况；
（七）与环保部门签订的改善环境行为的自愿协议；
（八）公司受到环保部门奖励的情况；
（九）企业自愿公开的其他环境信息。
从事火力发电、钢铁冶炼、水泥生产、电解铝、矿产开发等对环境影响较大行业的公司，应当披露前款第（一）至（七）项所列的环境信息，并应当重点说明公司在环保投资和环境技术开发方面的工作情况。（沪主板、深主板）
从事对环境影响较大行业或业务的上市公司，应当在社会责任报告中披露前款第一项至第七项所列的环境信息，并重点说明公司在环保投资和环境技术开发方面的工作情况。（创业板）</td><td>《规范运作》8.9</td></tr>
<tr><td>深主板</td><td>《规范运作》8.7</td></tr>
<tr><td>创业板</td><td>《规范运作》9.9</td></tr>
</table>

五、上市公司发生与环境保护相关的重大事件应当及时披露

板块	要点	法规依据
沪主板	上市公司发生以下与环境保护相关的重大事件，且可能对其股票及其衍生品种价格产生较大影响的，应当及时披露事件情况及对公司经营以及利益相关者可能产生的影响： （一）公司有新、改、扩建具有重大环境影响的建设项目等重大投资行为； （二）公司因为环境违法违规被环保部门调查，或者受到重大行政处罚或刑事处罚，或者被有关人民政府或者政府部门决定限期治理或者停产、搬迁、关闭； （三）公司由于环境问题涉及重大诉讼或者其主要资产被查封、扣押、冻结或者被抵押、质押； （四）公司或者其主要子公司被国家环保部门列入重点排污单位；	《规范运作》8.10

续表

板块	要点	法规依据
	（五）新公布的环境法律、法规、规章、行业政策可能对公司经营产生重大影响； （六）可能对公司股票及其衍生品种交易价格产生较大影响的其他有关环境保护的重大事件。	

六、明确属于环境保护部门公布的重点排污单位的上市公司或者其重要子公司，应当根据法律法规和相关规定在年度报告中披露相关环境信息

法规依据：沪主板/深主板/创业板《规范运作》8.12/8.9/9.11。

七、上市公司应当根据员工构成情况，履行相关员工权益保障责任

板块	要点	法规依据
沪主板	上市公司应当根据员工构成情况，履行下列员工权益保障责任： （一）建立员工聘用解雇、薪酬福利、社会保险、工作时间等管理制度及违规处理措施； （二）建立防范职业性危害的工作环境与配套安全措施； （三）开展必要的员工知识和职业技能培训； （四）其他应当履行的员工权益保护责任。	《规范运作》8.14
深主板		《规范运作》8.11
创业板		《规范运作》9.13

第十二节　信息披露考核评价

本节涉及法规如下。

法规名称	颁布时间	发文字号	发文单位	涉及条文
上海证券交易所上市公司自律监管指引第9号——信息披露工作评价	2022-01-07	上证发〔2022〕10号	上海证券交易所	全文

续表

法规名称	颁布时间	发文字号	发文单位	涉及条文
深圳证券交易所上市公司自律监管指引第 11 号——信息披露工作考核	2022-01-07	深证上〔2022〕23 号	深圳证券交易所	全文

一、信息披露工作评价内容

<table>
<tr><th>板块</th><th>要点</th><th>法规依据</th></tr>
<tr><td>上交所</td><td rowspan="2">本所对上市公司信息披露工作进行评价的内容如下：
（一）信息披露的合规性情况，重点关注公司的信息披露是否真实、准确、完整、及时和公平；
（二）信息披露的有效性情况；
（三）落实分行业信息披露要求的情况；
（四）履行社会责任的披露情况；
（五）信息披露事务管理情况；
（六）被处罚、处分及采取监管措施情况；
（七）上市公司与本所配合情况；
（八）投资者关系管理情况；
（九）其他信息披露相关工作情况。</td><td>《上海证券交易所上市公司自律监管指引第 9 号——信息披露工作评价》（以下简称《监管指引第 9 号》）第 5 条</td></tr>
<tr><td>深交所</td><td>《深圳证券交易所上市公司自律监管指引第 11 号——信息披露工作考核》（以下简称《监管指引第 11 号》）第 6 条</td></tr>
</table>

说明：上交所将履行社会责任的披露情况、被处罚、处分及采取监管措施情况、上市公司与交易所配合情况纳入信息披露工作评价内容；深交所未做修改。

二、优化调整信息披露评价各方面的考量因素

说明：上交所调整内容较多，详见《监管指引第 9 号》第 6 条至第 18 条；深交所基本未做调整，详见《监管指引第 11 号》第 7 条至第 20 条。

三、上交所评价结果相关规定

事项	相关规定	法规依据
评价结果不高于C的情形	上市公司在评价期内存在以下情况之一的，其评价结果不高于C： （一）年度财务会计报告被会计师事务所出具保留意见审计报告； （二）最近一个会计年度公司实现的盈利低于盈利预测或者业绩承诺的50%； （三）最近一个会计年度公司重大资产重组标的资产或者非公开发行募投项目实现的盈利低于盈利预测或者业绩承诺的50%； （四）控股股东及其一致行动人持有的本公司股份超过80%被质押； （五）上市公司董事会、股东大会无法正常召开会议并形成有效决议； （六）本所认定的其他情况。 说明：第四款、第五款为本次新增	《监管指引第9号》第25条
评价结果为D的情形	上市公司在评价期内存在以下情况之一的，其评价结果应当为D： （一）公司被本所公开谴责或者2次（含）以上通报批评； （二）公司受到中国证监会及其派出机构行政处罚； （三）年度财务会计报告被会计师事务所出具无法表示意见或者否定意见的审计报告； （四）上市公司内部控制被会计师事务所出具无法表示意见或者否定意见的审计报告； （五）公司未及时披露其股票及其衍生品种应当被实施退市风险警示、其他风险警示或者被暂停上市、终止上市的； （六）公司信息披露存在重大问题，本所要求公司限期整改，公司在期限内未主动落实整改要求的； （七）公司存在大额资金占用、违规担保行为； （八）本所认定的其他情况。 说明：第二款、第七款为本次新增	《监管指引第9号》第26条
对于最近一年考核结果为A的公司提供相关支持和便利	对于最近一年考核结果为A的公司，本所给予以下支持和便利： （一）应上市公司要求提供定向培训； （二）在承担的审核职责范围内，依法依规对其进行权益类业务提供便捷服务； （三）邀请公司董事长、董事会秘书等担任培训讲师，向市场推广规范运作经验。	《监管指引第9号》第31条

续表

事项	相关规定	法规依据
自评要求	上市公司应当在评价期结束后 5 个交易日内，对公司信息披露工作进行自评，并通过公司业务系统向本所提交信息披露工作自评表。	《监管指引第 9 号》第 27 条

四、深交所删除信息披露工作考核结果记入诚信档案的相关要求

法规依据：原规定第 30 条。

第十三节　现金分红

本节涉及法规如下。

法规名称	颁布时间	发文字号	发文单位	涉及条文
上市公司监管指引第 3 号——上市公司现金分红（2022 年修订）	2022-01-05	中国证券监督管理委员会公告〔2022〕3 号	中国证券监督管理委员会	全文
上海证券交易所上市公司自律监管指引第 1 号——规范运作	2022-01-07	上证发〔2022〕2 号	上海证券交易所	第六章第五节
深圳证券交易所上市公司自律监管指引第 1 号——主板上市公司规范运作	2022-01-07	深证上〔2022〕13 号	深圳证券交易所	第六章第五节
深圳证券交易所上市公司自律监管指引第 2 号——创业板上市公司规范运作	2022-01-07	深证上〔2022〕14 号	深圳证券交易所	第七章第七节

一、明确现金分红比例计算规则

现金分红在本次利润分配中所占比例为现金股利除以现金股利与股票股利之和。

法规依据：《上市公司监管指引第 3 号——上市公司现金分红（2022 年修订）》（以下简称《监管指引第 3 号》）第 5 条。

二、上市公司再融资方案中利润分配政策的披露要求

上市公司应当在募集说明书或发行预案中增加披露利润分配政策尤其是现金分红政策的制定及执行情况、最近三年现金分红金额及比例、未分配利润使用安排情况，并作“重大事项提示”，提醒投资者关注上述情况。

法规依据：《监管指引第3号》第9条。

三、将《上海证券交易所上市公司高送转信息披露指引》（已失效）和《深圳证券交易所上市公司信息披露指引第1号——高比例送转股份》（已失效）相关内容整合到对应的《规范运作》中，未做实质性修改

四、明确上市公司应严格执行股东回报规划

板块	要点	法规依据
沪主板	上市公司通过股东回报规划对公司未来利润分配事项作出安排的，应当充分考虑相关规划的合理性和可执行性。 公司应当严格执行股东回报规划。确有必要根据相关规划确定的原则对利润分配事项作出调整的，应当按规定履行相应的调整决策程序，并充分披露调整的具体原因及合理性。	《规范运作》6.5.3
深主板		《规范运作》6.5.3
创业板		《规范运作》7.7.3

五、监事会应对董事会执行现金分红政策等情况进行监督

板块	要点	法规依据
沪主板	监事会对董事会执行现金分红政策和股东回报规划以及是否履行相应决策程序和信息披露等情况进行监督。监事会发现董事会存在未严格执行现金分红政策和股东回报规划、未严格履行相应决策程序或未能真实、准确、完整进行相应信息披露的，应当发表明确意见，并督促其及时改正。	《规范运作》6.5.6
深主板		《规范运作》6.5.5
创业板		《规范运作》7.7.5

六、公司在特殊情况下无法确定当年利润分配方案的要求

板块	要点	法规依据
沪主板	公司在特殊情况下无法按照既定的现金分红政策或者最低现金分红比例确定当年利润分配方案的，应当在年度报告中披露具体原因以及独立董事的明确意见。	《规范运作》6.5.5
深主板	公司章程规定了现金分红政策，但无法按照既定现金分红政策确定当年利润分配方案的，独立董事应当发表明确意见。	《规范运作》6.5.7
创业板		《规范运作》7.7.10

第十四节　分拆上市

本节涉及法规如下。

法规名称	颁布时间	发文字号	发文单位	涉及条文
上市公司分拆规则（试行）	2022-01-05	中国证券监督管理委员会公告〔2022〕5号	中国证券监督管理委员会	全文

一、统一境内外分拆监管要求

说明：与现行《上市公司分拆所属子公司境内上市试点若干规定》（已失效）尽量保持一致。对境外分拆而言，条件方面略有增加，程序方面更加严格，披露方面明确比照《上市公司重大资产重组管理办法》的相关规定办理。

二、明确和完善分拆条件

事项	相关规定	法规依据
明确“拟分拆所属子公司最近三个会计年度使用募集资金”的方式及起算期间	《分析规则》第5条第1款所称募集资金投向包括上市公司向子公司出资或者提供借款，并以子公司实际收到募集资金作为判断标准。	《上市公司分拆规则（试行）》（以下简称《分拆规则》）第5条
最近三个会计年度使用募集资金合计不超过其净资产百分之十的计算标准	上市公司向子公司提供借款的，子公司使用募集资金金额，可以按照每笔借款使用时间长短加权平均计算。	《分拆规则》第5条
董事、高管持有拟分拆子公司股份不得超过一定数量的认定依据	上市公司董事、高级管理人员及其关联方持有拟分拆所属子公司股份，合计不得超过所属子公司分拆上市前总股本的10%，但董事、高级管理人员及其关联方通过该上市公司间接持有的除外。	《分拆规则》第4条
	子公司董事、高级管理人员及其关联方持有拟分拆所属子公司股份，合计不得超过该子公司分拆上市前总股本的30%，但董事、高级管理人员及其关联方通过该上市公司间接持有的除外。	《分拆规则》第5条
新增不得分拆子公司上市的条件	明确子公司主要业务或资产若属于上市公司首次公开发行股票并上市时主要业务或资产的，不得分拆该子公司上市。	《分拆规则》第5条

第十五节　重大资产重组

本节涉及法规如下。

法规名称	颁布时间	发文字号	发文单位	涉及条文
上海证券交易所上市公司自律监管指引第6号——重大资产重组	2022-01-07	上证发〔2022〕7号	上海证券交易所	全文
深圳证券交易所上市公司自律监管指引第8号——重大资产重组	2022-01-07	深证上〔2022〕20号	深圳证券交易所	全文

一、上交所修订要点

事项	相关规定	法规依据
重组发生重大进展或重大变化的披露要求	若本次重组发生重大进展或重大变化，上市公司应当及时披露。 说明：原规定为“立即披露”。	《上海证券交易所上市公司自律监管指引第6号——重大资产重组》（以下简称《6号监管指引》）第12条
关于重组发生重大变化的界定	交易对方、重组交易标的范围出现重大调整不再被认定为重组发生重大变化的范围。	《6号监管指引》第13条
增加独立财务顾问发表意见的事项	上市公司及其现任董事、高级管理人员是否存在被司法机关立案侦查或者被中国证监会立案调查尚未结案的情形。 说明：原规定只要求对上市公司是否存在被立案调查的情形发表意见。	《6号监管指引》第15条
上市公司披露重组预案的时间要求	上市公司披露重组预案的，应当在董事会审议通过后的次一交易日披露重组预案摘要及全文、董事会决议公告、独立董事意见、独立财务顾问核查意见（如适用）、其他证券服务机构出具的文件或意见（如适用）。 说明：原规定为次一工作日披露。	《6号监管指引》第18条
明确上市公司在收到核准/注册决定后的披露要求	主板上市公司收到中国证监会就其重组方案作出的予以核准或者不予核准的决定后，应当在次一交易日披露核准相关情况。 科创板上市公司收到本所同意重组的审核意见或终止审核的决定、中国证监会作出的同意注册或不予注册决定后，应当在次一交易日披露审核意见及决定相关情况。 说明：原规定为及时披露。	《6号监管指引》第41条

二、深交所修订要点

事项	相关规定	法规依据
上市公司筹划不涉及发行股份的重大资产重组，可以分阶段披露	上市公司筹划不涉及发行股份的重大资产重组，可以按照分阶段披露原则，在披露重组方案前披露筹划重大资产重组提示性公告。	《深圳证券交易所上市公司自律监管指引第 8 号——重大资产重组》（以下简称《8 号监管指引》）第 10 条
修改上市公司在重组重大事项/风险提示中相关内容	1. 新增本次交易完成后对标的公司的整合计划、整合风险以及解决措施； 2. 本次交易与最近三年历次增减资及股权转让价格差异较大的原因及合理性（如适用）； 说明：原规定为近期，现明确为最近三年。 3. 采用发行股份购买资产方式且上市公司最近一年及一期财务会计报告被注册会计师出具非标准审计意见的，尚未经注册会计师专项核查确认非标准审计意见所涉及事项的重大影响已经消除或者将通过本次交易予以消除的风险（如适用）。说明：该款被删除。 说明：其他未做修改。	《8 号监管指引》第 13 条
新增给予相关股东现金选择权的情形	上市公司重大资产重组出现如下情形的，应当给予相关股东现金选择权： （一）公司被其他公司通过换股方式吸收合并的； （二）公司吸收合并其他公司，并给予其股东现金收购请求权的； （三）公司分立成两个或者两个以上独立法人，并给予其股东现金收购请求权的。	《8 号监管指引》第 18 条

续表

事项	相关规定	法规依据
明确创业板并购重组委工作会议召开当日原则上无需申请停牌及相关披露要求	创业板上市公司重大资产重组需提交本所创业板并购重组委审议的，应当在收到拟召开并购重组委工作会议的通知时，披露并购重组委审议提示性公告。创业板并购重组委工作会议召开当日原则上无需申请停牌。公司在收到创业板并购重组委审议结果后，应当在次一交易日公告相关情况。	《8号监管指引》第50条
明确定向可转债的登记要求	如涉及定向可转债发行的，公司应在发行结束后及时向本所申请定向可转债代码，向证券登记结算机构申请办理新增定向可转债登记手续并及时披露相关公告。	《8号监管指引》第57条
重组实施情况报告书披露要求	上市公司重大资产重组实施完成后，应当在3个工作日内按照要求编制重大资产重组实施情况报告书并予以公告，并披露独立财务顾问、律师事务所出具的意见和重大资产重组相关承诺事项。 说明：原规定为及时披露。	《8号监管指引》第59条

第四章

新《证券法》实施背景下的内幕交易监管

新《证券法》对证券内幕交易打击的改革主要体现在以下方面：其一，对内幕信息知情人的范围进行了扩充，把上市公司收购人、重大资产交易方等相关主体明确纳入法定内幕信息知情人范围。其二，将对债券交易价格产生较大影响的重大事件纳入内幕信息的范围。其三，加强内幕交易的法律责任，证券交易内幕消息的知情人或者非法获取内幕信息的人从事内幕交易的，责令依法处理非法持有的证券，没收违法所得，并处以违法所得 1 倍以上 10 倍以下的罚款；没收违法所得或者违法所得不足 50 万元的，处以 50 万元以上 500 万元以下的罚款。单位从事内幕交易的，还应当对直接负责的主管人员和其他职责责任人员给予警告，并处以 20 万元以上 200 万元以下的罚款。

本章根据证监会处罚文书，系统回顾了 2021 年我国证券监管机构对内幕交易作出的 77 起行政处罚，以实证研究和案例分析相结合的模式，对案件数量、处罚人数、罚金数额、内幕信息类型、内幕信息形成时点和认定方式、内幕交易违法主体的类型、获取内幕信息的途径、内幕交易的具体手段、罚没比例、被处罚人的陈述与申辩等内容进行了立体分析。我们相信，在我国越发强调“强监管”“强责任”的时代背景下，未来我国或将迎来对内幕交易打击新的高峰。

第一节　2021 年内幕交易行政处罚概况

一、案件数量、处罚人数、罚金数额

2021 年，中国证券监管机构针对内幕交易行为共作出 77 起行政处罚，[①] 累计作出行政处罚决定书 117 份，处罚对象共 131 名（含单位），涉

---

① 证券监管机构对于上市公司所牵涉的多个内幕交易行为可能出具多份行政处罚决定书（或警示函措施）。此处所称的“一起行政处罚”包含与一个上市公司相关的多份行政处罚决定书（或警示函措施）。易言之，在本书中，原则上与内幕信息直接相关的上市公司数量决定行政处罚的起数。但是，在后续针对不同的指标进行分析时，本书将依照每一份具体的行政处罚决定书进行分析，行政处罚决定书的总数为 117 份。

及企业 75 家。[①] 其中，就被处罚行为而言，内幕信息知情人交易 36 起（占 30%），传递型内幕交易 77 起（占 63%），泄露内幕信息 8 起（占 7%），建议他人买卖股票 1 起。[②] 可见，传递型内幕交易已然成为违法行为的主流。具体内幕交易违法行为分布如图 4-1 所示。

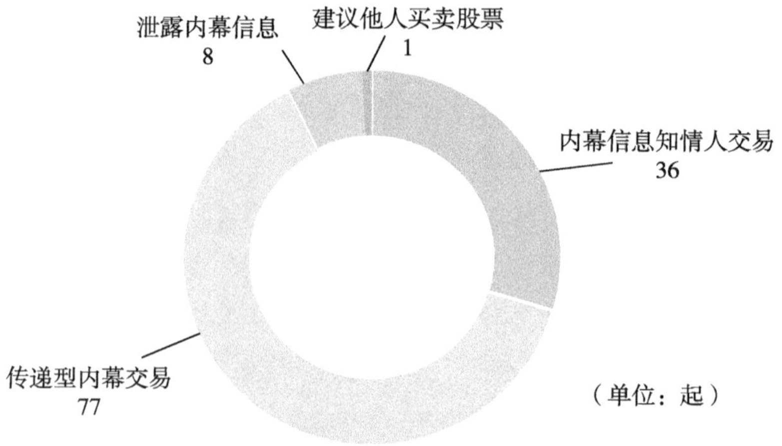

图 4-1　内幕交易违法行为的具体分布

从罚金数额来看，2021 年内幕交易罚金总额为 386 395 516. 47 元，个案平均罚金为 5 018 123. 59 元，没收违法所得总额为 224 112 546. 01 元，罚没总额为 610 508 062. 48 元，个案平均罚没额为 7 928 676. 14 元。相比之下，2020 年监管机构针对内幕交易共作出 121 份行政处罚决定书，罚没总额为 3 868 076 911. 00 元。由此可见，2020 年的罚没总额为 2021 年的 6 倍。这主要是因为 2020 年中国证监会对汪某元和汪某琤内幕交易健康元股票案罚没共计 3 625 450 725. 56 元，[③] 这是中国证监会史上开出的第二

---

① 此处涉及企业数量比行政处罚数量少 2，是因为与胜利精密（002426）相关的内幕人员分别被中国证监会和四川证监局于 2021 年 11 月 25 日和 2021 年 1 月 7 日作出处罚。同时，与麦克奥迪（300341）相关的内幕人员分别被厦门证监局和深圳证监局于 2021 年 3 月 23 日和 2021 年 8 月 3 日作出处罚。

② 由于一份行政处罚决定书可能会对多个人不同的行为分别作出处罚，或者对一个人不同的行为分别作出处罚，所以此处的行为总数会大于行政处罚决定书的份数。

③ 中国证监会行政处罚决定书（汪某元、汪某琤）。

大罚单,[1] 极大地拉高了当年的内幕交易罚没总额。若将2021年和2020年被处以最高罚金的案例予以剔除，则两年度的罚没总额分别为406 341 099.06元、242 626 185.44元，2021年度罚没总额约为2020年的2倍，可见监管机构对内幕交易的打击力度正在加大。

仅就罚金而言，2021年最高罚金为1.36亿元（未在图中显示），最低罚金为0元，罚金中位数为1 000 000.00元。同时，仅观察平均数可能受到极值的影响，由箱线图可知75%的罚金数额在2 456 321.88元以下，平均数并不能表现出处罚常态。

同时，我们对罚金数额进行了分段统计。其中，处罚笔数占比最高的为0—50万元（含）、50万—100万元（含）、100万—500万元（含）三个区间，占比分别为32%、19%、31%，几乎占据了8成的行政处罚，具体的分段数额统计如图4-2所示。

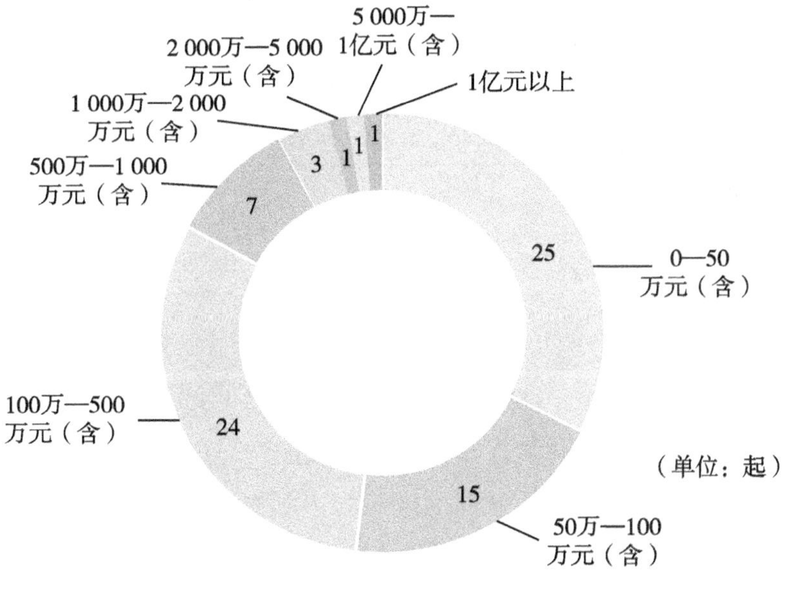

图4-2　2021年罚金数额分段统计

① 此前，中国证监会最高罚单纪录是2018年3月对厦门北八道集团涉嫌操纵市场案，共罚没56.7亿元。

我们梳理了 2021 年内幕交易单笔处罚金额的前 10 名，具体情况如表 4-1 所示。

表 4-1　2021 年内幕交易单笔处罚金数额前 10 名

序号	上市公司	处罚对象	单笔罚金（元）	处罚时间
1	ST 新海（002089）	中程租赁有限公司、盛某莲、金某	136 194 642. 28	2021 年 7 月 7 日
2	鑫科材料（600255）	施某华	65 701 820. 00	2021 年 9 月 18 日
3	卓翼科技（002369）	夏某武	21 308 432. 85	2021 年 12 月 2 日
4	狮头股份（600539）	海某天（周某是实际决策人）、周某、陈某昌、蔡某	17 288 154. 66	2021 年 12 月 14 日
5	至正股份（603991）	孔某魁	15 546 783. 30	2021 年 11 月 8 日
6	翠微股份（603123）	李某海	14 218 063. 26	2021 年 12 月 30 日
7	合众思壮（002383）	高某伟、董某	9 507 012. 34	2021 年 6 月 22 日
8	惠达卫浴（603385）	刘某	8 140 500. 50	2021 年 12 月 17 日
9	北讯退（002359）	陈某	7 461 274. 80	2021 年 11 月 15 日
10	胜利精密（002426）	罗某华、刘某宇	7 150 962. 88	2021 年 11 月 25 日

二、监管机构的反应时间及认定时点

（一）监管机构的反应时间

除了罚金数额之外，证券监管机构对内幕交易的反应时间也是我们关注的重要指标。通常认为，违法成本可以通过“违法成本＝处罚力度×处罚概率”这一公式来体现。处罚力度可以由罚金数额体现，但鉴于数据有限，我们暂时无法计算处罚概率。此时，可考虑用反应时间来近似替代。所谓反应时间，是指从内幕交易行为开始时间（获悉内幕信息的行为人首次交易上市公司股票之时），[①] 到监管机构最终发布行政处罚决定之日，

① 此处之所以用“交易”，是因为存在内幕信息知情人或非法获取内幕信息的人根据利好或利空消息买入或卖出股票的情况。同时，该部分的计算仅针对内幕信息知情人交易和传递型内幕交易两种违法行为，由于泄露内幕信息的行为不必然导致股票的交易，故此处不予统计。

其体现了监管机构查处案件的及时性，反应时间的计算方式如图 4-3 所示。

图 4-3　监管机构的反应时间图示

2021 年中国证券监管机构查处内幕交易案件的平均反应时间为 31 个月，[①] 且 75%的反应时间在 42 个月以内，具体箱线图如图 4-4 所示。

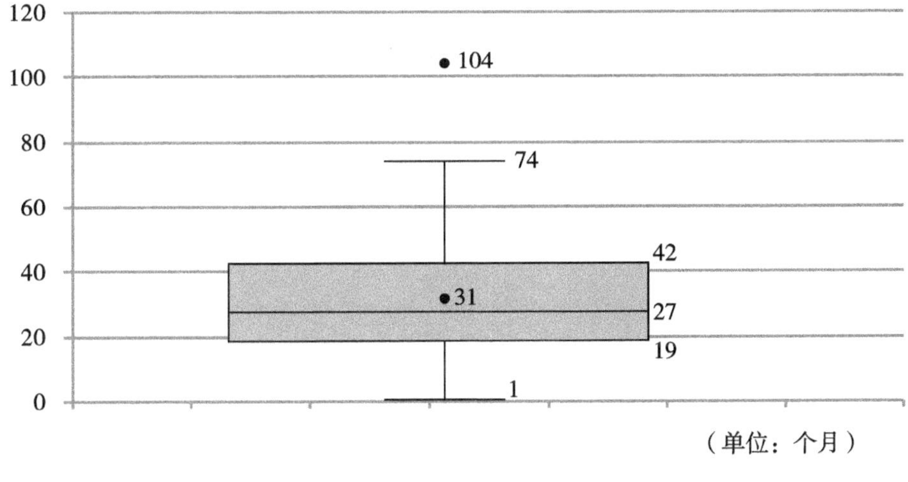

图 4-4　监管机构的反应时间

（二）监管机构对于内幕信息开始时点的认定

同时，在部分涉及内幕信息知情人交易和传递型内幕交易的案件中，监管部门在事实认定中并未准确认定被处罚人的内幕交易行为开始时点，仅代之以"在内幕交易敏感期内由×××下单交易"等表述，这部分案件有

① 为统计方便，"内幕交易行为开始时间"和"处罚日期"均取当月的第一天。例如，在某案中，若"内幕交易行为开始时间"为 2020 年 2 月 3 日，则取 2020 年 2 月 1 日。若"处罚日期"为 2021 年 12 月 2 日，则取 2021 年 12 月 1 日。此时，监管部门反应时间为 22 个月。

16个。例如，在贵州证监局于2021年12月10日对罗某银作出的行政处罚决定书（处罚决定书〔2021〕4号）中，其认为："内幕信息敏感期内，'罗某银'证券账户共计买入'勘设股份'27 700股，成交金额1 995 246元。经计算亏损633 435.38元。"事实上，贵州证监局在针对勘设股份（603458）的系列处罚中，均未认定明确的内幕交易行为开始时点。

另外，在16份未明确表述内幕交易行为开始时点的行政处罚决定书中，有4份出自中国证监会，12份出自地方证监局。考虑到中国证监会（25份）和地方证监局（72份）行政处罚的总体数量，[①] 上述不明确的决定书占比为16%。

三、中国证监会和地方证监局的处罚指标对比

我们对中国证监会和地方证监局的处罚情况进行了分析。2021年，中国证监会一共处罚了19起内幕交易案件，处罚人数共35人，平均反应时间为39个月，罚金总额为259 494 831.62元，个案平均罚金数额为13 657 622.72元。相比之下，地方证监局一共处罚了58起内幕交易案件，处罚人员合计96人，平均反应时间为28个月，罚金总额为129 921 810.97元，个案平均罚金数额为2 202 064.59元。表4-2对比了中国证监会和地方证监局的处罚指标情况。

表4-2 中国证监会和地方证监局处罚指标对比

监管机构	处罚起数	处罚书数量	处罚人数	平均反应时间（单位：个月）	罚金总额（单位：元）	平均罚金数额（单位：元）
中国证监会	19	32	35	39	259 494 831.62	13 657 622.72
地方证监局	58	85	96	28	129 921 810.97	2 202 064.59

① 此处数量统计剔除了泄露内幕信息的案件，也剔除了行政处罚决定书中未明确内幕交易行为开始时点的案件。换言之，此处的案件总数仅包括内幕信息知情人交易和传递型内幕交易，并且行政处罚决定书明确记载了内幕交易行为开始时点的案件。

第二节　内幕信息的类型分析

一、内幕信息的类型

新《证券法》第52条[①]、第80条第2款[②]通过定义和列举的形式共规定了12种可能影响股票价格的法定内幕信息类型，其中包括一项兜底条款“国务院证券监督管理机构规定的其他事项”。另外，第81条第2款通过定义和列举的形式共规定了11种可能影响债券价格的法定内幕信息类型（2021年无对应处罚案例，故不在本书范围内）。从定义上看，证券交易活动中，涉及发行人的经营、财务或者对该发行人证券的市场价格有重大影响的尚未公开的信息，为内幕信息。因此，“重大影响”和“尚未公开”仍然是认定内幕信息的重要指标。

2021年，在77起行政处罚中，中国证券监管机构共认定了12种内幕信息中的7种类型，认定次数最多的前三名分别是：第80条第2款第2项“公司的重大投资行为，公司在一年内购买、出售重大资产超过公司资

① 《证券法》（2019年修订）第52条：“证券交易活动中，涉及发行人的经营、财务或者对该发行人证券的市场价格有重大影响的尚未公开的信息，为内幕信息。本法第八十条第二款、第八十一条第二款所列重大事件属于内幕信息。”

② 《证券法》（2019年修订）第80条第2款：“前款所称重大事件包括：（一）公司的经营方针和经营范围的重大变化；（二）公司的重大投资行为，公司在一年内购买、出售重大资产超过公司资产总额百分之三十，或者公司营业用主要资产的抵押、质押、出售或者报废一次超过该资产的百分之三十；（三）公司订立重要合同、提供重大担保或者从事关联交易，可能对公司的资产、负债、权益和经营成果产生重要影响；（四）公司发生重大债务和未能清偿到期重大债务的违约情况；（五）公司发生重大亏损或者重大损失；（六）公司生产经营的外部条件发生的重大变化；（七）公司的董事、三分之一以上监事或者经理发生变动，董事长或者经理无法履行职责；（八）持有公司百分之五以上股份的股东或者实际控制人持有股份或者控制公司的情况发生较大变化，公司的实际控制人及其控制的其他企业从事与公司相同或者相似业务的情况发生较大变化；（九）公司分配股利、增资的计划，公司股权结构的重要变化，公司减资、合并、分立、解散及申请破产的决定，或者依法进入破产程序、被责令关闭；（十）涉及公司的重大诉讼、仲裁，股东大会、董事会决议被依法撤销或者宣告无效；（十一）公司涉嫌犯罪被依法立案调查，公司的控股股东、实际控制人、董事、监事、高级管理人员涉嫌犯罪被依法采取强制措施；（十二）国务院证券监督管理机构规定的其他事项。”

产总额百分之三十”（共36条内幕信息，占比为47%），第8项“持有公司百分之五以上股份的股东或者实际控制人持有股份或者控制公司的情况发生较大变化”（共18条内幕信息，占比为23%），和第5项“公司发生重大亏损或者重大损失”（共7条内幕信息，占比为9%）（如图4-5所示）。

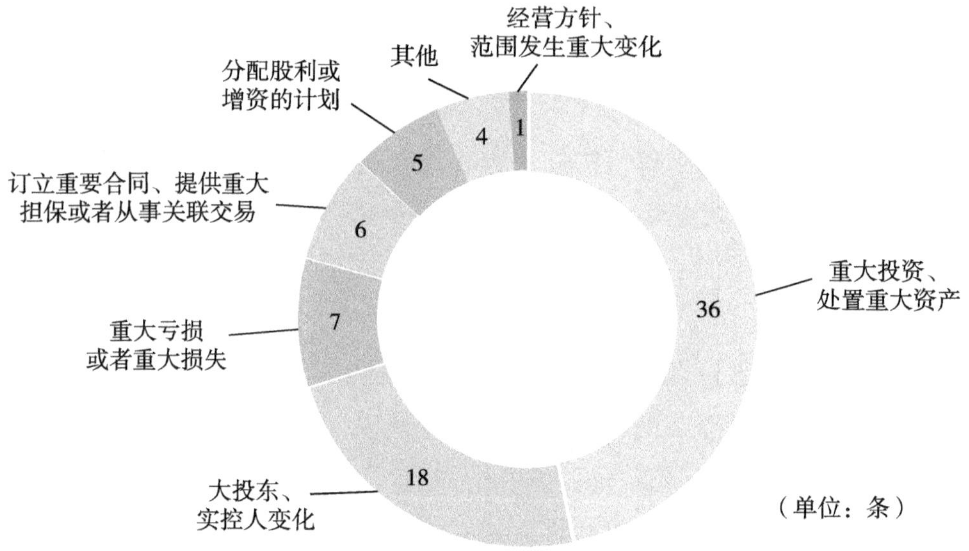

图4-5　2021年不同内幕信息种类数量统计

此外，兜底条款的适用值得引起从业人员的重视。在2021年中，4条其他类内幕信息，分别包括公司进行股权回购①、公司筹划发布业绩快报②、子公司准备进行分拆上市③和公司购买音频版权④。因此，相关人员在知悉公司重大且未公开的事项后，不应抱有侥幸心理，仅以法定的内幕信息标准衡量，而应从内幕信息的实质方面进行合规判断。

需要注意的是，尽管本书以新《证券法》作为内幕信息种类的划分依据，但是在相当数量的行政处罚决定书中，因监管机构以内幕交易行为

① 中国证券监督管理委员会天津证监局行政处罚决定书（梁某明）（〔2021〕2号）。
② 中国证监会行政处罚决定书（郑某、熊某）（〔2021〕84号）。
③ 中国证券监督管理委员会天津证监局行政处罚决定书（陈某、吴某光）（〔2021〕1号）。
④ 中国证券监督管理委员会大连证监局行政处罚决定书（王某）。

发生的时点为认定依据，即如内幕交易行为发生在 2020 年 3 月 1 日新《证券法》实施前，监管机构依然以《证券法》（2005 年修订）或《证券法》（2014 年修正）作为认定内幕信息的依据，[①] 但由于上述法律对内幕信息种类的划分并无实质性区别，故准据法的差异不影响本书的分析结论。

除了依照新《证券法》将内幕信息划分为不同类型外，我们还可将内幕信息划分为利好和利空信息。在 2021 年，利好的内幕消息占据绝对优势，具体比例为 87%。值得注意的是，当被处罚人知悉利好消息并进行内幕交易时，其有近 1/3 的概率会遭遇亏损。与之相反，当被处罚人利用利空消息进行内幕交易时，其有 9 成的概率可以规避损失。由此可见，利用利空消息进行内幕交易进而避损的可确定性远高于利好消息（如图 4-6 至图 4-8 所示）。

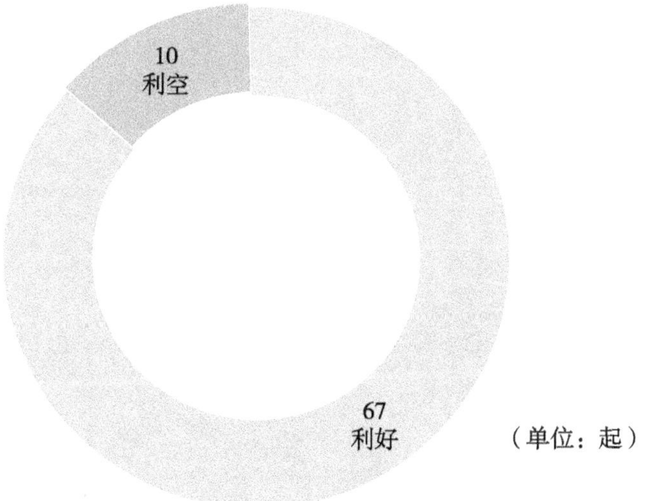

图 4-6　内幕信息中利好和利空消息的数量对比

---

① 具体而言，《证券法》（2005 年修订）的第 67 条和《证券法》（2014 年修正）的第 67 条为主要的认定依据。

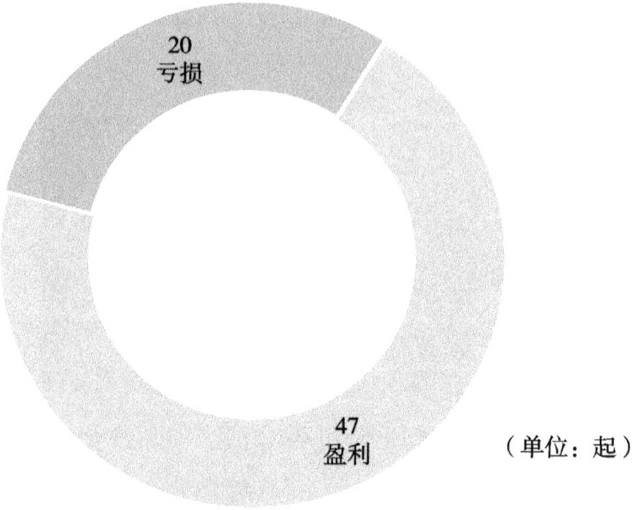

图 4-7　消息利好时，被处罚人进行内幕交易的盈亏结果

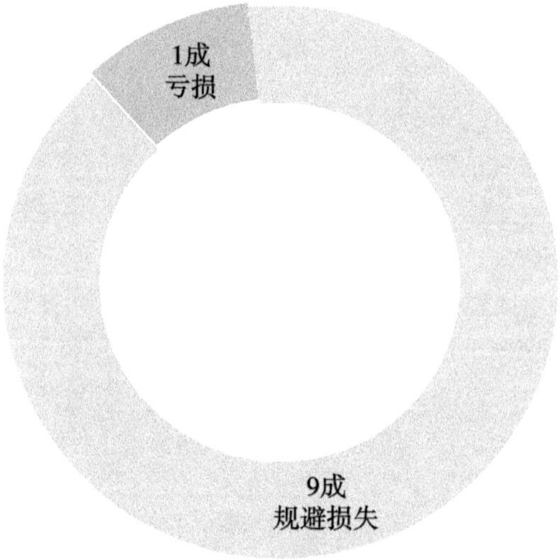

图 4-8　消息利空时，被处罚人进行内幕交易的盈亏结果

二、典型案例

（一）重大投资、处置重大资产类内幕信息的认定

在陈某民内幕交易东方日升（300118）股票案（〔2021〕9号）中，监管机构认定，东方日升拟通过发行股份并支付现金方式收购标的资产江

苏九九久科技有限公司 100%的股权，属于《证券法》（2005 年修订）第 67 条第 2 款第 2 项所述“公司的重大投资行为和重大的购置财产的决定”，属于内幕信息。

（二）大股东、实控人变化类内幕信息的认定

在杨某平、吕某内幕交易东软载波（300183）股票案（〔2021〕2 号）中，东软载波，实际控制人崔某等三人（甲方）与顺德控股（乙方）于 2019 年 9 月 7 日签订《股权转让框架意向协议》，甲方拟于 2019 年度及 2020 年度内，向乙方及乙方指定的第三方转让不超过其持有的目标公司 93 886 250 股非限售流通 A 股，占目标公司股份总数的 20.00%，乙方或乙方指定的第三方同意受让标的股份。监管机构认定，该股权转让事项属于《证券法》（2005 年修订）第 67 条第 2 款第 8 项规定“持有公司百分之五以上股份的股东或者实际控制人，其持有股份或者控制公司的情况发生较大变化”的重大事项，属于内幕信息。

（三）重大亏损或者重大损失类内幕信息的认定

在郭某波内幕交易联络互动（002280）股票案（〔2021〕1 号）中，2019 年 12 月，联络互动董事会办公室向公司财务部发送《2019 年度业绩预告修正及计提资产减值准备的通知》，后续联络互动财务部联系评估机构进行商誉减值测试评估。监管机构认定，联络互动披露的 2019 年度业绩预告修正事项属于《证券法》（2005 年修订）第 67 条第 2 款第 5 项规定的“公司发生重大亏损或者重大损失”的重大事件，属于内幕信息。

（四）订立重要合同、提供重大担保或者从事关联交易类内幕信息的认定

在陈某内幕交易润和软件（300339）股票案（〔2021〕3 号）中，2018 年 1 月 26 日，江苏润和软件股份有限公司公告和北京蚂蚁云金融信息服务有限公司（以下简称蚂蚁云金融）签署《战略合作协议》，双方在金融科技产品集成和实施、金融科技和金融业务方面达成合作。2018 年 4 月 23 日，润和软件董事长周某某、总经理陈某与蚂蚁云金融控股股东浙

江蚂蚁小微金融服务集团股份有限公司（以下简称蚂蚁金服）副总裁刘某某等人会面，商谈进一步深入合作事宜。蚂蚁金服提出受让润和软件5%以上股份并派遣董事的要求，周某某表示愿意引入战略投资，可以安排董事会席位。2018年6月1日，公司公告称与蚂蚁云金融签订的《业务合作协议》。监管机构认定，润和软件与蚂蚁云金融签订《业务合作协议》属于《证券法》（2005年修订）第67条第2款第3项规定的“公司订立重要合同，可能对公司的资产、负债、权益和经营成果产生重要影响”的重大事件，属于内幕信息。

（五）分配股利或增资的计划类内幕信息的认定

在刘某内幕交易惠达卫浴（603385）股票案（〔2021〕3号）中，2020年5月15日，肖某勇与张某玉商谈碧桂园创投单独作为战略投资者以参与定向增发的方式投资惠达卫浴事宜。当天见面后，张某玉向惠达卫浴实际控制人、总经理王某庆汇报了碧桂园创投有意向对惠达卫浴进行股权投资的情况，王某庆表示基本同意。监管机构认定，惠达卫浴非公开发行股票事项属于《证券法》（2014年修正）第80条第2款第9项规定的重大事件，属于内幕信息。

（六）经营方针、范围发生重大变化类内幕信息的认定

在海某天、周某内幕交易ST狮头（600539）股票案（〔2021〕130号）中，2016年7月底至8月初，陈某昌（苏州海某天法定代表人、股东、实际控制人）、宋某桢（狮头集团董事长、狮头股份监事）、邓某信（狮头集团原董事长兼总经理、狮头股份董事）、郝某（狮头股份董事会秘书）、朱某民（国金证券股份有限公司投行部业务董事）等人商议重组终止后下一步计划，认为上市公司必须要有业务，基本确定要继续寻找新的资产注入上市公司后再将水泥主业相关资产、负债出售给狮头集团，而后陶某（狮头股份法定代表人、董事长，苏州海某天副总经理）、朱某民着手寻找、调研标的企业，初期考虑资产较大的公司。监管机构认定：狮头股份为解决上市公司困境、继续出售水泥资产，决定先寻找新资产注入

的交易方案属于《证券法》（2005年修订）第67条第2款第1项规定的重大事件，属于内幕信息。

三、内幕信息类型的认定方式

中国证券监管机构主要通过三种方式对内幕信息的类型进行认定：明确认定、概括性认定和未认定。明确认定是指监管机构指出认定的内幕信息的具体类型，即新《证券法》第80条第2款规定的12种法定的内幕信息类型，比如指出相关内幕信息符合第80条第2款第1项的规定。概括性认定是仅指出认定内幕信息所依据的条款，但不明确指出具体类型，比如仅指出相关内幕信息符合第80条第2款的规定。未认定是仅指出相关事项属于内幕信息，而不对具体条款或具体类型进行说明。2021年，证券监管机构对上述三种认定方式采用的占比分别为，明确认定（占95%）、概括性认定（占4%）、未认定（占1%）。具体的明确认定和概括性认定及未认定的情况如图4-9所示。

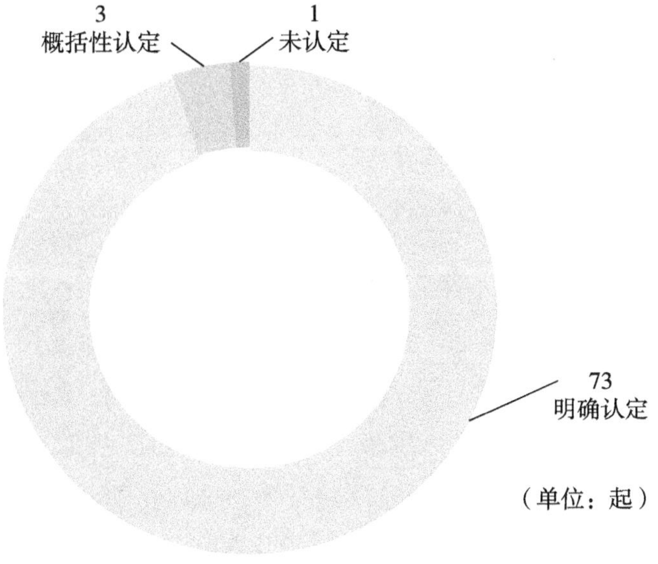

图4-9　监管机构对内幕信息类型的认定方式

其中，对内幕信息类型进行概括性认定和未认定的详细情况如表 4-3 所示。

表 4-3 对内幕信息类型进行概括性认定和未认定的处罚案例

序号	处罚文书	上市公司	内幕信息	认定情况
1	中国证券监督管理委员会宁波证监局《关于对鲍某龙和李某采取出具警示函措施的决定》	大叶股份（300879）	宁波大叶园林设备股份有限公司近期实施的 2021 年限制性股票激励计划	概括性认定
2	中国证券监督管理委员会大连证监局《行政处罚决定书（王某）》	中文在线（300364）	中文在线与字节跳动签订《框架合作协议》	概括性认定
3	中国证券监督管理委员会河南证监局《行政处罚决定书》〔2021〕2 号	神火股份（000933）	神火股份对云南神火铝业有限公司的增资事项	概括性认定
4	中国证券监督管理委员会《行政处罚决定书》〔2021〕83 号	卓翼科技（002369）	卓翼科技拟发行股份购买资产的事项	未认定

第三节 内幕信息形成时点的认定

一、内幕信息形成时点的认定分布

实践中，内幕信息的形成时点的认定，对于精确化处罚具有重要意义。内幕信息敏感期的确定，直接关系到证券交易行为是否异常以及对违法所得的认定。但是，新《证券法》并未对内幕信息敏感期作出明确界定，行政执法领域也尚无具体指引。

《最高人民法院、最高人民检察院关于办理内幕交易、泄露内幕信息刑事案件具体应用法律若干问题的解释》第 5 条第 1 款和第 3 款规定，“内幕信息敏感期”是指内幕信息自形成至公开的期间，影响内幕信息形成的动议、筹划、决策或者执行人员，其动议、筹划、决策或者执行初始时间，应当认定为内幕信息的形成之时。另外，其第 2 款规定，《证券法》（2014 年修订）第六十七条第二款所列“重大事件”的发生时间，第七十五条规定的“计划”“方案”，应当认定为内幕信息的形成之时。但是，究竟何谓重大事件的发生时间，何谓计划和方案，依然相当模糊。从具体案例来看，内幕信息形成时点的认定具有鲜明的个案性，由于商业行为错综复杂且存在交叠，也很难对全部样本进行明确的类型化分析。因此，本部分以内幕交易信息多发的并购重组为例，对监管机构的认定标准进行梳理，供读者参考。

通常而言，上市公司进行并购重组需要经历单方筹划动议、初步了解情况、各方初步接触并表达合作意向、初步尽职调查、签署保密协议、初步谈判并组织起草框架协议或概括性方案、进行尽职调查、双方高层领导会谈、修改相关文件和条款、就合作的关键问题和核心条款达成合意、各方履行相应的内部审批和决策程序、签署正式合作协议、停牌（如有）、复牌（如有）、依法报告和公告等多个步骤。究竟其中哪一个环节属于内幕信息产生的时点，在实践中有很大争议。2021 年并购重组中的内幕交易案件的梳理如表 4-4 所示。①

表 4-4 并购重组中内幕信息认定时点的分布

序号	相关事项	案件数	占比
1	单方面开始研究方案或寻找标的	6	19%
2	就内幕信息所涉事项进行内部讨论或会议	2	6%
3	双方初步表达合作意向	13	42%
4	着手起草合作方案	2	6%
5	启动尽职调查	2	6%
6	双方高层达成初步合作意向	1	3%
7	双方就主要事项或关键内容达成一致	2	6%
8	签署保密协议或内幕信息知情人登记	2	6%
9	公司内部决定终止重组方案	1	3%

① 以下项目按通常情况下并购重组交易进行的流程进行排序，但不具有绝对性。例如，同样是在并购重组中签署保密协议，有关各方可能在实质性接触前就进行签署，另一些情况下则可能在达成初步意向后、具体开展各项工作前才签署，甚至在交易方案基本确定或各项工作基本完成后才签署。

二、典型案例

为了使读者更具象化地了解监管机构对内幕信息形成时点的认定逻辑，以2021年的内幕交易行政处罚案例为样本，本书选取了9例典型的并购重组中的内幕交易案例，分别对应上述9个认定时点，整理如下。

（一）以“单方面开始研究方案或寻找标的”为内幕信息形成时点

在陈某内幕交易北讯集团（002359）股票案（〔2021〕7号）中，2017年7月10日，北讯集团工作经营会提出，“寻求通信行业优质并购标的，做强做大通信业务，整合上下游企业，提高主营业务核心竞争力，积极拓展海外业务发展”。不晚于2018年1月10日，北讯集团实际控制人赵某的亲戚田某军了解到，东南亚有个电信项目可以作为收购标的，田某军告知北讯集团董事长郝某晖，郝某晖告知总经理陈某，陈某找财务总监乔某、董事会秘书周某、技术总监任某宇、运营总监袁某沟通。监管机构认定，北讯集团筹划境外通信行业资产收购事项，属于内幕信息。该内幕信息形成时点不晚于2018年1月10日。

（二）以“就内幕信息所涉事项进行内部讨论或会议”为内幕信息形成时点

在任某国、董某内幕交易赤峰黄金（600988）股票案（〔2021〕2号）中，2019年1月，根据赤峰黄金2019年战略规划，赤峰黄金实际控制人赵某光初步确定由上市公司赤峰黄金收购吉林瀚丰矿业。2019年1月10日，赤峰黄金召开联席会议办公会2019年第2次会议，同意上市公司收购瀚丰矿业100%股权的建议，确定由控股股东协调瀚丰矿业尽快启动新三板摘牌程序并确定中介机构及进场时间。监管机构认定，赤峰黄金2019年4月16日发布的《关于发行股份购买资产暨股票停牌的提示性公告》中的重大事项属于内幕信息。该内幕信息的形成时点不晚于2019年1月10日。

（三）以“双方初步表达合作意向”为内幕信息形成时点

在陈某民内幕交易东方日升（300118）股票案（〔2021〕9号）中，

2018 年 4 月底，李某松因其他事宜让伍某军联系林某峰。伍某军电话联系了吕某。林某峰此时有意向收购九九久科技，电话询问李某松九九久科技出售的情况，李某松表示没有正式转让，还可以再谈。于是林某峰让吕某联系江苏必康。监管机构认定，东方日升拟通过发行股份并支付现金方式收购标的资产九九久科技 100%的股权，属于内幕信息。该内幕信息形成时点不晚于 2018 年 4 月 30 日。

（四）以“着手起草合作方案”为内幕信息形成时点

在李某内幕交易音飞储存（603066）股票案（〔2021〕5 号）中，2017 年 8 月 16 日，音飞储存董事会秘书徐某某根据金某某的指示草拟了股权收购意向协议。该意向协议中明确收购标的并初步确定作价、发行股份的价格、业绩承诺等内容。监管机构认定，音飞储存收购华德仓储事项，属于内幕信息。2017 年 8 月 16 日，徐某某根据金某某的指示起草内容明确的收购意向协议，该信息已具备重大性特征。该内幕信息形成时点不晚于 2017 年 8 月 16 日。

（五）以“启动尽职调查”为内幕信息形成时点

在杨某内幕交易鲁商置业（600223）股票案（〔2021〕8 号）中，2018 年 9 月 7 日，鲁商集团召集鲁商置业、福瑞达医药及券商相关人员召开推进会，初步商定鲁商置业收购福瑞达医药，聘请中介机构进场开展尽调工作。监管机构认定，鲁商置业收购鲁商集团持有的福瑞达医药 100%股权的信息属于内幕信息。内幕信息形成时点不晚于 2018 年 9 月 7 日。

（六）以“双方高层达成初步合作意向”为内幕信息形成时点

在庄某光内幕交易太龙照明（300650）股票案（〔2021〕3 号）中，2020 年 3 月 23 日，润欣科技董秘向太龙照明表达愿意出售润欣勤增持有的 Upkeen Global、Fast Achieve 股份的意愿，太龙照明表达了购买意愿。监管机构认定，太龙照明 2020 年 5 月 22 日发布的拟以支付现金方式收购全芯科、Upkeen Global、Fast Achieve 的 100%股权的信息属于内幕信息。该内幕信息的形成时点不晚于 2020 年 3 月 23 日。

（七）以“双方就主要事项或关键内容达成一致”为内幕信息形成时点

在方某民内幕交易齐翔腾达（002408）案（〔2021〕9号）中，2018年3月7日，祝某茂、焦某到上海与陈某建、陈某忠见面，正式讨论齐翔腾达收购华立新材料股份的细节以及工作安排。此次谈判确定了齐翔腾达收购华立新材料51%以上股权，华立新材料估值15亿元—20亿元，至于是否需要增资再考虑。监管机构认定，齐翔腾达收购华立新材料51%—100%股份事项，属于内幕信息。内幕信息的形成时点不晚于2018年3月7日。

（八）以“签署保密协议或内幕信息知情人登记”为内幕信息形成时点

在黄某添内幕交易迪威迅（300167）案（〔2021〕1号）中，2018年12月初，周某华等人与迪威迅实际控制人季某、冯某等人在迪威迅会面，双方商谈了业务的契合性以及下一步合作计划，签署了《关于资本运作合作项目之保密协议》《重大事项交易进程备忘录》。监管机构认定，迪威迅拟收购双赢伟业控股权相关事宜属于内幕信息。该内幕信息的形成时点不晚于2018年12月初。

（九）以“公司内部决定终止重组方案”为内幕信息形成时点

在孙某锋内幕交易太极股份（002368）案（〔2021〕18号）中，2018年2月7日，太极股份安排北京安新律师事务所律师高某通过电子邮件向刘某发送了终止本次并购重组涉及的需要量子伟业方面出具的有关文件及拟签署的协议，并告知刘某在2018年2月12日上午前落实所有文件签署工作。监管机构认定，2018年4月20日太极股份发布公告终止收购量子伟业，属于重大事件的重大进展，构成内幕信息。内幕信息的敏感期为2018年2月7日至2018年4月20日。

第四节 内幕信息违法主体的类型

新《证券法》第50条区分了“内幕信息的知情人”和“非法获取内幕信息的人”两类内幕交易的违法主体。内幕信息知情人的身份由第51条规定，这类主体通常亲自参与了上市公司重大事项的调研、讨论、谈判、决策等内幕信息形成的关键节点，故能够第一时间获悉足以影响上市公司证券价格的未公开信息。具体来说，其主要包括以下人员。

（一）发行人及其董事、监事、高级管理人员；

（二）持有公司百分之五以上股份的股东及其董事、监事、高级管理人员，公司的实际控制人及其董事、监事、高级管理人员；

（三）发行人控股或者实际控制的公司及其董事、监事、高级管理人员；

（四）由于所任公司职务或者因与公司业务往来可以获取公司有关内幕信息的人员；

（五）上市公司收购人或者重大资产交易方及其控股股东、实际控制人、董事、监事和高级管理人员；

（六）因职务、工作可以获取内幕信息的证券交易场所、证券公司、证券登记结算机构、证券服务机构的有关人员；

（七）因职责、工作可以获取内幕信息的证券监督管理机构工作人员；

（八）因法定职责对证券的发行、交易或者对上市公司及其收购、重大资产交易进行管理可以获取内幕信息的有关主管部门、监管机构的工作人员；

（九）国务院证券监督管理机构规定的可以获取内幕信息的其他人员。

具体而言，第1—4项规定了“上市公司及其关联方人员”。其中，第1项和第4项前半部分规定了上市公司的内部人员，包括以董监高为代表的管理层人员和由于所任职务可能获悉内幕信息的普通职工。根据《公司法》第216条第1项，高级管理人员是指公司的经理、副经理、财务负责人，上市公司董事会秘书和公司章程规定的其他人员。第2项规定的是持有上市公司5%以上股份的股东、实际控制人及其董监高，可以统称为上市公司的“大股东”。第3项规定的是上市公司子公司及其董监高人员，可以统称为上市公司的“子公司”。

第4项后半句和第5项规定了“上市公司交易相对方人员”，其包括因与公司业务往来可以获取公司有关内幕信息的人，以及上市公司收购人或者重大资产交易方及其控股股东、实际控制人和董监高。

第6项是有关“中介人员”的规定，第7项和第8项是有关“监管人员”的规定。在实践中，相较于“上市公司及其关联方人员”和“上市公司交易相对方人员”，中介和监管人员涉及内幕交易的案例较少。在2021年，仅有2例中介人员因涉嫌内幕交易被处罚的案例，而监管人员被处罚的案例数为0。

由于上述列举并不能完全涵盖内幕信息知情人的范畴，因此第9项规定了兜底条款，能让监管机构灵活运用进行内幕交易打击。

对于非法获取内幕信息的人员的范围，新《证券法》尚未作出明确规定。最高院、最高检颁布的《关于办理内幕交易、泄露内幕信息刑事案件具体应用法律若干问题的解释》（以下简称《内幕交易解释》）第2条对其做了如下列举。

（一）利用窃取、骗取、套取、窃听、利诱、刺探或者私下交易等手段获取内幕信息的；

（二）内幕信息知情人员的近亲属或者其他与内幕信息知情人员关系密切的人员，在内幕信息敏感期内，从事或者明示、暗示他人从事，或者泄露内幕信息导致他人从事与该内幕信息有关的证券、期货交易，相关交易行为明显异常，且无正当理由或者正当信息来源的；

（三）在内幕信息敏感期内，与内幕信息知情人员联络、接触，从事或者明示、暗示他人从事，或者泄露内幕信息导致他人从事与该内幕信息有关的证券、期货交易，相关交易行为明显异常，且无正当理由或者正当信息来源的。

尽管上述列举为界定内幕交易刑事犯罪的标准，但证券监管机构在进行行政处罚时，也常常直接引用“近亲属”“关系密切”和“联络、接触”的标准。为管窥内幕交易违法主体的现实样态，在以下部分，本书将对内幕信息知情人和非法获取内幕信息的人进行区分，并分别进行类型化分析。

一、内幕信息知情人的身份

在 2021 年，证券监管机构共对 37 名内幕信息知情人交易进行处罚（含单位），本书将被处罚人划分为五类，分别包括上市公司及其关联方人员（占 49%）、上市公司交易相对方人员（占 32%）、非亲属类圈外人（占 5%）、亲属类圈外人（占 5%）、中介人员（占 8%）。由此可见，上市公司及其关联方人员和上市公司交易相对方人员是从事内幕信息知情人交易的高发身份，共占 8 成以上。同时，圈外人作案亦不可忽视，亲属类和非亲属类圈外人共占比为 10%。具体分布如图 4-10 所示。

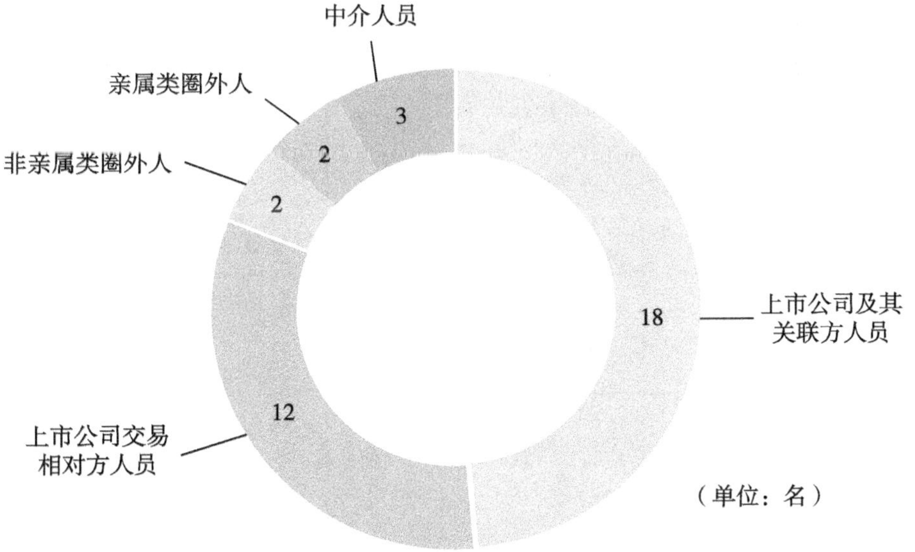

图 4-10 内幕信息知情人的身份分布

表 4-5 内幕信息知情人的身份附表①

序号	上市公司	处罚对象	身份类型	具体身份	账户异常交易的特征
1	大叶股份（300879）	鲍某龙	上市公司及其关联方人员	股权激励对象	知悉内幕信息后次日集中分别累计买入公司股票 3 000 股和 900 股。
2	大叶股份（300879）	李某	上市公司及其关联方人员	股权激励对象	知悉内幕信息后次日集中分别累计买入公司股票 3 000 股和 900 股。
3	城建发展（600266）	梁某明	上市公司及其关联方人员	董事、副总经理、党委书记	“杨某”证券账户之前从未交易过“城建发展”，2020 年 8 月 14 日、21 日，账户累计买入“城建发展”股票 250 000 股。
4	隆平高科（000998）	潘某	上市公司及其关联方人员	董事、总经理	账户自启用交易次日即开始大量买入“隆平高科”，时间与联络接触时间、内幕信息发展过程基本一致。内幕信息敏感期前，相关证券账户从未交易过“隆平高科”，内幕信息形成后则大额突击买入“隆平高科”，交易习惯发生明显变化，并且账户买入资金量相比其他股票明显放大。
5	隆平高科（000998）	耿某民	上市公司及其关联方人员	副董事长	账户划转资金时间及买入“隆平高科”的时间与其和内幕信息知情人联络接触时间、内幕信息发展过程基本一致。账户在内幕信息敏感期内未交易其他股票，集中资金单一全仓买入“隆平高科”，买入意愿强烈，交易行为明显异常。
6	北讯退（002359）	陈某	上市公司及其关联方人员	董事、总经理、法定代表人	北讯集团终止境外资产收购事项的内幕信息形成后，陈某指令将股票卖出。
7	云内动力（000903）	潘某建	上市公司及其关联方人员	发展计划部副部长	因参加与正威集团一行的会谈而知悉内幕信息，两日后利用本人证券账户交易“云内动力”，累计买入 86 300 股。

① 此表上市公司名称以行政处罚决定书为准，下同。

续表

序号	上市公司	处罚对象	身份类型	具体身份	账户异常交易的特征
8	金发科技（600143）	聂某林	上市公司及其关联方人员	总经理	知悉内幕信息3日后买入“金发科技”。
9	元成股份（603388）	郑某	上市公司及其关联方人员	证券事务部员工、员工持股计划管理委员会委员	内幕信息敏感期前后及期间内突击转入资金，反复交易“元成股份”。相较于历史上交易的其他股票金额，其在内幕信息敏感期内交易“元成股份”金额明显放大。相较于账户组同期交易的其他股票，其在内幕信息敏感期内交易“元成股份”金额明显放大。
10	中持股份（603903）	邵某	上市公司及其关联方人员	总经理	内幕信息敏感期内大额买入“中持股份”。
11	紫江企业（600210）	陈某	上市公司及其关联方人员	监事	相关人员接触时间、资金变化时间、交易时间与内幕信息变化、公开时间基本一致。买入“紫江企业”股票明显与平时交易习惯不同。
12	力帆科技（601777）	周某华	上市公司及其关联方人员	副总会计师	知悉内幕信息后1个月内，大额卖出“力帆实业”。
13	卓翼科技（002369）	夏某武	上市公司及其关联方人员	原控股股东、实际控制人	在公司拟终止重组事项的内幕敏感期内，通过大宗交易卖出其持有的卓翼科技股份。
14	中金环境（300145）	沈某浩	上市公司及其关联方人员	董事长、实际控制人	相关账户开户后除了做一些国债逆回购业务外没有交易其他股票。2018年7月至调查日，该账户仅交易了“中金环境”一只股票，买入占比及持有占比均为100%。
15	勘设股份（603458）	张某怡	上市公司及其关联方人员	财务部副部长	资金变化与获悉内幕信息时间基本一致，买入时间与获悉内幕信息时间基本一致，卖出时间与内幕信息公开时间基本一致。敏感期内相关证券账户仅持有“勘设股份”一只股票。

续表

序号	上市公司	处罚对象	身份类型	具体身份	账户异常交易的特征
16	太极股份（002368）	孙某锋	上市公司及其关联方人员	发展中心总经理	在内幕信息敏感期内，操作账户于2018年4月2日、4月16日和4月19日共计卖出“太极股份”6万股。
17	神火股份（000933）	曹某华	上市公司及其关联方人员	监事	内幕信息敏感期内，买入“神火股份”202 500股。
18	新光圆成（002147）	黄某调	上市公司及其关联方人员	时任独立董事	除内幕信息敏感期间交易“新光圆成”外，“汪某珍”账户开户以来未有交易该只股票记录。
19	狮头股份（600539）	陈某昌	上市公司交易相对方人员	海某天公司法定代表人、股东、实际控制人	相关人员自2016年9月20日至11月7日期间频繁电话联络，尤其是10月8日后几乎每天均有几次通话。在内幕信息敏感期内，“华中投资”账户交易“ST狮头”的资金由陈某昌提供。
20	鲁商发展（600223）	许某锋	上市公司交易相对方人员	福瑞达医药时任财务总监	内幕信息敏感期内交易“鲁商发展”的股票。
21	京泉华（002885）	程某博	上市公司交易相对方人员	远致富海时任总经理	内幕信息敏感期内交易“京泉华”的股票。
22	麦克奥迪（300341）	程某博	上市公司交易相对方人员	远致富海时任总经理	内幕信息敏感期内交易“麦克奥迪”的股票。
23	中文在线（300364）	王某	上市公司交易相对方人员	字节跳动的员工	内幕信息敏感期内交易“中文在线”的股票。
24	乐通股份（002319）	秦某锋	上市公司交易相对方人员	负责新余赛禾和新余恒星的资金募集工作	出售加拿大房屋的资金到账后立即用于买入“乐通股份”。
25	赤峰黄金（600988）	任某国	上市公司交易相对方人员	瀚丰矿业股东	相关证券账户在买入“赤峰黄金”之前的6个月除新股申购外无其他股票买入交易记录，在内幕信息敏感期内，转入大额资金并全仓买入，交易时间与任某国知悉内幕信息及内幕信息形成、发展变化的过程基本吻合。

续表

序号	上市公司	处罚对象	身份类型	具体身份	账户异常交易的特征
26	音飞储存(603066)	李某	上市公司交易相对方人员	华德仓储总经理助理	内幕信息敏感期内交易“音飞储存”的股票。
27	爱建集团(600643)	顾某	上市公司交易相对方人员	华豚企业第一大股东	内幕信息敏感期内交易“爱建集团”的股票。
28	中达安(300635)	颜某晓	上市公司交易相对方人员	宏闽电力的实际控制人	内幕信息敏感期内交易“中达安”的股票。
29	广东骏亚(603386)	刘某春	上市公司交易相对方人员	住友电工交易事项的负责人	买入“广东骏亚”股票时间与内幕信息形成、变化、公开时间基本一致，与账户平时交易习惯不同。
30	巴安水务(300262)	田某辉	上市公司交易相对方人员	珠海水务技术信息部负责人	卖出行为，存在与内幕信息的形成基本一致、与平时持股习惯明显不同等异常交易特征。
31	鹏鹞环保(300664)	宋某英	亲属类圈外人	内幕信息知情人的外甥	证券账户开立、资金变化及交易时点与内幕信息形成与发展时点吻合，交易特征明显异常。
32	菲达环保(600526)	袁某芳	亲属类圈外人	内幕信息知情人的母亲	交易时间与获悉内幕信息时间及内幕信息变化发展时间高度吻合，交易方式与平常交易习惯不同，买入意愿强烈。
33	莱美药业(300006)	张某	非亲属类圈外人	南岸区国资中心企业管理科科员	内幕信息敏感期内交易“莱美药业”的股票。
34	精华制药(002349)	蔡某洋	非亲属类圈外人	东力企管总经理	内幕信息敏感期内交易“精华制药”的股票。
35	ST 新海(002089)	盛某莲	中介人员	中程租赁法定代表人	内幕信息敏感期内交易“ST 新海”的股票。
36	ST 新海(002089)	金某	中介人员	中程租赁副总裁	内幕信息敏感期内交易“ST 新海”的股票。
37	ST 新海(002089)	某租赁有限公司	中介人员	机构	内幕信息敏感期内交易“ST 新海”的股票。

二、非法获取内幕信息人的身份（以“传递型内幕交易”和“泄露内幕信息”为例）

除了内幕信息知情人直接交易外，我们还将目光聚焦于传递型内幕交易和泄露内幕信息的案件，希望发现潜在的非法获取内幕信息的人的身份构成规律。如前所述，新《证券法》并未对非法获取内幕信息的人作出明确界定，行政机关除了依据《内幕交易解释》外，更多的是根据实际情况进行个案裁量。因此，本部分研究对明确行政处罚标准具有一定的参考意义。

在2021年，证券监管机构共对76名潜在的非法获取内幕信息人与内幕信息知情人之间的关系进行了披露，本书将其分为五类，分别是业缘关系（占37%）、亲缘关系（占24%）、友缘关系（占17%）、学缘关系（占9%）和不明关系（占13%）。可以看出，非法获取内幕信息的人数（76名）几乎等于内幕信息知情人数（37名）的2倍，这也和本书“传递型内幕交易已然占据违法行为的主流”的结论相互印证，同时，上述五类具体关系分布较为均匀，具体请见图4-11和表4-6。

上述结果也印证了学者的研究。自2013年以来，内幕信息持有人（主要是董事会和经理层）的亲属（尤其是配偶）和朋友，进一步成了内幕信息传递的中转站，使得内幕信息持有人朋友的朋友、朋友的亲友、亲友的朋友、朋友的配偶和配偶的朋友等各类第三层级信息使用人，成为证券内幕交易的实施者。这主要基于两方面原因：其一，监管机构对内幕交易的打击力度和技术手段不断增强。其二，2011年《关于上市公司建立内幕信息知情人登记管理制度的规定》（已失效）加强了内幕信息知情人的管理。[①]（最新法规参考：《上市公司监管指引第5号——上市公司内幕信息知情人登记管理制度》，2022年1月5日生效。）

---

① 吕成龙：《谁在偷偷地看牌？——中国证监会内幕交易执法窘境与规范检讨》，载《清华法学》2017年第4期，第161—162页。

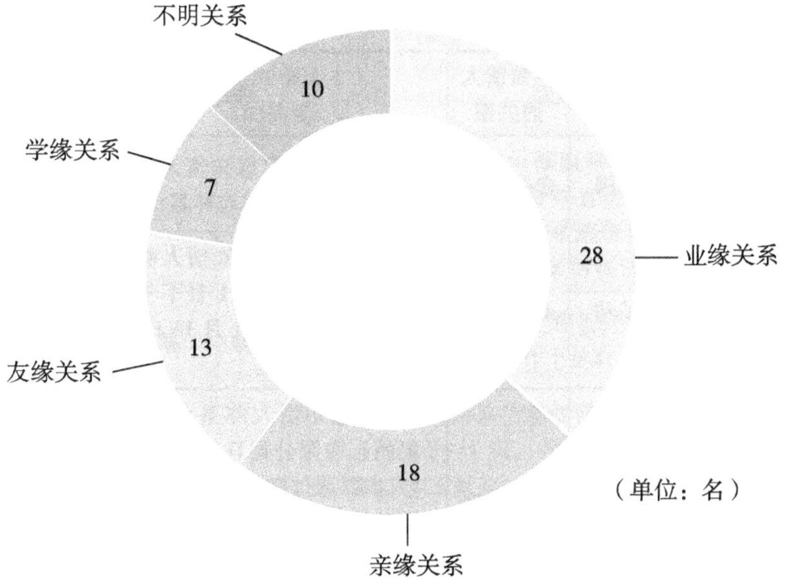

图 4-11　非法获取内幕信息的人的身份分布

表 4-6　非法获取内幕信息的人的身份附表

序号	上市公司	处罚对象	与知情人的关系	联络、接触情况
1	云内动力（000903）	洪某宁	业缘关系	内幕信息知情人翟某峰在微信群中向洪某宁透露正威集团即将到访“云内动力”。
2	鲁商发展（600223）	杨某	业缘关系	杨某与内幕信息知情人刘某面谈宣传片业务，其间还交流了一些理财问题，刘某告诉杨某关注“鲁商发展”股票，并点头示意可以挣钱。
3	鲁商发展（600223）	朱某瑜	业缘关系	内幕信息形成后、公开前，朱某瑜与内幕信息知情人李某勇通话 3 次、与李某 2 通话 3 次、与李某 1 通话 1 次。
4	鲁商发展（600223）	冯某	业缘关系	冯某时为鲁商物产金属材料分公司总经理，与内幕信息知情人刘某为上下级关系，向刘某汇报工作。
5	鲁商发展（600223）	张某	业缘关系	张某时任福瑞达医药办公室副主任，主持办公室工作；张某 11 月中旬与内幕信息知情人刘某接触时，知悉福瑞达医药正在进行资本运作。内幕信息形成后买入“鲁商发展”前，张某与刘某通话 8 次，与王某波通话 9 次。

续表

序号	上市公司	处罚对象	与知情人的关系	联络、接触情况
21	胜利精密（002426）	刘某宇	业缘关系	2020年1月21日，刘某宇与内幕信息知情人殷某分别于13时17分、14时37分通话3分01秒、5分40秒，与内幕信息知情人周某分别于16时10分、20时03分通话1分10秒、31秒。1月21日21时左右，刘某宇与周某见面。
22	勘设股份（603458）	罗某银	业缘关系	罗某银为“勘设股份”驾驶员，系内幕信息知情人管某青专职司机。内幕信息敏感期内，罗某银与管某青多次联络、接触，二人关系密切。
23	惠达卫浴（603385）	刘某	业缘关系	刘某作为碧桂园集团资金部资金总经理，与内幕信息知情人伍某君关系密切，刘某会直接向伍某君汇报工作，两人会就生活、投资等事宜进行沟通交往。内幕信息敏感期内，刘某与伍某君存在联络、接触，2020年5月19日下午，刘某陪同中信信托崔某峰与伍某君见面。
24	钢研高纳（300034）	齐某国	业缘关系	齐某国与某内幕信息知情人于2007年左右因业务关系相识，曾长期存在业务往来。二人比较投缘，经常联络，关系较好。内幕信息敏感期内，齐某国与该内幕信息知情人于2017年8月2日存在通话联络，且没有合理解释。
25	新雷能（300593）	林某	业缘关系	林某为永力科技总经理。2018年1月9日，林某接待内幕信息知情人王某考察永力科技，于当日晚间一起吃饭。
26	恒通股份（603223）	于某水	业缘关系	内幕信息敏感期内，于某水与内幕信息知情人刘某东一起参加过“恒通股份”每个工作日召开的早班会，存在接触。2020年9月1日至9月28日，于某水与刘某东手机通话30次，联络频繁。
27	新光圆成（002147）	唐某敏	业缘关系	唐某敏时任丰盛集团董事长办公室主任，办公场所与内幕信息知情人季某群、王某1在同一栋楼。唐某敏负责安排会见人员行程、会议室、宴请招待等工作。唐某敏与内幕信息知情人王某2很熟，平时会有电话、微信联系。唐某敏与另一内幕信息知情人王某1有工作交流，微信、办公室电话、手机都有联系，在2017年12月1日，即内幕信息敏感期内与王某1有通信联系。

续表

序号	上市公司	处罚对象	与知情人的关系	联络、接触情况
28	新光圆成（002147）	宋某	业缘关系	宋某曾在丰盛集团下属公司工作，认识多位丰盛集团领导，包括季某群、王某1、王某2、唐某敏等人。在内幕信息敏感期内，宋某与内幕信息知情人季某群存在5次通话联系，与王某1存在1次通话联系，与王某2存在1次微信联系。
29	吉峰科技（300022）	简某英	亲缘关系	简某英与内幕信息知情人简某斌系姐弟关系。
30	安恒信息（688023）	范某锦	亲缘关系	范某锦系内幕信息知情人范某的配偶，双方关系密切，在内幕信息敏感期内一起生活，日常联系频繁。
31	合康新能（300048）	陈某	亲缘关系	陈某系内幕信息知情人肖某光的妻子。
32	元成股份（603388）	熊某	亲缘关系	熊某系内幕信息知情人郑某的表姐。2017年6月20日，郑某在知悉熊某错过“元成股份”的上涨后，向熊某表示愿意为其打探消息。6月27日，郑某通过微信向熊某发送消息，提示熊某注意其前一天提供的信息。
33	诚志股份（000990）	周某	亲缘关系	周某是内幕信息知情人于某晖的配偶，联系比较频繁，于某晖在3月10日接到云南汉盟和诚志股份谈判现场的李某彦两次来电后，给周某打了电话。
34	乐通股份（002319）	杨某睿	亲缘关系	杨某睿系内幕信息知情人秦某锋之妻。
35	上海沪工（603131）	王某利	亲缘关系	王某利系内幕信息知情人王某军前妻。二人自2017年6月20日至6月25日通话共计9次。此外，2017年6月19日晚上，赵某栋受王某军之托前往王某利处，在与王某利交谈过程中建议王某利买入“上海沪工”。
36	风范股份（601700）	杨某光、赵某珠	亲缘关系	风范股份系家族式民营企业，其董事长范某刚、董事赵某军分别是赵某珠舅舅、哥哥，总工赵某华系杨某光姑父。杨某光、赵某珠与相关内幕信息知情人系亲属，关系密切。2019年9月25日是内幕信息形成变化的重要时间节点，杨某光于2019年9月29日与内幕信息知情人范某刚、赵某军等一同前往尚湖镇任巷村，次日杨某光与赵某珠集中买入“风范股份”股票。

续表

序号	上市公司	处罚对象	与知情人的关系	联络、接触情况
37	华星创业（300025）	虞某贤	亲缘关系	内幕信息知情人朱某楷向其亲属虞某贤泄露了内幕信息。
38	华星创业（300025）	虞某雄	亲缘关系	虞某贤将从朱某楷处获取的内幕信息传递给了其亲属虞某雄。
39	华星创业（300025）	王某文	亲缘关系	虞某雄将从虞某贤处获取的内幕信息传递给了其亲属王某文。
40	蓝黛科技（002765）	周某土	亲缘关系	周某土是内幕信息知情人徐某玉的配偶。
41	中再资环（600217）	芮某	亲缘关系	芮某与内幕信息知情人邵某亮系夫妻关系，内幕信息敏感期内存在电话通信及共同生活记录。
42	勘设股份（603458）	杨某	亲缘关系	杨某为内幕信息知情人管某青的配偶，二人共同居住生活，关系密切。
43	勘设股份（603458）	杨某祥	亲缘关系	杨某祥与内幕信息知情人管某青为连襟关系，二人相识多年，关系密切，存在工作、业务往来，时常一起跑步锻炼或参加老乡聚会。内幕信息敏感期内，二人多次通话联系。
44	广东骏亚（603386）	周某莲	亲缘关系	刘某春与周某莲为配偶关系。
45	延长化建（600248）	陈某明	亲缘关系	陈某明与本案内幕信息知情人陈某霖系父女关系。内幕信息敏感期内，陈某明与陈某霖所在的家庭微信群存在多次长时间通信记录。
46	天业通联（002459）	郭某	亲缘关系	郭某与内幕信息知情人傅某平是翁婿关系，两人每天都会通过即时通信软件进行联络。
47	合康新能（300048）	张某生	友缘关系	张某生系内幕信息知情人叶某吾多年好友，在内幕信息敏感期内，2020 年 3 月 22 日下午，两人相约打牌；3 月 23 日 8 时 32 分，两人打了 47 秒的微信电话，并通过微信再次相约见面。
48	鲁商发展（600223）	徐某泉、彭某丽	友缘关系	徐某泉时任福瑞达医药副总经理兼山东省牧工商实业有限公司（时由福瑞达医药管理）董事长、总经理。内幕信息形成后、公开前，徐某泉与内幕信息知情人张某军通话 14 次，与刘某通话 23 次。徐某泉、彭某丽与张某军家因同住一个小区，有时相约爬山，平时经常能遇到。

续表

序号	上市公司	处罚对象	与知情人的关系	联络、接触情况
49	鲁商发展（600223）	许某	友缘关系	许某与内幕信息知情人许某锋较为熟悉。因借款事宜，许某在 2018 年 11 月 12 日、13 日与许某锋有过通话并见面。
50	莎普爱思（603168）	朱某华	友缘关系	朱某华与内幕信息知情人刘某民认识多年。内幕信息公开前，朱某华与刘某民存在通话联系，其中朱某华买入“莎普爱思”前的 2018 年 12 月 16 日两人有 6 次通话联系，并在平湖市会面。
51	鑫科材料（600255）	施某华	友缘关系	内幕信息知情人唐某军与施某华在 2016 年 11 月左右通过朋友介绍认识。2017 年 3 月 29 日至 6 月 24 日敏感期内，唐某军与施某华共有 63 次通话往来。其中 4 月通话 29 次，5 月通话 33 次。
52	合众思壮（002383）	高某伟	友缘关系	高某伟与内幕信息知情人郭某平为朋友关系。内幕信息敏感期内，2016 年 10 月底到 12 月期间，二人多次通话联系。
53	合众思壮（002383）	董某	友缘关系	董某与内幕信息知情人袁某林系朋友。内幕信息敏感期内，2016 年 10 月 14 日至 11 月 21 日，董某与袁某林有 15 次通话联系。
54	太龙股份（300650）	庄某光	友缘关系	庄某光与内幕信息知情人庄某龙系多年好友关系，双方日常来往频繁，且存在资金和业务往来，关系密切。内幕信息敏感期内庄某光与庄某龙有过 12 次通话联系，2020 年 5 月 10 日至 12 日，两人一同前往江西省吉安市出差。
55	润和软件（300339）	陈某	友缘关系	陈某与内幕信息知情人周某某相识，系朋友关系。2018 年 5 月 9 日至 5 月 17 日，陈某与周某某通过微信联系频繁，5 月 9 日与周某某微信语音通话两次，并于 5 月 16 日赴润和软件与周某某见面。
56	苏交科（300284）	徐某	友缘关系	徐某与内幕信息知情人承某为同乡，交往密切，2016 年 5 月 17 日两人有过通话及短信联系。
57	狮头股份（600539）	周某	友缘关系	周某与内幕信息知情人陈某昌为多年朋友，同住苏州。在内幕信息敏感期内，二人曾于 2016 年 10 月 18 日 21 时 23 分有通话联络，通话时长为 14 秒。

续表

序号	上市公司	处罚对象	与知情人的关系	联络、接触情况
58	一汽夏利（000927）	邹某余	友缘关系	内幕信息敏感期内，2019 年 11 月 12 日和 11 月 18 日，邹某余与本案内幕信息知情人韩某忠存在通话联络。
59	ST 中富（000659）	张某	友缘关系	张某与内幕信息知情人张某汉关系密切，二人均于 2015 年 10 月国庆期间赴四川成都旅游。张某汉承认 2015 年 9 月与张某有过联系，2015 年 10 月张某汉与张某有过通话联系。
60	吉峰科技（300022）	简某斌	学缘关系	简某斌与内幕信息知情人周某全曾是同班同学、寝室室友，关系密切，平时联络、接触频繁。内幕信息敏感期内，两人于 2020 年 3 月 27 日见面，4 月 20 日电话联络。
61	至正股份（603991）	孔某魁	学缘关系	孔某魁与宝丰能源实际控制人党某宝于 2013 年就读北大后 EMBA 培训班时结识。2020 年 1 月 27 日，党某宝邀请孔某魁等人在海南三亚亚龙湾美高梅酒店聚餐。聚餐后 5 日内，党某宝邀请孔某魁在三亚丽思卡尔顿酒店单独喝茶聊天，并告知孔某魁其与至正股份实际控制人侯某良商议收购至正股份等事宜。
62	凯利泰（300326）	杨某、邓某	学缘关系	杨某与邓某为夫妻关系。杨某与内幕信息知情人于某磊是同学关系。于某磊不晚于 2020 年 3 月 6 日知悉内幕信息至 2020 年 5 月 12 日期间，两人通话 157 次。邓某与于某磊通过微信联系。于某磊不晚于 2020 年 3 月 6 日知悉内幕信息至 2020 年 5 月 12 日期间，两人微信语音通话 3 次。其中，2020 年 5 月 11 日 19 时 14 分，两人微信语音通话 55 秒。
63	上海沪工（603131）	杨某	学缘关系	杨某与内幕信息知情人王某军是大学校友，二人自 2017 年 6 月 19 日至 6 月 30 日通话共计 12 次。
64	上海沪工（603131）	包某军	学缘关系	包某军与内幕信息知情人王某军是大学校友，二人自 2017 年 6 月 22 日至 6 月 30 日通话共计 9 次。

续表

序号	上市公司	处罚对象	与知情人的关系	联络、接触情况
65	东软载波（300183）	杨某平	学缘关系	杨某平与内幕信息知情人崔某系同学、朋友关系。内幕信息公开前，杨某平与崔某存在多次电话及微信联络，关系密切。
66	京威股份（002662）	华某黛	学缘关系	华某黛与内幕信息知情人孟某为留学时的校友，在见面聊天的过程中，华某黛知悉了内幕信息。
67	派思股份（603318）	刘某军	不明关系	2020 年 6 月 8 日，刘某军与内幕信息知情人李某平通话 2 次。6 月 16 日、17 日、22 日，刘某军与李某平通话 8 次。
68	派思股份（603318）	李某平	不明关系	2020 年 6 月 20 日，李某平通过微信向李某舟发送了涉及内幕信息的电子文件，李某舟非本次资产收购项目参与人。
69	鸿达兴业（002002）	冒某甲	不明关系	在内幕信息敏感期内，冒某甲既与内幕信息知情人蔡某兵有多次联络，又与内幕信息知情人郑某英、林某韩有见面接触，且与林某韩有通话联系。
70	茂硕电源（002660）	方某求	不明关系	内幕信息形成后，方某求曾于 2019 年 1 月 17 日至 24 日期间到茂硕电源与顾某德、刘某民面谈。2019 年 1 月 22 日，方某求与刘某民通电话 3 次，1 月 29 日与朱某瑶通电话。
71	东方日升（300118）	陈某民	不明关系	内幕信息敏感期内，陈某民与内幕信息知情人吕某通话 8 次，主被叫各 4 次。
72	ST 猛狮（002684）	金某	不明关系	2018 年 12 月 5 日，内幕信息知情人陈某伍通过微信告知金某四方协议内容已确定；2018 年 12 月 20 日，陈某伍再次在微信中向金某确认 2018 年 12 月 22 日将签约，合作项目落地。
73	ST 猛狮（002684）	陈某业	不明关系	2018 年 12 月 21 日买入“猛狮科技”股票前，金某当面告知陈某业猛狮科技即将与凯盛科技、漳州交通、诏安金都签署《合作协议》的内幕信息。
74	联络互动（002280）	郭某波	不明关系	2020 年 1 月 21 日 13 时 27 分，内幕信息知情人曾某龙将张某平在微信群里发送的 2019 年联络互动预计亏损 27 亿元至 30 亿元的信息通过微信转发给郭某波。

续表

序号	上市公司	处罚对象	与知情人的关系	联络、接触情况
75	广东骏亚（603386）	邹某怡、蒋某	不明关系	2020年11月21日，刘某春（内幕信息知情人）、邹某怡、蒋某一起吃饭。内幕信息敏感期内，刘某春、邹某怡两人存在5次通话联络。
76	翠微股份（603123）	李某海	不明关系	内幕信息敏感期内，李某海与内幕信息知情人林某存在4次通话联络。2019年10月17日两人通话2次。10月29日两人通话1次。10月31日两人通话1次。

第五节　非法获取内幕信息的途径

以“传递型内幕交易”和“泄露内幕信息”的案件为样本，我们对非法获取内幕信息的途径进行了分析。通过“微信等通信传播”（占89%）占据绝对优势，“见面传播”（占9%）次之，还存在“旁听”（占1%）和监管机构未明确认定传播途径（占1%）的情形，具体分布如图4-12所示。

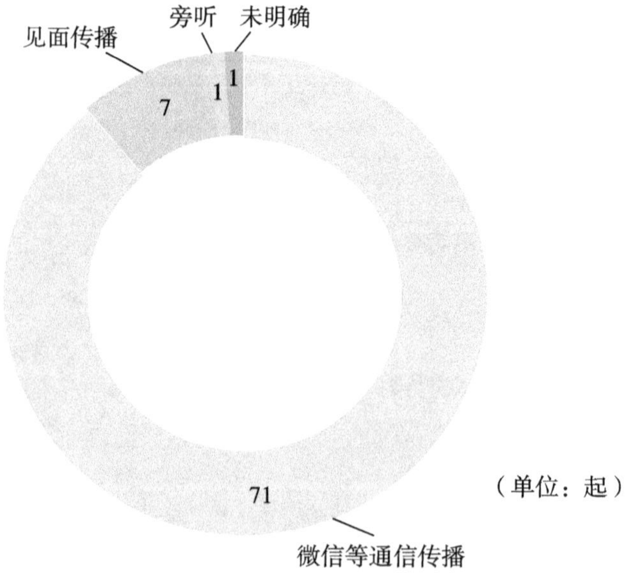

图4-12　2021年非法获取内幕信息的途径分布

除了常见的“微信等通信传播”和“见面传播”之外，因“旁听”所获悉内幕信息的案例较为特殊，介绍如下。

在易某内幕交易小康股份（601127）股票案（〔2021〕6号）中，易某自认2018年10月13日下午向孟某沟通工作问题，在会客室等候时听到孟某以及其他人在会议室里提到H项目、东风集团和东风小康的股权、收购等信息，易某结合自己平时对小康股份的了解，根据有H的项目代号，小康股份的主要利润来源于东风小康，而且东风小康货币资金很充足等信息，就基本判断小康股份应该要与东风集团开展重大资产重组，可能会想办法把东风集团持有东风小康的股权以某种方式转为由小康股份全部持有，从而解决小康股份的资金问题。其后，易某与蔡某波共同控制“陈某珠”等14个证券账户进行内幕交易，合计盈利522 037.13元。

第六节 罚没比例

2021年，采取“没收+罚款”进行内幕交易处罚的案例共53起，其分布为没一罚一（占42%），没一罚二（占36%），没一罚三（占21%）和没一罚四（占2%），未出现没一罚五的案件。与之相比，2020年数据显示，没一罚一和没一罚二的比例分别占25%和22%，没一罚三占51%，没一罚五仅出现一例，未出现没一罚四的案例。[①]

由此可见，监管机构对于采取高额罚款（没一罚四和没一罚五）依然谨慎，主要罚款区间仍然落在违法所得的1倍至3倍。同时，处以违法所得1倍至2倍罚款的比例有所上升，监管机构对于没一罚三的处罚形式表现得更加克制，具体分布请见图4-13。2020年和2021年“没收+罚款”案例分布对比请见图4-14。另外，根据新《证券法》第191条的规

① 参见黄江东等：《内幕交易行政处罚2020年度观察与执法展望》，国浩律师事务所微信公众号，最后访问日期2022年2月4日。

定，从事内幕交易的，可能在被没收违法所得的同时，处以违法所得 1 倍以上 10 倍以下的罚款。

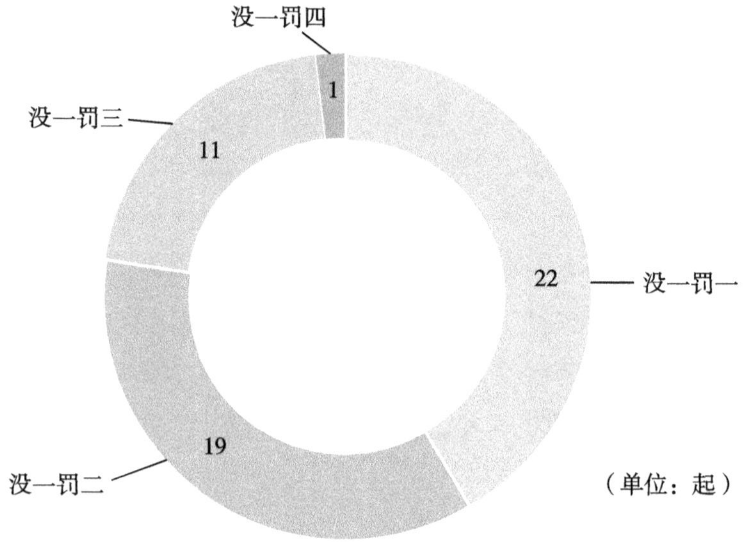

图 4-13　2021 年“没收+罚款”的案例分布

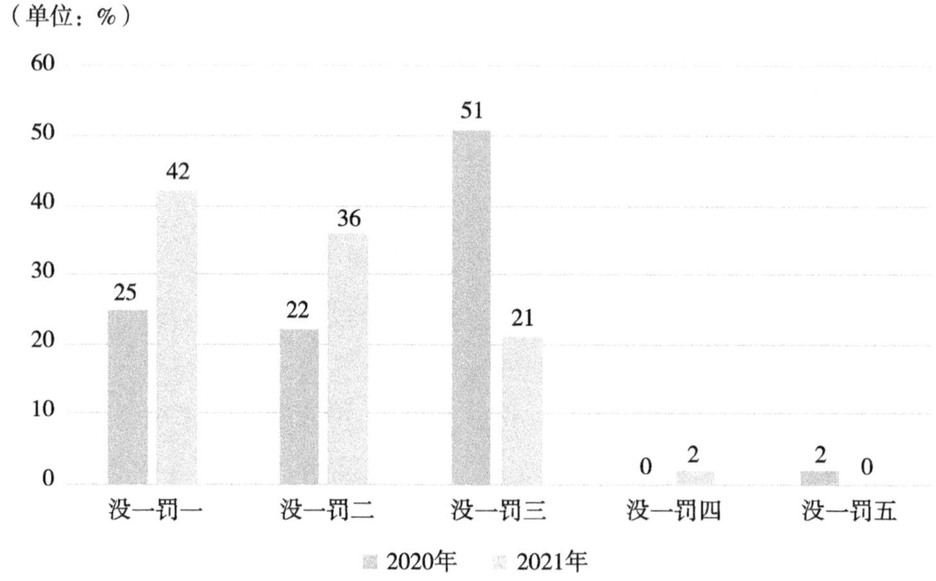

图 4-14　2020 年和 2021 年“没收+罚款”案例分布对比

第七节　陈述与申辩

一、概览

2021 年，在 117 份行政处罚中，有 65 份披露了当事人提出的申辩，占比为 56%，图 4-15 描绘了具体分布。反观 2020 年的数据，仅有 48%的被处罚对象提出了申辩，[①] 说明我国被处罚对象的申辩意识正在逐渐加强，希望通过正当程序减轻或免除自身的处罚，而非仅是被动地接受监管机构认定的事实和处罚结论。另外，2021 年，在被提出的 65 份申辩意见中，有 4 份被监管机构部分采纳，占被提出申辩意见的 6%，相比于 2020 年 18%的占比有所下降，具体请见图 4-16。

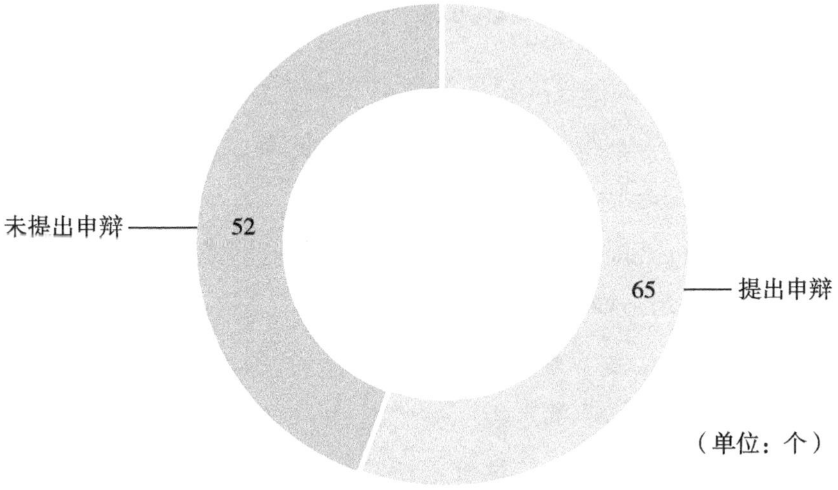

图 4-15　2021 年被处罚对象提出申辩的情况

① 参见黄江东等：《内幕交易行政处罚 2020 年度观察与执法展望》，国浩律师事务所微信公众号，最后访问日期 2022 年 2 月 4 日。

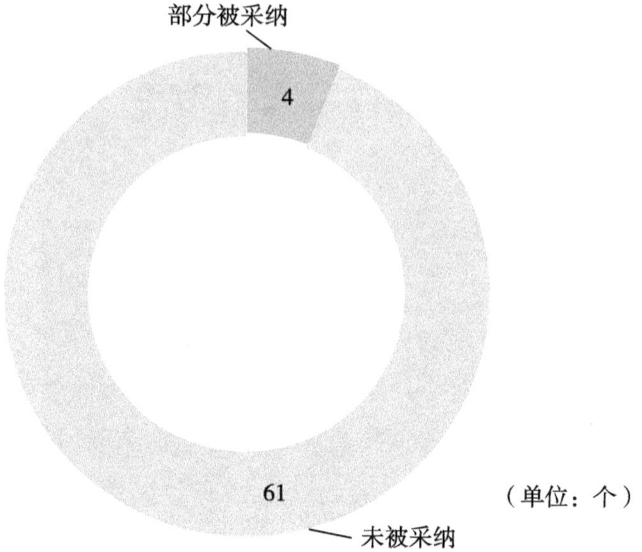

图 4-16 2021 年申辩意见被采纳的情况

二、典型案例（申辩被部分采纳）

以下针对2021年度内幕交易行政处罚中申辩理由被部分采纳的案例进行分析，具体分为案件事实、申辩理由、复核意见三个方面进行整理。具体而言，在“宋某内幕交易新光圆成（002147）股票案”和“某租赁公司、盛某莲、金某内幕交易ST新海（002089）股票案”中，监管机构针对当事人的申辩，对事实认定进行了部分修正，但该修正不影响当事人最终责任。在“陈某昌、蔡某内幕交易ST狮头股票案”和“海某天、周某内幕交易ST狮头股票案”中，监管机构结合当事人是否起次要作用、是否系初犯、是否配合调查等情节对量罚予以适当的调减。

（一）宋某内幕交易新光圆成股票案

案件事实：新光圆成拟收购中国高速传动的重大资产重组事项属于内幕信息，宋某在内幕信息敏感期内与内幕信息知情人季某群、王某1、王某2等人存在联络。内幕信息敏感期内，“宋某”账户于2018年1月15日买入新光圆成股票77 700股，成交金额1 134 420元；“金某”账户于

2018 年 1 月 15 日买入新光圆成股票 365 900 股，成交金额 5 338 002 元。截至 2019 年 4 月 1 日，两账户敏感期内买入的新光圆成股票全部卖出，分别亏损 690 815.16 元、3 249 376.23 元，亏损合计 3 940 191.39 元。

申辩理由：当事人与王某 2 在 2018 年 1 月 12 日的联络接触证据内容明确（订酒店），与内幕信息无关，其也并未在与其他内幕信息知情人联络接触后立即买入。

复核意见：采纳当事人关于其与王某 2 的微信记录有具体指向的申辩意见，并对有关事实描述予以调整，但相关采纳不足以影响对其交易异常性及内幕交易行为的认定。本案对当事人内幕交易行为的认定，综合考虑了当事人与内幕信息知情人的熟悉程度、联络接触情况和环境便利性，相关人员询问笔录，交易相关时点与内幕信息进展高度吻合，对于亏损卖出其他股票买入新光圆成股票等各方面情况，具有充分的事实和法律依据……综上，对当事人关于不予或减轻行政处罚的申辩意见不予采纳。

（二）陈某昌、蔡某内幕交易 ST 狮头股票案

案件事实：狮头股份为解决上市公司困境、继续出售水泥资产，决定先寻找新资产注入的交易方案属于内幕信息。蔡某系景瑞投资执行合伙人，与陈某昌为大学同学，关系密切。双方自 2016 年 9 月 20 日至 11 月 7 日期间频繁电话联络，尤其是 10 月 8 日后几乎每天均有几次通话。作为内幕信息知情人的陈某昌提供资金、蔡某出面通过“华中投资”账户交易 ST 狮头股票的行为明显异常，与内幕信息高度吻合。

申辩理由：蔡某未下达交易指令，景瑞投资为陈某昌实际控制，蔡某仅为名义执行合伙人。蔡某并未从案涉交易中获利，不具备内幕交易动机。陈某昌与本案资金来源方、实施方关系密切，是案涉交易的最终获益人，主导了内幕交易。陈某昌本人、授意他人做不实陈述，栽赃蔡某。

复核意见：对申辩意见中的合理部分予以采纳，对处罚决定作适当调整……考虑到蔡某是听从陈某昌的安排，在本案部分环节进行参与、配

合，且交易收益流向陈某昌，因而蔡某在违法行为中起次要作用，量罚时会对此予以充分考虑。

（三）海某天、周某内幕交易ST狮头股票案

案件事实：狮头股份为解决上市公司困境、继续出售水泥资产，决定先寻找新资产注入的交易方案属于内幕信息。海某天上海公司担任海某天1号私募基金账户基金管理人，周某作为海某天上海公司原法定代表人、总经理，是海某天1号私募基金账户的实际决策人。周某与陈某昌为多年朋友，同住苏州。在内幕信息敏感期内，二人曾于2016年10月18日21时23分有通话联络，通话时长为14秒。内幕信息敏感期内，海某天1号私募基金账户买入ST狮头股票2 030 944股，买入成交金额为30 516 982元，卖出724 500股，卖出成交金额为10 870 032.46元。截至调查日，该账户内幕信息敏感期内买入的ST狮头股票已全部卖出，盈利3 053 207.78元。

申辩理由：海某天上海公司及其代理人认为，考虑到公司实际经营情况以及初犯等情节，请求计算违法所得时扣除部分获利、从轻减轻处罚。

复核意见：……综合考虑当事人违法事实、情节及配合调查等情况，对当事人申辩理由部分采纳，适当调减处罚金额。

（四）某租赁公司、盛某莲、金某内幕交易ST新海股票案

案件事实：ST新海2018年度业绩大幅亏损属于内幕信息，某租赁公司的盛某莲、金某因某租赁公司与ST新海洽谈业务而知悉该内幕信息。2019年4月24日至4月26日，某租赁公司卖出天津中程、天津丰瑞证券账户ST新海股票15 362 700股，金额103 709 968元，从后续ST新海跌停情况来看，某租赁公司规避损失67 972 321.14元。

申辩理由：涉案交易系由资金部人员陶某辰实际执行操作，并非由金某实际执行操作。

复核意见：对于当事人的意见部分进行采纳，相关表述已作修改。根据盛某莲询问笔录：“随后我就安排金某卖出新海宜股票，具体是由金某

安排财务人员操作的”，根据金某询问笔录：“她（盛某莲）跟我说完，我就跟资金部的同事一起开始减持”，金某是某租赁公司副总裁和新海宜项目负责人，接收盛某莲指令，无论其是安排财务人员卖出，还是与同事一起操作卖出，均不影响对其责任的认定。

第五章

新《证券法》实施背景下的董监高责任险制度

新《证券法》大幅提高了对证券违法行为的处罚力度，压实相关主体的责任，增加了中国特色集体诉讼制度的规定，令上市公司、实际控制人、控股股东、董监高等主体的法律责任空前提高。自新法正式实施以来，中国证监会（含派出机构）对相关上市公司按照新《证券法》进行处罚的案例相继出现，2021 年 5 月 17 日，某沪主板上市公司 A 因财务造假等信息披露违规涉嫌违反新《证券法》的相关规定，公司及公司实际控制人、董监高等 15 人被广东证监局处罚合计 1 500 万元。2021 年 3 月 26 日，中证中小投资者服务中心有限责任公司发布《投服中心接受某沪主板上市公司 B 虚假陈述民事赔偿案投资者委托的说明》，启动了首单特别代表人诉讼。2021 年 11 月 12 日，广州市中级人民法院对上述案件作出一审判决，52 037 名投资者共判赔约 24.59 亿元，公司相关董监高按过错程度分别承担 100%、20%、10%、5%的连带赔偿责任，新法的威力逐渐显现。

欧美国家特别是以美国为代表的资本市场法律体系相对完善，特别是依托集团诉讼制度对上市公司和董监高进行违规震慑，伴随而来的是较为成熟的董监高责任险机制（directors and officers liability insurance）。尽管我国早在 2002 年就已经有了董监高责任险（也称董责险）的实践，但至今覆盖率仍然不足 20%，信息披露标准、合同条款没有相对统一的规范，真实的赔付案例缺乏充分的披露和实践。

本章以 2019 年 12 月 28 日新《证券法》正式通过为起点，以截至 2022 年 3 月 31 日上市公司披露的董责险购买情况为分析基础，结合董责险基本理论以及核心概念，对新《证券法》实施后上市公司购买董责险的相关情况及后续建议进行初步研究，以供读者参考。

第一节　董责险简介

董责险最早由著名的英国劳合社创设，后在欧美各国成为上市公司的标配险种。从中国保险行业协会网站搜索出的各家保险公司的保险条款来看，董监高责任险承保的内容主要是被保险人在履行董事、监事及高级管理人员的职责时，因疏忽或过错导致存在虚假记载、误导性陈述或者有重大遗漏等违法情形，致使投资者（股东）在证券交易中遭受损失，依法应承担相应经济赔偿责任的风险。

第二节　上市公司购买董责险的审议披露要求

董监高责任险对于A股上市公司而言属于建议性的制度，但如果购买董责险，则需要遵循一定的规范要求。

一、审议要求

《上市公司治理准则（2018年修订）》第24条规定："经股东大会批准，上市公司可以为董事购买责任保险。责任保险范围由合同约定，但董事因违反法律法规和公司章程规定而导致的责任除外。"根据上述规定，上市公司购买董责险，无论金额大小，均需提交股东大会审议。

实践中，大部分公司经董事会审议后提交股东大会，还有部分公司在召开董事会审议的同时也经监事会审议通过。例如，2021年8月17日，某沪主板上市公司C披露了《第七届监事会2021年第二次临时会议决议公告》，审议通过了《关于购买2021年董责险的议案》。

二、回避表决

从市场案例来看，一些上市公司在审议购买董责险时，将董事、监事视为关联董事、关联监事，对相关议案进行了回避表决。根据沪深交易所《股票上市规则》的规定："上市公司董事会审议关联交易事项时，关联董事应当回避表决，也不得代理其他董事行使表决权。该董事会会议由过半数的非关联董事出席即可举行，董事会会议所作决议须经非关联董事过半数通过。出席董事会会议的非关联董事人数不足三人的，公司应当将该交易提交股东大会审议。"在全体董事、监事均回避表决的情况下，需将相关议案直接提交股东大会审议。

例如，2021 年 8 月 17 日某沪主板上市公司 C 披露了《第七届董事会 2021 年第七次临时会议决议公告》，审议通过了《关于购买 2021 年董责险的议案》，因投保对象包含全体董事，本议案经董事会审议后，全体董事回避表决直接提交公司股东大会审议。

沪深交易所相关规则并没有强制上市公司在审议购买董责险时回避表决，上述案例中的回避表决或是更为严格谨慎的做法。部分公司在审议时没有采用回避表决的方式。例如，2021 年 3 月 31 日，某深主板上市公司 D 披露了《第十届董事会第三次会议决议公告》，会议以 8 票同意、0 票反对、0 票弃权审议通过《关于续买董事、监事及高级管理人员责任险的议案》，同意继续购买上市公司 2021 年度董责险。

三、披露要求

购买董责险并不属于沪深交易所强制单独公告的类型，无单独对应的公告编号。部分公司直接在董事会决议公告里说明审议此项议案，没有进行单独公告。例如，2021 年 10 月 13 日，某深主板上市公司 E 披露了《第八届董事会第四十五次会议决议公告》，董事会审议通过了《关于购买董监高责任保险的议案》。同时，也有部分公司单独进行公告。例如，2021 年 9 月 28 日，某科创板上市公司 F 披露了《关于为公司及公司董事、监事、高级管理人员及其他人员购买责任保险的公告》。

第三节　董责险的保险期间

一、保险期间

董责险保险期间通常为一年，这与市场核保偏好及银保监会报备审批状况相关联。从已披露的公告来看也存在三年或者五年的保险期间，但是保险合同仍然是每年签署。另外，新 IPO 的公司常与董责险同步配套购买“招股说明书保险”，此险种是多年期保险，可以设定三年至六年的期限，有时也被认为是董责险的分割和延伸。

二、追溯日期、延长索赔/发现期

追溯日期是向保单生效日之前进行追溯；延长索赔/发现期是向保单结束日之后进行延长。

（一）追溯日期

投保之前发生的事情，只要在保单有效期内提起有效索赔，保险公司可以赔偿，即可以追溯历史问题。

对于追溯日期的界定，各家保险公司依据风险偏好和公司实际情况在约定上会有所不同。可约定无限追溯，也可约定是一个具体的重要日期（如重组上市日、重大资产重组日等）。根据董责险的保障意图，除单独进行约定外，董责险保单都是默认自动追溯的，对于投保之前发生的各类问题在保险期间首次被发现的，都属于承保范围。

（二）延长索赔/发现期

当保险期届满，公司不再续保，且没有其他保险替代时，可以购买“延长索赔/发现期”。在保单有效期内实施的不当行为，在“延长索赔/

发现期”内被索赔或是被调查的，保险公司依然承担责任。

对于索赔/发现期的约定，通常的董责险保单都带有 90 天免费发现期的条款，如果需要延长 12 个月，则需额外增加 75%或者 100%保费。据了解，有的上市公司在投保第二年可能会遭遇拒保的情形，有了这一条款，上市公司有权利获得一年期的延长索赔/发现期。

在保单有效期内，因同一不当行为被索赔，不论这一诉讼在保单结束后有没有结案，不论公司有没有续保，不论是第几次针对同一不当行为提起的诉讼，保险公司都会依照和启用首次通知被索赔的保险合同进行赔付。

第四节 董责险的投保人

董责险的投保人通常为上市公司。目前，购买董责险的 A 股上市公司主要包括以下四类。

（一）我国内地和我国香港地区两地上市的“A+H”股公司；

（二）公司治理较好的大型国有企业及金融机构；

（三）有独立董事推动投保的上市公司；

（四）具有“涉外基因”的上市公司，这些公司或者高管有国外背景，或者有外资股份，或者公司有涉外业务。

根据各公司公告统计，自 2019 年 12 月 31 日至 2022 年 3 月 31 日，共有 442 家 A 股上市公司披露了 496 份有关购买董责险信息的公告（部分上市公司按年购买并持续披露董责险相关信息公告，因此公告数量大于上市公司数量，以下按公告数量统计相关情况），由于统计期间之前已经购买董责险的公司可能不会每年进行披露，因此真正购买了董责险的企业数量应当大于本统计的数量。从板块分布的情况来看，购买董责险的上市公司分布情况如图 5-1 所示。

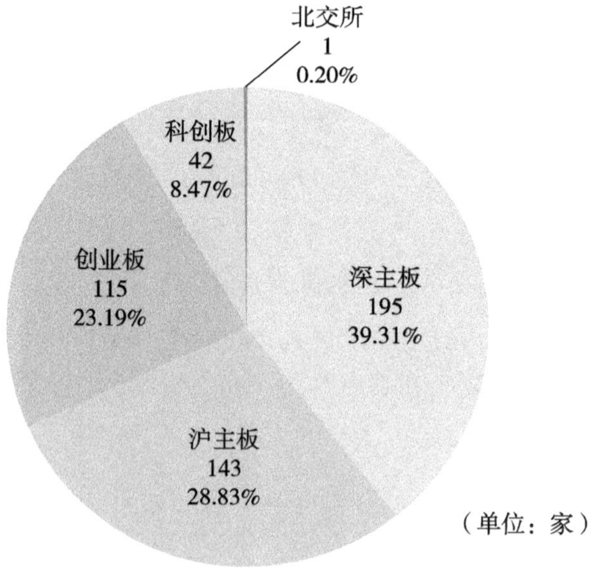

图 5-1　2019 年 12 月 31 日至 2022 年 3 月 31 日购买董责险的上市公司分布（板块分布）

目前，市场上擅长承保董责险的外资保险公司总部多设在上海，预计未来上交所上市公司购买董责险具备广阔的挖掘潜力。

从行业分布的情况来看，购买董责险排名前十的上市公司行业情况如表 5-1 所示。

表 5-1　目前购买董责险排名前十的上市公司行业情况

行业	家数	比例
计算机、通信和其他电子设备制造业	63	12.70%
软件和信息技术服务业	35	7.06%
专用设备制造业	33	6.65%
医药制造业	32	6.45%
化学原料和化学制品制造业	31	6.25%
电气机械和器材制造业	27	5.44%
通用设备制造业	25	5.04%
电力、热力生产和供应业	16	3.23%
房地产业	14	2.82%
互联网和相关服务	13	2.62%

投保董责险排名前三的行业分别为，计算机、通信和其他电子设备制造业，软件和信息技术服务业，专用设备制造业（即 TMT 行业，指科技、媒体和电信）。TMT 行业在各个国家的证券市场中都是投保率非常高的行业之一。

从地域分布情况来看，购买董责险排名前十的上市公司地域分布情况如表 5-2 所示。

表 5-2 目前购买董责险排名前十的上市公司地域分布情况

	所在地区	家数	比例
1	北京市	50	10.08%
2	深圳市	45	9.07%
3	上海市	31	6.25%
4	杭州市	26	5.24%
5	佛山市	23	4.64%
6	厦门市	18	3.63%
7	广州市	15	3.02%
8	苏州市	11	2.22%
9	宁波市	10	2.02%
10	绍兴市	9	1.81%
11	武汉市	9	1.81%

从表 5-2 中可以看到，北上广深的上市公司购买董责险的数量居于全国前列。购买董责险的公司中经济发达地区的上市公司占绝大多数，经济发达地区的上市公司在这方面的风险防护意识要远远高出全国其他地区的公司，当然也与各城市上市公司基数有一定关联。

从企业性质情况来看，购买董责险的上市公司情况如图 5-2 所示。

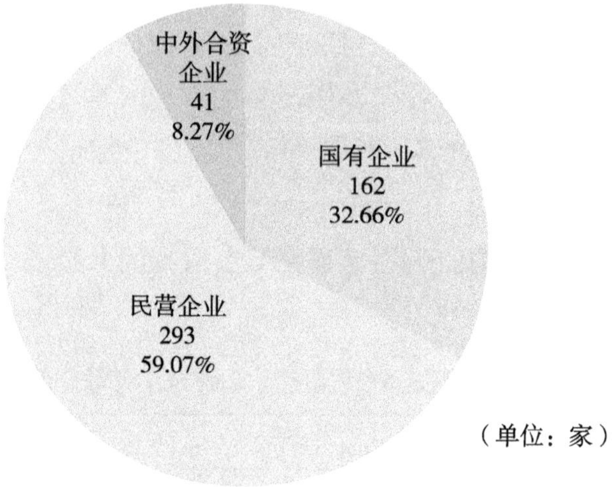

图 5-2　目前购买董责险的上市公司情况（企业性质）

从购买董责险公司的所有制结构来看，民营企业要多于国有企业，但国企与民企的经营决策模式存在明显差异，国企的违规情况也相对少于民企。

第五节　董责险的被保险人

一、被保险人种类

从披露的董责险条款来看，董责险的被保险人通常分为以下几类。

（一）上市公司及其子公司全体董监高。

（二）公司自身及下属子公司（保障仅限于证券赔偿请求或公司雇用行为责任）。

（三）董责险不记名涵盖所有负有监督或管理职责的雇员，如有特殊需求，也可进行特别约定列明被保险人，例如列明包括党委班子成员的情形。条款中可修订被保险人为“××股份有限公司和符合法律、法规或者公司章程规定的任职资格，并经合法程序选任或指派，在保险期间前或保险期间内担任被保险公司的董事、监事、高级管理人员（包括总经理、专职党委副书记、副总经理、财务总监、董事会秘书和公司章程规定的其他人员）以及雇用的自然人”。

（四）上市公司雇员（有监督或管理职责的所有雇员）通常扩展到退休董事、监事或高级管理人员，及保险期间内任命的未来的董事、监事或高级管理人员，即涵盖的被保险人范围包括过去、现在及保险期间任命的董监高，以及董监高的配偶、继承人等。

（五）也有明确列明涉及的海外企业。如某深主板上市公司G披露的董责险被保险人包括“以下11家公司的董监高：FH控股股份有限公司；ZGFH国际置业（美国）有限公司；FH广场有限公司；FH中心有限公司；FH夏威夷度假村有限公司；NYFH中心有限公司；TH投资（旧金山）有限公司；FH夏威夷度假天堂有限公司；FH夏威夷度假社区有限公司；ZF控股有限公司；88一街（旧金山）有限公司”。

二、保单可分性

以上市公司财务造假，被股民索赔为例，部分董事、高管并未参与造假活动，只是作为董事或高管身份在某些文件上签字，被股民一并起诉，并最终承担赔偿责任。在这种情况下，董监高因为过失承担连带责任，是可以获得理赔的。但是，对于有主观故意的董监高，则不予以理赔。

这点与行政处罚不同，在行政处罚中，通常监管机构不认可仅仅是未参与或者没有专业能力等原因作为免责申辩理由的；而在董责险的实务操作中，通常会对董监高的主观要件进行区分对待，在定性为故意违法的案件中，没有参与的董监高个人依然可以获得保障。

当然，以上分析是理论上的区分，由于A股市场上缺乏足够的赔付案例（大多数案例是因上市公司与保险公司签署了保密协议故不对外披露赔付情况），在真实赔付时，保险公司是否能够按照约定的故意和过失情形进行分别处理仍然存在疑问。若保险公司单纯以监管机构处罚作为赔付的依据，在目前的实践中将很可能导致故意和过失的董监高均无法获得董责险赔偿的情况。

第六节　保费、保额及费率情况

一、保费

董责险保费是保险公司通过多维度指标评估上市公司（如财务状况、经营状况、合规情况、国企还是民企、上市地、上市年限等）各种情况后给出的价格。

经统计，自 2019 年 12 月 31 日至 2022 年 3 月 31 日，从 442 家 A 股上市公司已披露的保费情况来看，保费金额分布情况如图 5-3 所示。

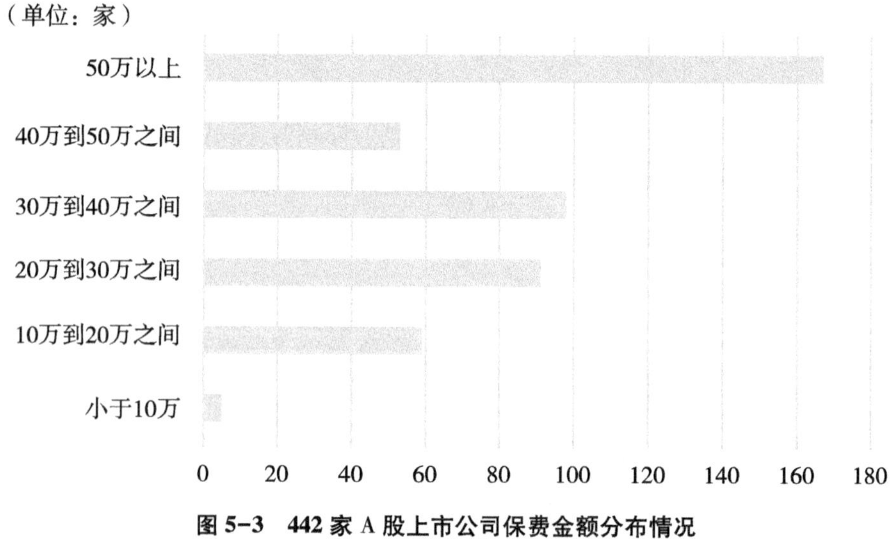

图 5-3　442 家 A 股上市公司保费金额分布情况

二、保额

通常来说，董责险的保额越高，保费也就越贵，但并不是保额越大越好。实践中，要结合公司财务状况、预算情况、同行业上市公司、同体量上市公司等方面，选择适当的保额。

经统计，自 2019 年 12 月 31 日至 2022 年 3 月 31 日，从 442 家 A 股上

市公司已披露的保额情况来看，保额金额分布情况如图 5-4 所示。

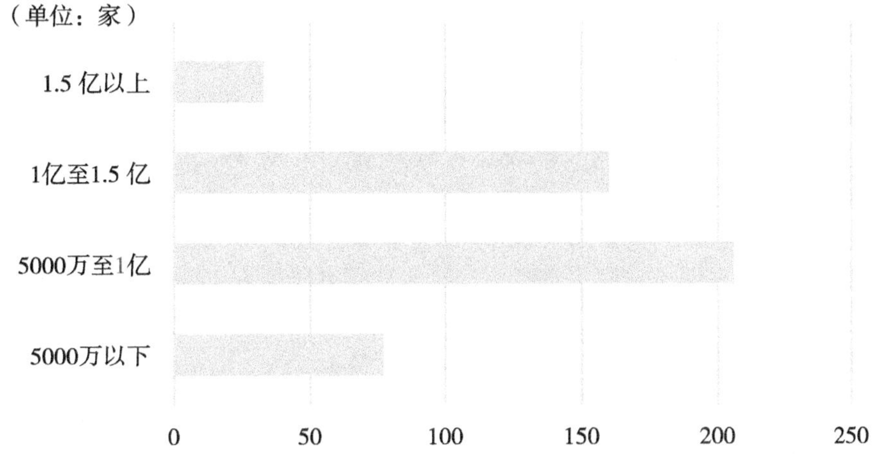

图 5-4　442 家 A 股上市公司保额金额分布情况

保额金额多数分布在 5 000 万至 1 亿元人民币，随着近两年证券民事诉讼的赔偿金飞速上涨以及新《证券法》和集体诉讼制度的出台，未来上市公司选择购买的保单限额也必然会逐步上升。

三、费率

保险人保险承保的过程，就是根据投保人的投保申请，了解、衡量和评估保险标的风险程度，根据该等风险程度，厘定保险费率，进而决定是否承保、用怎样的条件承保（确定保险责任范围和责任免除）的过程。一般来说，保险公司决定是否承保、用怎样的条件承保主要考虑以下几个方面。

一是被保险公司治理结构的质量。具体包括内部董事的选举权比重、内部董事的持股比例、外部股东的持股比重、独立董事的比重、总经理是否兼任董事长等内容和指标。

二是上市公司经营风险度和市场动态。具体包括总经理是否兼任董事长、企业的净资产利润率、总资产情况、公司信息披露程度、生产集中度，以及公司市值波动、媒体新闻、应急处理等内容和指标。

除了以上两方面的因素，独立董事的任职能力也是赔偿风险产生的主要影响因素之一，保险公司在承保时，也会适当衡量独立董事的个人任职能力，并在制定保险费率时将这一因素考虑进去。

经统计，自2019年12月31日至2022年3月31日，从442家A股上市公司已披露的情况来看，费率分布情况如图5-5所示。

（单位：家）

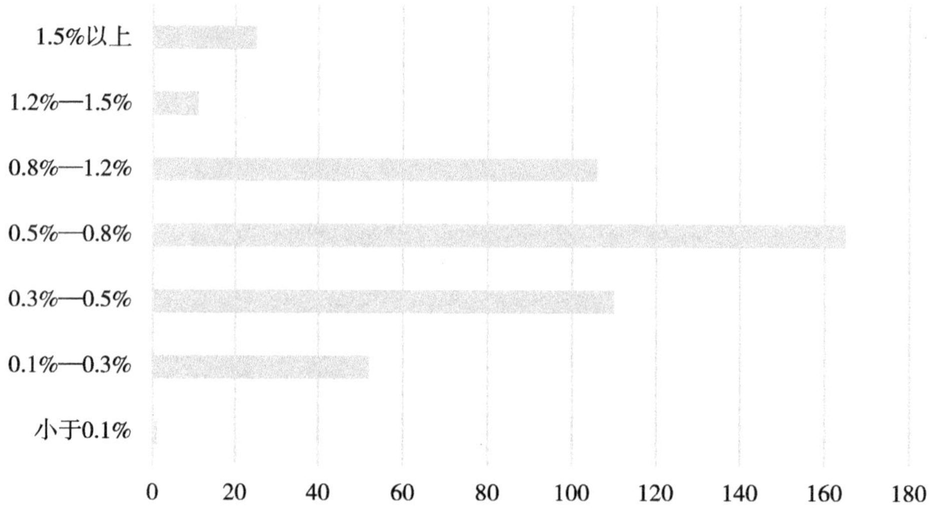

图5-5　442家A股上市公司费率分布情况①

目前，国内董责险费率远远低于国外。随着市场需求的增加及监管环境变化，董责险费率上涨必将是大概率事件。

各家保险公司的保险费计算公式受到各自核保政策的制约，不尽相同。以某中资财险公司的董责险保险费计算公式为例：保险费=每次事故赔偿限额×基准年费率×费率调整系数。其中，基准年费率为0.6%不变，费率调整系数共包括7项，总体费率调整系数由7个系数相乘得出。费率调整系数（各调整系数之间为连乘关系）如下所示。

① 以上费率属于新《证券法》尚未完全发挥威慑作用的情况统计，仅供参考。

1. 每次事故免赔率/免赔额调整系数

表 5-3 每次事故免赔率/免赔额调整系数

每次事故免赔率	调整系数
5%以下	0.95—1.00
5%—10%	0.90—0.95
10%—20%	0.80—0.90
20%—30%	0.70—0.80
30%以上	0.65—0.70

对于约定每次事故免赔额的，根据约定的每次事故免赔额的大小对年基准费率进行合理调整，调整区间不低于0.7。

2. 每次事故赔偿限额调整系数

表 5-4 每次事故赔偿限额调整系数

每次事故赔偿限额（元）	调整系数
(0，500万]	1.00
(500万，1000万]	0.90
(1000万，2000万]	0.80
(2000万，5000万]	0.70
>5000万	0.60

3. 被保险机构上市地点调整系数

表 5-5 被保险机构上市地点调整系数

被保险机构上市地点	调整系数
未上市	0.7
中国内地	1.0
中国香港	3.0
中国内地和中国香港同时上市	5.0
美国	10.0

若被保险机构未上市，则该项调整系数仅为0.7；但如果被保险机构在美国上市，则该项调整系数将上浮至10.0。

4. 被保险人分支机构数量调整系数

表5-6 被保险人分支机构数量调整系数

被保险人分支机构数量（个）	调整系数
(0，50]	0.6
(50，100]	0.8
(100，200]	1.0
>200	1.2

5. 董事、监事及高级管理人员人数调整系数

表5-7 董事、监事及高级管理人员人数调整系数

董事、监事及高级管理人员人数（人）	调整系数
(0，10]	0.6
(10，30]	0.75
(30，50]	0.9
(50，100]	1.0
>100	1.3

6. 被保险机构治理与内部控制情况调整系数

表5-8 被保险机构治理与内部控制情况调整系数

被保险机构治理与内部控制情况	调整系数
有健全完善的内部控制制度、应急预案、执行到位	0.5
有完整的内部控制制度、应急预案、执行情况良好	0.7
有基本的内部控制制度、应急预案、执行情况一般	1.0
有一定的内部控制制度、应急预案、执行情况较差	1.3
基本没有内部控制制度、应急预案	1.5

7. 赔付率调整系数：定期对该产品的赔付率情况进行监控，根据经验/预期赔付率情况进行及时的费率调整

表 5-9　赔付率调整系数

经验/预期赔付率	调整系数
(0%，20%]	(0.5，0.7]
(20%，50%]	(0.7，1.0]
(50%，70%]	(1.0，1.5]
>70%	(1.5，2.0]

基于市场变动频发，目前各保险公司都在定期调整保险费计算公式，从每季度到每月不定。

四、市场情况统计小结

从本报告统计的 2019 年 12 月至 2022 年 3 月的区间来看，上市公司董责险的保费、保额和费率情况如表 5-10 所示。

表 5-10　上市公司董责险的保费、保额和费率情况

	最高	最低	平均
保费（万元）	225	4.82	40.84
保额（万元）	75 000	1 000	7 627
费率（%）	2.50	0.09	0.64

第七节　保险保障内容

一、行政处罚不予赔付

中国银保监会 2020 年出台的《责任保险业务监管办法》第 6 条规定：“责任保险应当承保被保险人给第三者造成损害依法应负的赔偿责任。保

险公司应当准确把握责任保险定义，厘清相关概念及权利义务关系，严格界定保险责任，不得通过责任保险承保以下风险或损失：①被保险人故意制造事故导致的赔偿责任；②刑事罚金、行政罚款；③履约信用风险；④确定的损失；⑤投机风险；⑥银保监会规定的其他风险或损失。”

1. 具体保险条款案例一：某外资财险公司保险合同条款

损失指下列任何一项：

（1）被保险人由于赔偿请求依法应赔偿的任何金额，包括任何裁判的损害赔偿金（包括惩罚性和惩戒性的损害赔偿金）、裁判的费用或和解金（包括赔偿请求人的诉讼费用支出）、本保险合同承保的判决金额或裁决金额在判决前后产生的利息。

（2）被保险个人根据裁判应支付的民事和行政罚金和罚款，但前提是按照适用的相关司法管辖区域的法律本公司可以赔偿。

（3）抗辩费用、调查费用、监管危机事件费用、资产和人身自由抗辩费用、资产和人身自由费用、衍生索赔调查费用、资产和人身自由保全费用、引渡费用、纳税责任、纳税责任抗辩费用、保释保证金和民事保证金、紧急抗辩费用。

2. 具体保险条款案例二：某中资财险公司保险合同条款

损失包括任何罚金、罚款或违法所得，但若涉及依据中华人民共和国（不包括港澳台地区）以外的法律法规而判定的民事或行政罚款，则仅限于当地法律法规不允许（或视为不允许）保险人承保的。

二、保障内容

董责险的保障内容，主要分为以下三个方面。

（一）针对董监高的索赔，保障个人资产

董监高个人因履行职务时的不当行为，遭到第三方赔偿请求。保险公司保障（赔付）主要包括但不限于以下两项。

1. 个人需要赔偿的部分，或需要个人赔偿但公司已代付的部分。

2. 由于诉讼或是监管部门调查，产生的判决赔偿责任、和解金、律

师费、抗辩费用（即为了应对起诉而产生的相关费用）、调查费用（董监高个人出席针对被保险公司事务进行的调查而产生的费用）。

（二）证券类的针对上市公司的索赔，保障公司资产

当上市公司遭受证券赔偿请求而产生财务损失，保险公司主要保障（赔付）：上市公司应当承担的任何损害赔偿金、判决金额及和解金额、相关法律服务费用、危机公关费用等。

（三）雇用类的针对上市公司的索赔，保障公司资产

因公司不当雇用行为（如违反劳动法、歧视等）导致赔偿，引起的财务损失。

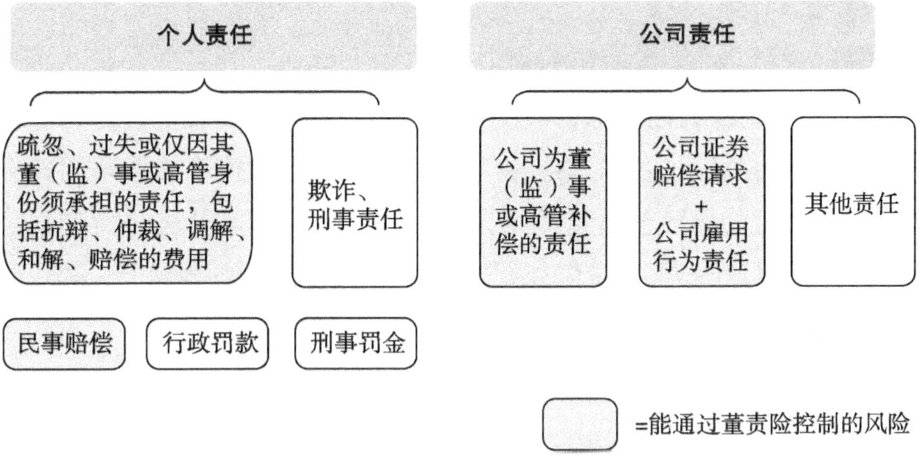

图 5-6 董责险保障内容

三、不同保险公司保障内容的差异情况

保障内容是保险合同最核心的部分，各家保险条款有一定的差异，主要集中在以下几点。

（一）预付费用期间

针对董监高的索赔，在调查及抗辩过程中产生的有关费用，保险公司进行预付。有的保险公司规定，在赔偿请求或调查得到最终解决之前，持

续预付相关法律服务费用。有的保险公司规定，将在赔偿请求得到最终解决前，持续地预付本保险合同承保的法律服务费用。

（二）预调查费用

主要是指被保险人（只限于自然人）为应对任何预调查，或是准备提交给行政机关的与预调查有关的书面通知或报告而产生的一些费用支出。有的保险公司有此条款，有的无此项规定。

（三）针对董监高个人超额责任限额

当保险合同赔偿限额、董监高责任保险的赔偿限额及能获得的其他补偿均用尽的情况下，投保人的每一位董事或监事均享有额外赔偿。有的保险公司保障额度比较高，有的则是明确赔偿限额用尽，保险合同终止。

（四）针对公司的证券类赔偿请求

最核心的是损害赔偿金、判决金额、和解金额以及抗辩费用。有的保险公司承保需公司承担的加重损害赔偿、惩罚性及惩戒性赔偿（法律允许的情况下）；有的保险公司还承保为配合和应对证券监管执法而产生的法律服务费用及行政和解金。但在我国，行政和解制度刚刚推行，其具体实践案例较少，对于一般企业而言很难适用行政和解制度。

（五）针对民事赔偿金和行政罚款

有的保险公司明确规定，罚款属于除外责任，不予赔付。有的保险公司规定，除非法律明确表示不允许承保的民事赔偿金或行政罚款，均可以承保。

（六）免赔额

免赔的额度，指由保险人和被保险人事先约定，损失额在规定数额之内，被保险人自行承担损失，保险人不负责赔偿的额度。因为免赔额能消除许多小额索赔，损失理赔费用就大为减少，从而可以降低保险公司的经营成本，同时降低被保险人要缴纳的保费。从董责险的视角来看，对于部分非主观过失导致的损失或者赔偿可以设定一定的免赔额，例如超比例增减持、短线交易误操作等情形，设定免赔额可以促进被保险人勤勉谨慎。

（七）退市发现期

近两年，退市已经成了“新常态”，假如在保险届满之前，发生了退市摘牌，那么之后虽然没有信息披露义务，但是很可能之前的事情依然引发新的民事索赔，所以保险公司一般会提供退市发现期的选择。

四、保障内容举例

举例：被中国证监会立案调查，董责险保单即启动。

（一）法律服务费用

在本阶段，董责险可以承担公司及个人为应对证监会的调查所经历的陈述、申辩、举证和听证过程所产生的法律服务费用，不必等到行政调查出结果之后再理赔，即“伴随赔付”。

相关法律服务费用通常包括，聘请外部律师所发生的法律咨询费、律师费；外部律师建议聘请或通过其聘请的外部专家或咨询机构提供评估、分析或处理建议等服务的服务费；任何向监管或司法机构提供信息、提交报告或其他文件的成本；若赔偿请求涉及上诉或反诉的，则包括相关诉讼费、仲裁费、调解费、保全费、执行费及诉讼保全保险的保险费。

“伴随赔付”的操作，决定了在现阶段，无论是故意还是过失，法律服务费用都可以得到理赔。

（二）危机管理费用

上市公司聘请危机管理公司或公关公司进行危机管理服务或舆情处理所产生的合理且必要的费用、成本或支出。

聘请专业的危机管理公司，可以避免公众在本次事件上的进一步聚焦和舆论发酵。

（三）后续可能发生的保险责任

如果被行政处罚，可以进行行政复议或行政诉讼。行政复议、行政诉讼阶段所产生的与法律服务费相关的保险可以进行理赔。

五、上市公司披露的保障内容案例（公告内容节选）

（一）某深主板上市公司 H

1. 公司的保障

（1）上市公司遭受的监管调查保障、民事索赔保障；

（2）上市公司遭受的行政和解、持股行权保障；

（3）上市公司因赔偿请求而发生的公关费用保障。

2. 董监高个人的保障

（1）董事、监事及高级管理人员遭受的监管调查保障、民事索赔保障；

（2）董事、监事及高级管理人员遭受的行政和解、持股行权保障；

（3）董事、监事及高级管理人员因赔偿请求而发生的公关费用保障。

……

（二）某深主板上市公司 I

……

（三）赔偿限额和免赔额

1. 每次事故及累计赔偿限额：不超过人民币 1 亿元

2. 分项责任限额（累计责任限额以内）

公司有价证券赔偿：同累计赔偿限额

公司不当雇用行为赔偿：800 万元

监管危机事件费用：100 万元

调查费用：800 万元

公关费用：100 万元

衍生索赔调查费用：100 万元

纳税责任：500 万元

3. 超赔责任限额（累计责任限额以外）

身体伤害或财产损失的抗辩费用：50 万元

环境破坏的抗辩费用：100 万元

个人超赔责任限额：100 万元

累计超赔责任限额：累计赔偿限额的 5%

4. 免赔额

公司有价证券赔偿所产生的损失：20 万元

不当雇用行为：10 万元

（四）保险费不超过人民币 353 000 元（一年）

……

（三）某深主板上市公司 J

……

（三）责任限额：每年 1 080 万元

人民币累计赔偿限额 1 080 万元，其中董事 9 人，累计赔偿限额 900 万元，每人责任限额 100 万元；监事 3 人，累计赔偿限额 180 万元，每人责任限额 60 万元。

（四）保险费总额：每年约 10 万元人民币（具体以与保险公司协商确定数额为准）。

……

第八节 免责条款

董责险最常见的免责条款有三项。

（一）主观故意违法行为引起的损失

如上市公司被认定财务造假导致的股民索赔（如民事赔偿金、相关法律费用），且上市公司或某董事高管存在“主观故意”进行财务造假，保险公司不予赔付。但启动该免责条款的前提是所谓“主观故意”已被不可撤销的终审判决进行了定性。

（二）投保前任何待决的或此前的诉讼或其他法律程序引起的损失

如上市公司在投保前已经存在一些诉讼，而起保后因为该诉讼而引发的索赔，都不属于保障范围内。

（三）已经发生的赔偿请求、可能导致赔偿请求的情形

如上市公司在起保前已经遭到股民索赔，或知悉可能发生索赔的情形而没有告知保险公司，则起保后这类损失都不在保障范围内。

第九节 索赔发生制

索赔发生制是董责险理赔的重要原则。根据索赔发生制，投保人在保险期间提出索赔，并不要求保险事故也发生在保险期间内。事故发生制和索赔发生制对被保险人来说各有利弊。事故发生制的优点在于承保任何发生在保单期限内的承保范围内的事故，而不论事故的发现及索赔的提出是在什么时候；缺点在于保单仅对保险期限内提出的索赔提供保障。如果该保单没有续保，发生在保险期限内但在期满日后提出的索赔就无法得到保障。以下通过两个案例进行说明。

（一）案例 A

被保险人 A 自 2017 年起投保产品责任保险，约定为索赔发生制保单。

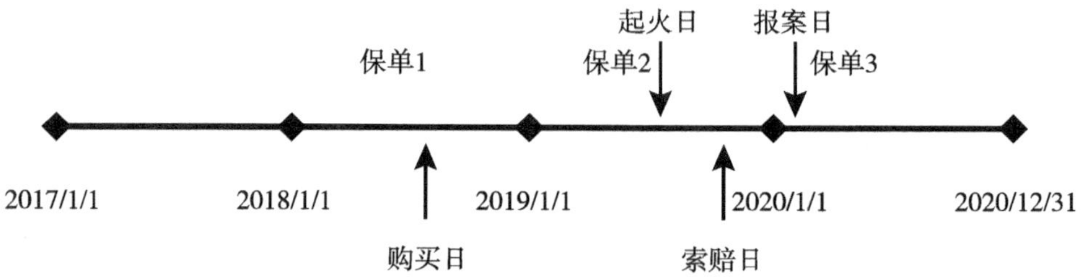

图 5-7 索赔发生制保单示意图 1

被保险人 A 在 2019 年 12 月 29 日收到来自第三方的索赔，称其 2018 年 7 月购买的产品于 2019 年 10 月某日在使用过程中发生起火事故，导致使用者受伤。经鉴定，属于产品质量问题，遂对 A 提出索赔。被保险人 A 收到索赔后，由于元旦节日因素，于 2020 年 1 月 4 日向保险公司报案。

根据索赔发生制的定义，以被保险人 A 收到索赔之日为准，因此是保单 2 负责该起理赔事件。

（二）案例 B

上市公司 A 连续为董监高投保了董责险。投资人甲在 2018 年发现公司 A 的高管在 2017 年一起履职行为中存在失职导致公司经营出现重大危机，遂于 2018 年 6 月向法院对 A 公司及其董监高提起诉讼。法院于 2018 年底判决 A 公司的董监高赔偿投资人甲的损失。投资人乙于 2019 年得知这一消息以后也就同一原因提出索赔的请求；投资人丙于 2020 年提出同样的索赔请求。

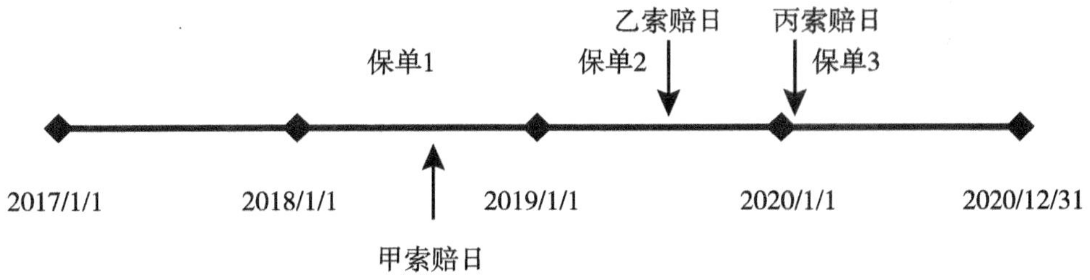

图 5-8　索赔发生制保单示意图 2

根据索赔发生制的原则，同一索赔事由的首次索赔所对应的保险期间是哪张保单，就应该由哪张保单负责。因此甲、乙、丙的索赔均由保单 1 理赔。

对于上市公司来说，证监会从调查到处罚有一至两年的时间差，处罚带有滞后性，基于诉讼成本和效果考虑，投资者往往选择在中国证监会作出行政处罚或经判断上市公司大概率会遭受行政处罚后再提起损害赔偿诉讼。例如，在投资者诉某沪主板上市公司 K 证券虚假陈述责任索赔案中，2017 年 2 月，该上市公司因在控股权转让过程中信息披露违法被中国证监会立案调查。2018 年 1 月，杭州中院受理最早的一批普通投资者诉该上市公司索赔案。2018 年 4 月，中国证监会作出行政处罚决定。

第十节　被保险人通知义务

保险事故的通知义务是被保险人的法定义务。《保险法》第 21 条第 1 款规定："投保人、被保险人或者受益人知道保险事故发生后，应当及时通知保险人。"对于董责险而言，保险公司可以参照国外保险业惯例，要求被保险人在合理的期间（30 日至 60 日不等）内发出索赔通知。

由于董责险为索赔发生制保单，投保人是否按照保单规定及时向保险人提出索赔，或报告已经注意到的可能导致索赔的情形是非常重要的。因此，在保单起保日前，投保人应该在内部进行充分核查，公司是否存在索赔诉讼或可能导致索赔的特定情形，公司董事及在保障范围内的高管人员是否存在保单中定义的"不当行为"而引发民事赔偿责任诉讼或可能引发民事赔偿要求的潜在情形。若有则应该及时向保险人进行披露。起保后，若有注意到任何以上所述的索赔或情形，也应该在保单期限内及时通知保险人。

被保险人的上述通知应当以书面形式作出。通知的事项应当是保险合同中明确指明的不正当行为，其内容应当包括不正当行为的性质，第三人索赔或潜在索赔的性质，索赔者或者潜在索赔者的姓名，被保险人首次意识到这样的索赔或情形的方式以及其他合理的信息。

第十一节　董责险购买与信息披露评级的关系

经本书统计，根据 2019 年 12 月 31 日至 2022 年 3 月 31 日的 442 家 A 股上市公司购买董责险公告，从已有信息披露评级的情况来看（部分新上市公司未纳入 2020 年信息披露考核中），购买董责险的上市公司分布情况如图 5-9 所示。

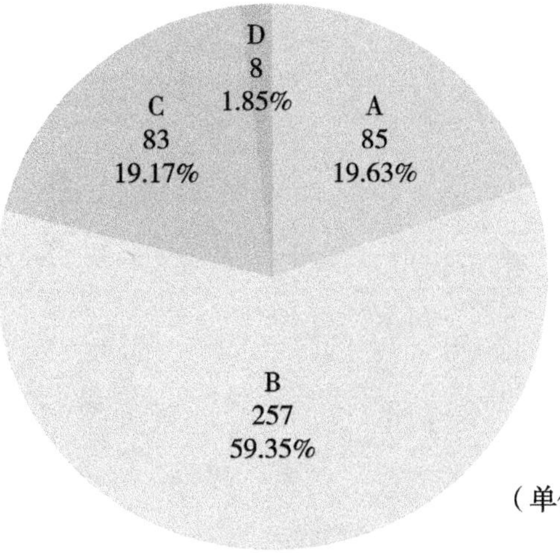

图 5-9　442 家 A 股上市公司购买董责险上市公司分布情况（信息披露评级）

根据沪深交易所信息披露评级体系来看，沪深两所对于信息披露考核各有规定，沪主板依据的是《上海证券交易所上市公司自律监管指引第 9 号——信息披露工作评价》（截至目前，科创板还未进行过信息披露评级），深交所依据的是《深圳证券交易所上市公司自律监管指引第 11 号——信息披露工作考核》。深交所在《深圳证券交易所上市公司自律监管指引第 11 号——信息披露工作考核》中明确规定："公司信息披露评级为 A 的家数占考核总家数的比例不超过 25%"，即上市公司信息披露考核结果以 B 为主。

经对比购买董责险的上市公司信息披露评级所占比例来看，信息披露考核为 C 等级的上市公司购买董责险的意愿更强烈。

表 5-11　不同信息披露评级的公司购买董责险的情况

信息披露评级	上交所主板公司购买董责险家数	信息披露评级情况	购买董责险公司占比
A	28	307	9. 12%
B	68	958	7. 10%
C	26	256	10. 16%
D	2	53	3. 77%

续表

信息披露评级	深交所公司购买董责险家数	信息披露评级情况	购买董责险公司占比
A	49	417	11.75%
B	164	1 529	10.73%
C	47	308	15.26%
D	6	96	6.25%

信息披露相关工作通常包括上市公司与信息披露相关的规范运作情况和上市公司控股股东、实际控制人及董事、监事、高级管理人员等相关主体的信息披露或规范运作情况。信息披露考核为C、D评级类的上市公司，董监高履职风险更大，购买董责险也是保证公司具有完善治理结构的手段之一。

第十二节　董责险购买与违规情况的分析

从违规情况统计来看，购买董责险的上市公司分布情况如图5-10所示。

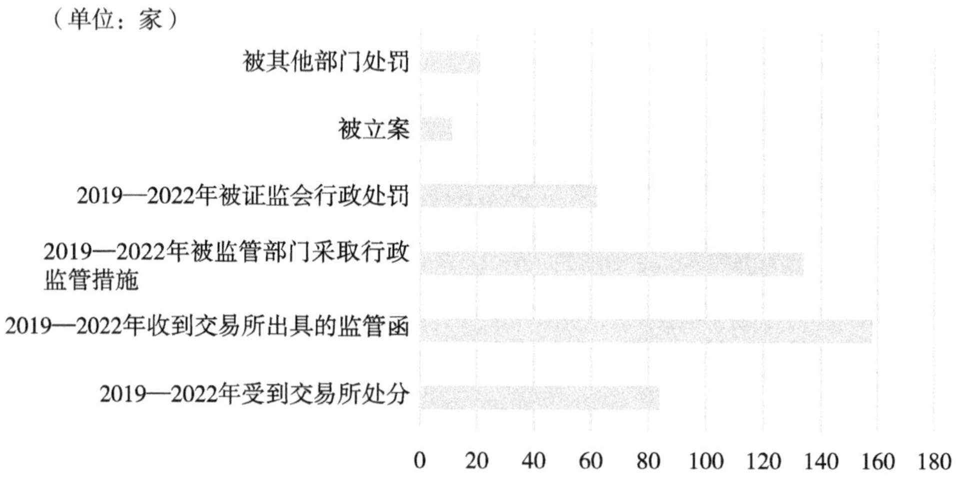

图5-10　购买董责险的上市公司分布情况（违规情况）

有232家购买董责险的上市公司未收到任何处罚及交易所纪律处分，证明大部分上市公司并不是在公司已经存在相应风险时才去购买董责险。

另外，保险条款也限定在没有太大的风险时投保，保障范围的性价比才会比较高。近几年，一些上市公司在受到监管调查之后才向保险公司投保的情况逐渐增多。不过，此时保险公司普遍会认为监管调查已经构成可能造成索赔的情形，属于已知诉讼，即保单除外事项。这也意味着，在受到监管调查后，上市公司无法再通过董责险有效地实现风险转移。

第十三节　境内董责险案例

（一）某沪主板上市公司L虚假陈述民事赔偿案

2009年1月7日，公司公告称，财政部驻湖南省财政监察专员办事处于2008年5月28日至8月22日，对公司2007年度会计信息质量进行了检查，对有关子、分公司进行了例行检查并延伸检查了以前相关年度及有关单位。其后，向公司送达了《行政处罚决定书》。财政部驻湖南省财政监察专员办事处《行政处罚决定书》认定，公司在会计基础工作方面、会计核算方面和执行国家财税政策方面存在违法行为，根据有关法律法规，对公司进行了行政处罚并要求公司补交各种税款。根据《证券法》与旧《虚假陈述规定》规定，因虚假陈述受到中国证监会、财政部等行政处罚且权益受损的投资者都可以向有管辖权的法院提起民事赔偿诉讼。

2011年11月中旬，公司公告，原告李某等17人以证券虚假陈述赔偿纠纷为案由，要求公司赔偿其投资差额损失、投资差额部分的佣金和印花税损失及利息损失，并承担本案的全部诉讼费用。经长沙市中级人民法院主持调解，两人撤诉，公司与李某等15名原告达成协议：公司向15名原告给予一次性补偿，承担本案的诉讼费用。该案中该上市公司合计支付近98万元。

2011年，在该上市公司民事赔偿诉讼案中，某外资财险公司迈出了董监高责任险个案理赔的第一步，向该上市公司理赔80万元。

（二）某沪主板上市公司M股票除权参考价误差补偿案

2014年6月12日，由于技术性失误，除权后开盘价应为7.95元的该上市公司，其除权开盘价显示为7.16元。随后，上海证券交易所发现问题，对公司股票临时停牌。当日，公司发布《关于6月12日除权事宜自查情况的公告》。6月15日，上海证券交易所与该公司公布《关于就股票除权参考价误差事宜补偿相关投资者的预案》，表示将对12日上午卖出该上市公司股票并实际成交的投资者，按正确的除权参考价7.95元与投资者实际卖出成交价格的差额计算金额给予补偿。

6月底，公司发布《提示性公告》，称经双方协商一致，本次补偿金由上海证券交易所和该上市公司各自承担50%。鉴于公司已投“董监事及高级管理人员责任保险”，目前公司正与保险公司积极协商中，将尽快落实保险理赔资金。

6月25日，补偿金通过中国结算上海分公司向会员和基金公司支付。中国结算上海分公司支付完成后，由券商依据支付明细，向投资者发放补偿金，并及时向其告知。6月27日，500多名投资者涉及的补偿金全部发放到账。单户获得补偿金最多的为50.85万元，最少的为0.75元。

2014年10月9日，公司公告称已将上述需公司承担的补偿金支付给交易所，鉴于公司已投“董监事及高级管理人员责任保险”，公司已于近日收到了某外资财险公司的保险理赔资金。

在该上市公司与保险公司缔结的《董监事及高级管理人员责任保险合同》中，该公司属于被保险公司，保险责任的内容包括被保险公司基于自身不当行为而产生的金钱补偿责任。因此，在除权参考价误差事宜发生后，公司基于保险合同产生了主张保险公司执行保险合同，履行保险义务，承担保险责任的请求权，并最终收取了保险理赔资金。该上市公司除权参考价误差及投资者补偿事宜作为上市公司董责险实践中的典型理赔案例，在很大程度上体现了董责险的一个重要功能——分散公司在经营管理过程中因非恶意的不当行为而引发的赔偿或补偿或其他费用支出的风险。

（三）某沪主板上市公司N信息披露违规拒赔案

根据上海市浦东新区人民法院（2017）沪0115民初39983号，“原告与被告某外资财险公司上海分公司责任保险合同纠纷一案”的民事判决书，2014年10月10日，原告与被告签订的《董监事及高级管理人员责任保险合同》保险期间为2014年9月11日00：00至2015年9月10日24：00，到期后原告与被告协商一致续保一个月，将保险合同延至2015年10月10日。

2015年2月13日，在上述保险合同的保险期间内，江苏证监局向原告发出了《调查通知书》，就原告涉嫌存在信息披露违法行为予以立案调查。原告收到通知后，通过其保险经纪公司告知被告上述立案调查相关事宜，并将《调查通知书》一并发送给被告。

2015年10月22日，江苏证监局作出行政处罚决定，针对原告等主体于2015年1月23日披露的《2014年度利润分配预案预披露公告》和《关于公司2014年利润分配及资本公积转增股本预案的提议》存在误导性陈述，违反了上市公司信息披露规则，对原告处以40万元的罚款。被告某外资财险公司上海分公司辩称，根据原告作出的《撤销理赔通知说明》，原告已撤销因涉嫌信息披露违法受江苏证监局调查的报案，免除被告就该报案相关损失的一切保险责任。原告虽然曾主张撤回《撤销理赔通知说明》，但双方未能达成一致，故其无权在本案中基于该报案向被告主张赔付保险金。

法院最后判决《撤销理赔通知说明》合法有效，该《撤销理赔通知说明》明确约定原告免除被告相关的保险赔偿责任，基于此，对原告提出的全部诉讼请求，法院不予支持。

第十四节　董责险合同条款示例

一、某中资财险公司 A

1. 附加外派董事、监事及高级管理人员责任保险条款

经被保险人申请，并补交保险费后，本保险单扩展承保以下责任。

对于被公司外派到其他公司的董事、监事及高级管理人员或被保险人在所属公司以外的任何组织兼任职务时，因过失行为所致的赔偿责任，保险人按照本保险条款规定负责赔偿。

赔偿限额：每次索赔赔偿限额和累计赔偿限额分别为本保险单明细表中列明的职业责任赔偿限额的30%。

免赔额：按本附加责任每次索赔赔偿金额的5%或500元计，两者以高者为准。

本附加险必须在投保董事、监事及高级管理人员职业责任保险的基础上，根据被保险人的需要另外加保。本条款与主险条款有不一致之处时，以本条款为准。本条款未规定之处，按主险条款办理。

2. 附加被保险人的继承人或法定代理人责任保险条款

经被保险人申请，并补交保险费后，本保险单扩展承保以下责任。

若被保险人死亡、丧失民事行为能力、丧失债务清偿能力或破产时，投资者（股东）对其继承人或法定代理人提出索赔，索赔原因是被保险人在执行职务过程中的过失行为引起的，保险人将该索赔视同投资者（股东）对被保险人提出的索赔，按照本保险条款规定负责赔偿。

赔偿限额：每次索赔赔偿限额和累计赔偿限额分别为本保险单明细表中列明的职业责任赔偿限额的30%。

免赔额：按本附加责任每次索赔赔偿金额的5%或500元计，两者以高者为准。

本附加险必须在投保董事、监事及高级管理人员职业责任保险的基础上，根据被保险人的需要另外加保。本条款与主险条款有不一致之处时，以本条款为准。本条款未规定之处，按主险条款办理。

……

二、某中资财险公司 B

董事、监事和高级管理人员责任保险附加险条款。

一、扩展类

（一）调查和监管程序法律费用扩展条款

兹经合同双方同意并约定，如果政府相关部门、监管机构、公诉人在本保险期间内向被保险个人提起调查、监管程序或罚款主张，且其首次提起该调查、监管程序或罚款主张的时间是在本保险期间内，则保险人负责在限额内赔偿被保险个人发生的、经保险人事先同意的合理必要的法律费用。如果该调查、监管程序或罚款主张涉及被保险个人的刑事责任，则保险人赔偿法律费用的前提条件是被保险个人最终被宣告无罪。

限额：人民币 500 万元。

本保险合同其他条款和条件不变。本附加条款与主条款内容相悖之处，以本附加条款为准；未尽之处，以主条款为准。

（二）污染索赔法律费用扩展条款

兹经合同双方同意并约定，如果第三方在本保险期间内向被保险个人提出与污染相关的索赔，且其首次提起该索赔的时间是在本保险期间内，则保险人负责在限额内赔偿被保险个人发生的、经保险人事先同意的合理必要的法律费用。如果该索赔涉及被保险个人的刑事责任，则保险人赔偿法律费用的前提条件是被保险个人最终被宣告无罪。

限额：人民币 500 万元。

本保险合同其他条款和条件不变。本附加条款与主条款内容相悖之处，以本附加条款为准；未尽之处，以主条款为准。

（三）证券相关主张法律费用扩展条款

兹经合同双方同意并约定，如果监管机构在本保险期间内向被保险公司提出与证券交易相关的罚款或罚金主张，且其首次提起该主张的时间是在本保险期间内，则保险人负责在限额内赔偿被保险公司发生的、经保险人事先同意的合理必要的法律费用。如果该主张涉及被保险公司的刑事责任，则保险人赔偿法律费用的前提条件是被保险公司最终被宣告无罪。

限额：人民币500万元。

本保险合同其他条款和条件不变。本附加条款与主条款内容相悖之处，以本附加条款为准；未尽之处，以主条款为准。

（四）损害名誉索赔扩展条款

兹经合同双方同意并约定，如果第三方以被保险个人在自追溯日起至保险期间终止日止的期间内以被保险个人的身份执行职务时损害了其名誉为由，在本保险期间内向被保险个人提出索赔，且其首次提出索赔的时间是在本保险期间内，对于依法应由被保险个人承担的赔偿责任，在被保险公司无义务或无能力向被保险个人作出赔偿时，保险人负责在被保险公司无法赔偿的范围内予以赔偿。

限额：人民币500万元。

本保险合同其他条款和条件不变。本附加条款与主条款内容相悖之处，以本附加条款为准；未尽之处，以主条款为准。

（五）法律允许承保的惩罚性赔偿扩展条款

兹经合同双方同意并约定，在法律允许承保的前提下，本保险合同扩展承保因发生主险保险事故（但不包括雇用索赔）导致的被保险个人、被保险公司依法应承担的惩罚性赔偿。

与此同时，“雇用索赔”的定义应增加包括索赔者声称因为行使其法定权利、拒绝违法、揭露或威胁揭露任何指称的违法行为，或根据相关检举法律法规向被保险公司提出要求而受到报复性对待的索赔。

本扩展条款不改变主险下的赔偿限额和免赔额。

本保险合同其他条款和条件不变。本附加条款与主条款内容相悖之处，以本附加条款为准；未尽之处，以主条款为准。

（六）污染派生诉讼扩展条款

兹经合同双方同意并约定，如果股东以被保险个人在自追溯日起至保险期间终止日止的期间内以被保险个人的身份执行职务时的导致污染损害的错误行为为由，在本保险期间内向被保险个人提出派生诉讼，且其首次提出诉讼的时间是在本保险期间内，则对于被保险个人的损失，在被保险公司无法向被保险个人作出赔偿时，保险人负责在被保险公司无法赔偿的范围内赔偿。

本扩展条款不改变主险下的赔偿限额和免赔额。

本保险合同其他条款和条件不变。本附加条款与主条款内容相悖之处，以本附加条款为准；未尽之处，以主条款为准。

（七）披露管理损失扩展条款

第一条 总则

本附加条款与主条款内容相悖之处，以本附加条款为准；未尽之处，以主条款为准。

第二条 保险责任

在保险期间内发生披露事件，因此导致被保险公司依法应承担的披露管理损失，保险人依据本保险合同的约定负责赔偿。

保险人不负责就在延长索赔通知期间发生的披露事件承担任何赔偿责任。

第三条 除外责任

本附加险项下，保险人对下列各项也不负责赔偿。

（一）在披露事件的书面通知首次送达保险人之前发生的或其后180天以后发生的披露管理损失。

（二）被保险公司的董事、主管、经理或雇员的工资、薪金、费用或福利，以及被保险公司内部或管理成本与费用。

第四条 赔偿限额和免赔额

保险人对本附加险保险责任范围内的损失的累计赔偿限额为人民币

100万元，且该限额在主险保险单明细表所载累计赔偿限额之内计算。不论在任何情况下，主险下的累计赔偿限额为保险人在本保险合同下最大赔偿责任。

本附加险承保的关于披露事件的损失无免赔额。

第五条 双方义务

被保险公司应于披露事件发生后立即书面通知保险人，其通知内容应包含对该披露事件的叙述及其发生或可能发生的原因。保险人与其员工、代理人应对上述通知内容保密，不得对外公开或使用，但保险人正常作业程序所需者不在此限。

上述书面通知并非主险条款第十六条、第十七条规定的向保险人请求赔偿损失的通知或可能导致赔偿请求情况的通知，除非该书面通知上明确指明。

一旦被保险公司根据前述第一款向保险人发出了通知，被保险公司发生本附加险承保的费用时就无须征得保险人的同意。

第六条 定义

披露顾问是指本附加险约定的公关公司、危机处理公司或法律事务所。

披露事件指公开发布下列情形的行为。

1. 千禧年问题：将对被保险公司的营运、业务、财务表现或财务情况产生重大或负面影响的实际或可能发生的千禧年问题。

2. 负面财务表现或预测：被保险公司的财务表现或预测与下述各项之一比较有重大负面差异的情形。

（1）被保险公司前一年相应期间的财务表现；

（2）被保险公司此前已公开的相同期间的财务预测；

（3）证券分析师此前已发布的相同期间的被保险公司财务预测。

3. 财务报表重编：被保险公司重编其已公开的财务报表。

4. 股息消除或停止支付：被保险公司所发行的股权证券定期应发股息消除或停止支付。

5. 不履行债务：被保险公司未能履行重大债务偿付或贷款契约义务。

6. 破产：针对被保险公司所进行的破产、接管、清算、监管或复权等程序，不论该等程序是否出于其自愿。

7. 大众伤害：一件或多件针对被保险公司提起的集体诉讼，主张被保险公司侵害该集体诉讼成员的身体、健康、生命或财产。

8. 知识产权诉讼：就被保险公司所有且对其主要产品或服务创造了利益的专利权、著作权、商标或服务标章专用权。

（1）任何人就前述各项的有效性和可实施性针对被保险公司提出的诉讼；

（2）被保险公司企图执行前述各项提出的起诉。

9. 政府程序：行政或监督机关对被保险公司开始进行的重大行政、民事或刑事程序。

10. 公开收购或敌意收购：被保险公司收到公开收购或敌意收购通知或开始对被保险公司进行公开收购或敌意收购。

11. 失去主要客户或供货商：被保险公司的主要客户或供货商终止或未履行其与被保险公司的业务的重大部分。

12. 产品回收：被保险公司重要产品的回收。

13. 生产延迟：发生下列情形之一。

（1）被保险公司现有的重要产品的生产发生未预见的中断；

（2）被保险公司重要新产品的研发或监管核准发生未预见的延迟。

14. 失去重要执行高管：被保险公司的董事长、首席执行官、总裁、首席财务官或被保险公司为其投保重要人员人寿险的其他人员有死亡、解任、离职，但不包括已计划的退休。

15. 劳动争议：发生下列情形之一。

（1）被保险公司过去、现在或将来的雇员提起的一个或多个集体诉讼或寻求集体证明的诉讼；

（2）涉及被保险公司的劳方罢工或雇主停工；

（3）被保险公司实行裁员超过员工总数的10%。

16. 资产核销：被保险公司进行重大资产核销。

17. 其他：经保险人同意而在本附加险列明的其他情况。

在本附加险项下，披露事件的发生时间应按下列时间之较早发生者确定。

（1）公开披露上述情形的实际发生之日；

（2）被保险公司的总裁、首席执行官、首席财务官或法律顾问首次认为上述情形极可能在接下来的90天内将被公开披露或必须被公开披露之日。

披露管理损失指披露顾问收取的下列合理必要的费用。

（1）披露顾问提供咨询服务的费用，咨询内容须有关被保险公司和被保险个人如何减少因披露事件产生的损失或责任；

（2）披露顾问管理向客户、供应商、投资者或公众公开发布披露事件的费用。

披露管理损失不包括被保险公司的董事、主管、经理或雇员的工资、薪金、费用或福利，以及被保险公司内部或管理成本与费用。

千禧年问题是指任何下列各项丧失其接收、读取、辨识、了解、解释、确认、区别、处理、沟通或以其他方式使用日期或时间数据或其他含有日期或时间数据的信息或符号之功能，且上述功能丧失纯粹系因为该等日期或时间是在公元一九九九年（含）以后年份之内所产生，包括但不限于与公元二千年或其后之闰年相关联之此等资料问题。

（1）硬件、软件、操作系统、网络、微处理器；

（2）其他计算机、数据处理或通信系统、设备或组件；

（3）与上述对象相连接的其他系统、设备或组件。

第七条　披露顾问名单

（八）延长索赔通知期条款

兹经合同双方同意并约定，在投保人缴纳附加保险费的前提下，本保险合同的索赔通知期延长至下列时间。被保险人在此期间向保险人报告的保险责任范围内的索赔，保险人视同在保险期间内已报告。

延长索赔通知期：自合同终止时起90天。

本保险合同其他条款和条件不变。本附加条款与主条款内容相悖之处，以本附加条款为准；未尽之处，以主条款为准。

（九）离职董事高管延长索赔通知期条款

兹经合同双方同意并约定，对于在保险期间届满前已不再担任被保险公司的董事、监事、经理、秘书长、高级管理人员或担任同等职位的被保险个人，如果本保险合同终止（但因投保人不支付保险费而终止除外）或不再续保，且本保险合同项下没有发生任何损失或索赔，前述被保险个人将获得下列延长的索赔通知期，被保险人在此期间向保险人报告的保险责任范围内的索赔，保险人视同在保险期间内已报告。

保险人承担赔偿责任的前提条件是上述被保险个人离职的原因不是不再具备担任董事或高级管理人员的资质，也不是发生了下列事件。

（1）被保险公司被其他人兼并或重组合并，使得被保险公司法人实体不再存在；

或（2）任何其他人或其他人的联合体一致行动，购买被保险公司50%以上（不包括50%）的股份或代表该数额表决权的股份。

离职董事高管延长索赔通知期：自合同终止时起84个月。

本保险合同其他条款和条件不变。本附加条款与主条款内容相悖之处，以本附加条款为准；未尽之处，以主条款为准。

（十）职业安全或健康索赔法律费用扩展条款

兹经合同双方同意并约定，本保险合同扩展承保由于被保险个人被声称的违反职业安全或健康相关法律的错误行为引起第三方向被保险个人提出索赔，或政府相关部门、监管机构、公诉人在本保险期间内向被保险个人提起的调查、监管程序或罚款主张，进而导致的法律费用，但前提条件是前述索赔、调查、程序的首次提出是在保险期间内向被保险个人提起，且对于索赔，被保险个人经法院最终判决、仲裁机构最终裁决或经第三方索赔者、被保险人和保险人协商最终不需承担赔偿责任；对于调查、程序，如果涉及被保险个人的刑事责任，被保险个人最终被宣告无罪。

本保险合同其他条款和条件不变。本附加条款与主条款内容相悖之处，以本附加条款为准；未尽之处，以主条款为准。

（十一）外兼董事责任扩展条款

兹经双方约定，且投保人缴纳了额外的保险费，保险人同意按以下条件扩展承保被保险个人中的____________（列明名字）同时为外兼董事时在相关机构以外兼董事身份执行职务的过程中因过错行为导致第三者遭受经济损失依法应承担的经济赔偿责任。

一、本扩展条款对于该相关机构并不提供主险条款第二条规定的公司补偿保险，而且对于该相关机构的其他董事、主管、受托人、管理人、主任秘书及其他担任类似职务的个人亦不提供第一条的董事及高级职员个人责任的保障。

二、本扩展条款以下述两项责任免除为前提

（一）投保单中列明的相关机构存在其他保险时，本保险仅对超过其他保险承保范围的部分，或超过相关机构对该外兼董事提供补偿的部分负赔偿责任。

（二）本扩展条款对下列针对该被保险个人的索赔不负赔偿责任。

1. 由被保险人、该相关机构，或该相关机构的其他董事、主管、受托人、管理人、主任秘书及其他提供类似职务的个人的一人或数人提出的索赔，但以下情形不在此限。

（1）由非被保险个人，亦非该相关机构的其他董事、主管、受托人、管理人、主任秘书及其他担任类似职务的个人的一人或数人，以该相关机构的名义所提出的衍生性索赔案件，且被保险人就该索赔未参与或提供协助。

（2）由在相关机构兼任董事职务之其他被保险个人或该相关机构的其他董事、主管、受托人、管理人、主任秘书及其他担任类似职务的个人的一人或数人，基于其下列行为而提出的索赔请求。

①实际或被指称的不当解雇；

②涉及解雇的诽谤；

③歧视；

④性骚扰。

（3）由在相关机构兼任董事职务之其他被保险个人或该相关机构的其他董事、主管、受托人、管理人、主任秘书及其他担任类似职务的个人的一人或数人，因本保险承保的损失案件向其提出责任分摊或损害补偿的索赔。

2. 由任何拥有该相关机构5%以上股份或董事选举权的个人或团体所提出的索赔案件。

3. 被保险个人在该职务终止后所为或企图在相关机构行使外兼董事职权时所为，或被指称或企图为不当行为的索赔案件。

三、定义

外兼董事指经被保险公司派遣或同意前往其他公司担任董事、主管、受托人、管理人、主任秘书或其他类似职务的一人或数人，该其他公司不是保险单中列明的被保险公司或其子公司。

相关机构指“外兼董事”定义中的其他公司。

本保险合同其他条款和条件不变。本附加条款与主条款内容相悖之处，以本附加条款为准；未尽之处，以主条款为准。

（十二）无过失诉讼费用扩展条款

兹经合同双方同意，被保险个人在以其被保险个人的身份履行职务的过程中，因被指称的单独或共同的过失行为导致第三者遭受经济损失而被起诉，经法院判决不应由被保险个人承担经济赔偿责任，被保险个人因此承担的合理的诉讼费用，保险人根据本附加险条款的规定在约定的限额内负赔偿责任。

保险人对每次事故承担的按本附加险条款和本附加险主险条款规定的赔偿金额之和不超过本附加险主险保险单明细表中列明的每次事故赔偿限额；在保险期间内，保险人承担的按本附加险条款和本附加险主险条款规定的赔偿金额之和不超过本附加险主险保险单明细表中列明的累计赔偿限额。

保险人只对本附加险主险保险单明细表中列明的每次事故免赔额以上的被保险个人的损失负责赔偿，免赔额以内的损失由被保险个人承担。

本保险合同其他条款和条件不变。本附加条款与主条款内容相悖之处，以本附加条款为准；未尽之处，以主条款为准。

……

二、规范类

……

（十三）自动承保保险期间新并购的子公司

兹经合同双方同意并约定，第十一条“被保险公司并购其他公司或设立子公司”的第（二）款全部删除并以下述条款取代。

（二）如果有下列情形之一。

……

不承担任何赔偿责任。

1. 上述被并购或被设立的公司在被并购或被设立当时的资产占被保险公司与该公司资产之和的______%或以上。

2. 上述被并购或被设立的公司在美国、加拿大或其管辖的地区内成立、经营业务、上市或发行有价证券，则被保险公司应自并购或设立之日起30日内书面通知保险人并提交有关文件。保险人有权根据风险状况加收保险费和设定其他承保条件，或依法解除保险合同。鉴于上述情形将导致保险人承担的保险责任的风险程度显著增加，对于因此导致的保险事故，如果被保险公司未履行本通知义务，或未按时缴纳加收的保险费，则自收购或设立之日起30日后，保险人不承担任何赔偿责任。

本保险合同其他条款和条件不变。本附加条款与主条款内容相悖之处，以本附加条款为准；未尽之处，以主条款为准。

（十四）损失赔付顺序条款

兹经合同双方同意并约定，如果发生本保险责任范围内的损失，且其金额超过剩余的赔偿限额额度（即保险合同约定的赔偿限额扣除已赔偿金额后剩余的部分），保险人将首先赔付主险条款第二章第三条第

（一）款下的损失，然后就剩余的赔偿限额部分，赔付其他保险责任下的损失。

本保险合同其他条款和条件不变。本附加条款与主条款内容相悖之处，以本附加条款为准；未尽之处，以主条款为准。

（十五）保费支付条款

兹经合同双方同意并约定，投保人同意若投保人于保险期间起始日起90日内尚未支付保险费，则本保险合同将于第90日的零点自动终止。投保人进一步同意，该终止无需进一步通知，然而，投保人仍有义务按日比例支付终止日前保险期间的保费。

本保险合同其他条款和条件不变。本附加条款与主条款内容相悖之处，以本附加条款为准；未尽之处，以主条款为准。

（十六）大股东定义修改条款

兹经合同双方同意并约定，“大股东”的定义修改如下。

“大股东指直接或持有或控制被保险公司25%或以上的股份或表决权的自然人或法人。”

本保险合同其他条款和条件不变。本附加条款与主条款内容相悖之处，以本附加条款为准；未尽之处，以主条款为准。

……

三、限制类

……

（十七）违反美国证券法除外条款

兹经合同双方同意并约定，本保险合同条款第八条——通用的除外责任第（二）款下增加以下除外责任条款：

“基于、起因于或由于任何实际或被指称的违反1933年美国证券法、1934年美国证券交易法、美国证券交易委员会根据此二法而制定的规则或规定，美国和加拿大的国家、联邦、州、领地、地方或省的证券法规及以其为根据而制定的规则或规定及以上所有法规其后的修订版而产生的索赔。”

本保险合同其他条款和条件不变。本附加条款与主条款内容相悖之处，以本附加条款为准；未尽之处，以主条款为准。

（十八）美国、加拿大发行证券除外条款

兹经合同双方同意并约定，本保险合同条款第八条——通用的除外责任第（二）款下增加以下除外责任条款。

“基于、起因于或由于在美国或加拿大、其境内证券交易所内公开或非公开招募、募集、销售、分销或发行股份所导致的索赔。无论被保险人是否有发行招股说明书或相类文件，此除外责任条款均适用。”

本保险合同其他条款和条件不变。本附加条款与主条款内容相悖之处，以本附加条款为准；未尽之处，以主条款为准。

……

第六章

新《证券法》实施后的未来展望

一、全面实施注册制

中国资本市场正迎来30年未有之大变局，变局的核心便是资本市场顶层制度改革——全面实施注册制。

资本市场设立的本质是服务于实体经济发展，但在此前的资本市场审批制与核准制下，大量国内优秀企业或因无法达到较高的上市标准，或因排队周期过长等原因，被迫选择港股或海外市场上市，从而造成国内投资者难以分享到这些企业成长带来的红利。在此背景下，资本市场全面注册制改革被提上日程。

科创板作为增量市场，率先开始了试点注册制。科创板自设立以来发展迅速，截至2021年12月31日，科创板上市企业达到377家，总市值为5.95万亿元，较2020年12月31日总市值3.49万亿元上升2.46万亿元。同时，2021年度，科创板总成交额累计达10.45万亿元，单只个股的平均成交额277.06亿元。低于同期上证主板、深证主板和创业板单只个股平均成交额，体现了科创板因交易门槛限制，成交额稍小的合理性。此外，上交所还推出了一系列政策对科创板上市规则进行完善，随着政策的落实，科创板率先与国外成熟市场“接轨”。科创板注册制改革具有“探路”的作用，目前科创板注册制运行平稳，并为其他板块注册制改革打下了良好的基础。

不同于科创板的增量市场改革，创业板属于存量市场改革。创业板在实现注册制改革前，市场涉及超过900多家上市公司以及4 600多万存量投资者，注册制改革需要充分考虑存量投资者的风险承受能力、交易习惯以及存量上市公司的监管规则。但在科创板的良好示范以及新《证券法》的推动下，创业板的注册制于2020年6月正式落地，注册制下首批18家企业也于同年8月24日上市。

同时，由于与科创板的定位不同，创业板在注册制改革时更加重视自身特色。例如，相比科创板，创业板在上市标准的设置上更加看重预期盈利能力，仅就市值超过人民币50亿元的一般盈利企业不设置盈利要求，但仍设置了近一年营业收入不低于人民币 3 亿元的限制。[①]

2021 年 4 月 6 日，深交所主板和中小板实现合并。此次合并整体优化了深交所板块结构，形成主板与创业板各有侧重、相互补充的发展格局。此外，中小板从 2004 年设立之初就带有明显的过渡性，其设立的初衷是为之后设立创业板积累经验。如今，创业板早已稳定运行多年，并已实现注册制改革，中小板的历史使命早已完成。而深交所主板和中小板实现合并后也将为主板市场实现全面注册制改革减轻阻力。[②]

2021 年 9 月 2 日，作为全国资本市场的第三家交易所——北交所宣布设立。时隔 75 天，同年 11 月 15 日，同样试点注册制的北交所正式开市，开市当天即迎来 81 家上市公司，发展初期市场已实现平稳运行。北交所试点注册制，建立了北交所审核与中国证监会注册各有侧重的审核流程，主要安排与注册制改革后的科创板、创业板总体保持一致。[③]

目前，中国资本市场在北交所、科创板、创业板注册制改革成功，以及深交所主板和中小板实现合并后，仅剩沪深主板市场未实现注册制改革。

与此同时，顶层政策再次明确了全面实施注册制的决心。2021 年 12 月 8 日至 10 日，中央经济工作会议对 2022 年经济工作进行七大政策部署，在第五点改革开放政策要激活发展动力中提出“全面实行股票发行注册制”。全市场实现注册制已势在必行。2022 年 1 月 17 日，中国证监会召开 2022 年系统工作会议，表示“以全面实行股票发行注册制为主线，深入推进资本市场改革”。2022 年 1 月 28 日，中国证监会公布 2022 年度立法工作计划，对全年的立法工作做了总体部署。具体而言，中国证监会拟制定、修改的规章类立法项目合计 13 件，其中，列入力争年内出台的重点项目 4 件，列入需要抓紧研究、择机出台的项目 7 件。就落实中央经济

① 参见张奥平、孟竹青：《2021 年中小板注册制改革将实现落地》，新浪财经百家号，https://baijiahao.baidu.com/s?id=1690459036376966829&wfr=spider&for=pc，最后访问日期 2022 年 3 月 1 日。

② 参见《深交所主板与中小板合并 4 月 6 日正式实施》，深圳证券交易所微信公众号，最后访问日期 2021 年 3 月 31 日。

③ 参见《北交所速度！从宣布设立到正式开市，仅隔 74 天》，北京日报百家号，https://baijiahao.baidu.com/s?id=1716222563721307010&wfr=spider&for=pc，最后访问日期 2022 年 3 月 1 日。

工作会议关于全面实行股票发行注册制的决策部署方面，中国证监会表示，将制定《首次公开发行股票注册管理办法》《上市公司证券发行注册管理办法》等规章。

因此，资本市场全面注册制有望结合此前科创板、创业板、北交所试点注册制经验，以加强信息披露和全面监管为核心，在今年稳步推进。主要可能包括以下四个领域：其一，在上市发行审核方面，可能包括各主体功能定位转换、交易所上市委、咨询委的职能调整、发行信息披露、注册流程改革等。对于主板的注册制改革，可能要更为重点关注再融资、重大资产重组领域的制度建设。其二，在发行与承销方面，可能涉及发行定价方式市场化改革、中介职能责任转换等。其三，在交易机制方面，可能涵盖稳定涨跌幅、融资融券、停牌机制等。另外，其他板块的投资者适当性管理方式也值得关注。其四，在持续监管方面，可能涉及公司治理、股东减持、股权激励、退市机制等方面的完善。①

二、倒逼上市公司高质量发展

此次新《证券法》从证券发行制度、股票发行注册制改革、大幅度提高证券违法成本、强化投资者保护、强化信息披露等方面进行了全面完善，护航资本市场高质量发展。

《公司法（修订草案）》和新《证券法》明确突出了“关键少数”的行政责任和民事责任，《刑法修正案（十一）》则加大了对“关键少数”的刑事追责力度。通过行政处罚、民事赔偿和刑事惩戒的立体化追责体系，完善了对上市公司“关键少数”违法违规行为的法律责任认定和惩罚机制。

2019 年 5 月 11 日，中国证监会主席在中国上市公司协会 2019 年年会暨第二届理事会第七次会议上发表了讲话。中国证监会主席对上市公司“关键少数”提出了明确要求，“违法违规行为损害市场信心，也最终伤

---

① 参见《全面注册制研究系列（一）：蓝图初探》，中金点睛，https：//finance. eastmoney. com/a/202201242257896424. html，最后访问日期 2022 年 3 月 2 日。

害企业自身发展，得不偿失。希望大股东和上市公司董监高坚持以法律法规为准绳，认真学习遵守《证券法》《公司法》和《刑法》等法律法规，切实做到敬畏法治、尊法学法、守法用法、诚信合规”。

切实提高上市公司质量并非一日之功，我国已在此方面做了多年的政策努力。2004年1月31日，《国务院关于推进资本市场改革开放和稳定发展的若干意见》（以下简称“国九条”）发布，首次明确了“股权分置问题”的政策目标。提出要进一步提高上市公司质量，推进上市公司规范运作。2005年10月19日，《国务院批转证监会关于提高上市公司质量意见的通知》出台，进一步要求推动“国九条”的落地，并针对六大方面提出26款要求。2014年5月9日，《进一步促进资本市场健康发展的若干意见》（以下简称新“国九条”）提出要积极稳妥推进股票发行注册制改革，构建符合我国实际并有利于投资者保护的退市制度，建立健全市场化、多元化退市指标体系。2019年11月11日，中国证监会印发《推动提高上市公司质量行动计划》，提出将采取一系列措施，用三年至五年时间提高上市公司质量。2020年10月9日，国务院印发《国务院关于进一步提高上市公司质量的意见》（以下简称《意见》），从加快完善社会主义市场经济体制、建设现代化经济体系、实现经济高质量发展的高度，明确了提高上市公司质量的总体要求，从提高上市公司治理水平等六个方面，对提高上市公司质量作出了系统性、有针对性的部署安排，是今后一段时期推动上市公司高质量发展的纲领性文件，该文件的具体要求如下。

其一，提高上市公司治理水平，包括规范公司内部治理和提升信息披露质量。其二，推动上市公司做优做强，包括支持优质企业上市、促进市场化并购重组、完善上市公司融资制度、健全激励约束机制。其三，健全上市公司退出机制，包括严格退市监管和拓宽多元化退出渠道。其四，解决上市公司突出问题，包括积极稳妥化解上市公司股票质押风险、严肃处置资金占用和违规担保问题、强化应对重大突发事件政策支持。其五，提高上市公司及其相关主体违法违规成本，包括加大执法力度和推动增加法治供给。其六，形成上市公司质量的工作合力，包括持续提升监管效能、强化上市公司主体责任、督促中介机构归位尽责、凝聚各方合力。

2020 年 10 月 12 日，国务院新闻办公室举行国务院政策例行吹风会，对《意见》出台的背景做了简要介绍。党中央、国务院高度重视提高上市公司质量，习近平总书记在中央经济工作会议上指出，资本市场在金融运行中具有牵一发而动全身的作用，要通过深化改革，打造一个规范、透明、开放、有活力、有韧性的资本市场，提高上市公司质量。此后，习近平总书记又对提高上市公司质量多次作出重要指示批示。这次国务院发布《意见》，对提高上市公司质量作出全面系统、有针对性的部署安排，是今后一段时期推动上市公司整体质量提升的指导性文件，对于促进资本市场的稳定健康发展，更好服务实体经济高质量发展具有重要意义。上市公司是资本市场的基石，在国民经济中占据重要地位。同时，目前上市公司质量和发展水平与建设现代化经济体系、实现经济高质量发展的要求之间还存在一定差距。此外，新冠肺炎疫情对部分上市公司生产经营造成一定影响，上市公司发展也面临新考验。可以说，此次国务院发布《意见》也是新形势新任务的必然要求。

2020 年 11 月 3 日，上交所制定了《推动提高沪市上市公司质量三年行动计划》，明确了交易所开展工作的具体时间表、路线图。力争通过三年左右时间，在沪市形成一大批体现高质量发展要求的上市公司群体，相关要求主要包括以下几点。其一，规范公司治理。抓住“关键少数”行为，增强公司实际控制人、董监高诚信和责任意识。规范上市公司“三会”运行，充分发挥股东大会作用，强化公司内控机制。推动完善股权激励、员工持股制度。其二，提高信息披露质量。修订完善以《股票上市规则》为核心的信息披露自律规则体系。引导上市公司主动发布投资者决策有用信息，减少冗余信息。其三，抓好制度建设。深入推进科创板建设和注册制改革，推动全面实行股票发行注册制，从源头把好上市公司质量关。严格退市监管，持续推进退市制度改革。其四，监管主责主业。落实“管少管精才能管好”要求，开展分类监管，制定分类监管业务规则。盯住风险公司、重点事项，严肃处理财务造假、资金占用、违规担保等重大违规。坚持分类处置，持续推进上市公司质押风险化解，守住不发生系统性风险底线。其五，深化公司服务。大力推广业绩说明会，定期召开同行业公司座谈会，引导发挥市场机构作用，优化市场生态，凝聚各方合力。

2020年12月10日，中国证监会发布《关于开展上市公司治理专项行动的公告》（证监会公告〔2020〕69号），指出此次专项行动拟通过强化公司治理内生动力、完善公司治理制度规则、构建公司治理良好生态等方式，进一步健全各司其职、各负其责、协调运作、有效制衡的上市公司治理结构，夯实上市公司高质量发展的基础。

当前，在资本市场全面推进注册制改革的过程中，上市公司质量的提升是改革过程中的必然要求，而“关键少数”作为提升上市公司质量和完善公司治理的“带头人”责任重大。只有上市公司的“关键少数”守规尽责，企业才能行稳致远，改革才能坚定前行。

三、退市常态化

长久以来，在中国资本市场，退市制度基本没有发挥出应有的功能作用，近30年真正被退市的公司不到80家，在实行注册制改革前，年均退市仅不到3家。而从全球主要资本市场整体退市规模来看，退市企业数量多于IPO企业数量。2007年至2018年10月，全球退市公司数量累计达到21 280家，全球IPO数量累计达到16 299家，退市规模大于IPO规模。再看同样运行注册制且相对成熟的美股市场，其是全球股票市值规模最大的资本市场，同时也是全球退市规模最大的资本市场。WRDS（沃顿研究数据中心）数据显示，1980年至2017年，美股上市公司数量累计达到26 505家，退市公司达到14 183家，退市公司数量占到全部上市公司的54%，其中，纽交所退市3 752家，纳斯达克退市10 431家；剔除6 898家存续状态不明的公司后，退市公司数量占到剩余19 607家上市公司的

72%。[①] 研究公司 Finbold 数据显示，在 2020 年至 2021 年间，共 179 家公司从纽交所和纳斯达克退市。[②]

反观中国资本市场，长久以来，因退市制度不完善，许多丧失经营能力的公司还能继续挂在 A 股市场，保留所谓的“壳价值”。进入注册制时代后，资本市场的监管制度与退市机制更为完善。让丧失资本与商业价值的“垃圾股”出清，让上市公司不敢造假，保证资本市场的良性生态。从近两年数据来看，退市企业数量与退市率也在逐渐提升，2019 年和 2020 年被退市的上市公司分别为 9 家和 16 家。随着 2020 年 12 月 31 日退市新规的落地，“史上最严”退市制度被应用到 A 股市场的所有板块。财务类、交易类、规范类、重大违法类四套退市指标，将坚决淘汰丧失持续经营能力或严重财务造假的不良上市企业。[③]

2021 年，A 股市场共 20 家公司退市（具体见本书第一章第二节“退市情况的统计”）。在退市新规下，＊ST 宜生、＊ST 成城先后触发交易类退市指标，连续 20 个交易日的每日收盘价均低于人民币 1 元，被上交所决定为终止上市后，直接进行退市，成为首批在退市新规下不经历退市整理期直接被退市的企业。此外，重大违法强制退市也在加速“落地”。由此可见，建立常态化退市机制已经上升为中国资本市场的顶层设计，监管层正以巨大决心推动其加速落地。

四、《虚假陈述规定》首次大修[④]

旧《虚假陈述规定》沿用至今已近二十载，对指导虚假陈述纠纷案件的审判工作发挥了重要作用。随着证券市场的发展、审判经验的积累、理论研究的深入，司法实践也迫切需要司法解释对现实需求作出回应。在

---

①③　参见张奥平：《2022，资本市场十大展望》，正和岛网易号，https://www.163.com/dy/article/GSG308OS0519A8F3.html，最后访问日期 2022 年 3 月 5 日。

②　Over 170 companies delisted from major US stock exchanges in a year, says report, ARAB News, https://www.arabnews.com/node/1982486/business-economy.，最后访问日期 2022 年 3 月 5 日。

④　参见李怡漩等：《新证券虚假陈述司法解释修订要点解读》，泰和泰律师微信公众号，最后访问日期 2022 年 3 月 5 日。

此背景下，最高院对上述司法解释进行了修订，并于2022年1月21日颁布新《虚假陈述规定》，现将其中重要的修订内容简述如下。

（一）明确废止民事诉讼的前置程序

旧《虚假陈述规定》第6条规定，投资人提起虚假陈述证券民事赔偿诉讼，需要提交行政处罚决定或者公告，或者人民法院的刑事裁判文书。该条款的立法背景为弥补当时的投资者作为原告的举证困难的不利处境，法官对证券虚假诉讼的实践经验不足等问题，在规定实施的多年间，对于减轻投资者的举证责任、防止滥诉等方面有积极的作用。但随着证券市场的发展及诉讼的实践经验增加和制度的不断完善，前置程序对原告诉权的限制的这一弊端也随之逐渐显现。

新《虚假陈述规定》彻底废除了证券虚假陈述案件的前置程序，有力保护了投资者诉权。根据新《虚假陈述规定》第2条规定，原告提交信息披露义务人实施虚假陈述的相关证据，人民法院即应当受理。不再需要提供有关机关的行政处罚决定或者人民法院的刑事裁判文书，也无需根据《关于证券纠纷代表人诉讼若干问题的规定》提交行政处罚决定、刑事裁判文书、被告自认材料、交易所纪律处分或自律监管措施等作为初步证据。前置程序的取消是对原告诉权限制的释放，同时也对投资者的举证能力提出了更高的要求。

同时，为解决前述所言投资者举证困难以及人民法院与证券监管部门统一裁量标准等问题，最高院和中国证监会发布《关于适用〈最高人民法院关于审理证券市场虚假陈述侵权民事赔偿案件的若干规定〉有关问题的通知》，明确规定法院与证券监管部门的协同处理。法院应当在受理案件后向中国证监会通报，且行政调查程序并不必然影响民事案件的审理。同时明确规定了法院可以依法向中国证监会调查收集有关证据，可以就诉争虚假陈述行为的违规情况、对证券交易价格的影响以及损失计算等专业问题征求中国证监会、证券交易场所、投资者保护机构等单位的意见，此举可切实解决在前置程序废止后，投资者可能存在的举证难问题。

由于新旧司法解释在诉讼时效方面的规定发生了明显变化，为避免出现投资者因未及时主张权利而无法得到救济的情况，充分保护投资者的诉讼权利和合法民事权利，最高院于 2022 年 1 月 29 日发布《最高人民法院关于证券市场虚假陈述侵权民事赔偿案件诉讼时效衔接适用相关问题的通知》。在新《虚假陈述规定》实施前国务院证券监督管理机构、国务院授权的部门及有关主管部门已经作出行政处罚决定的证券市场虚假陈述侵权民事赔偿案件，诉讼时效仍按照旧《虚假陈述规定》第 5 条的规定计算。在新《虚假陈述规定》实施前国务院证券监督管理机构、国务院授权的部门及有关主管部门已经对虚假陈述进行立案调查，但尚未作出处罚决定的证券市场虚假陈述侵权民事赔偿案件，自立案调查日至新《虚假陈述规定》实施之日已经超过 3 年，或者按照揭露日或更正日起算至新《虚假陈述规定》实施之日诉讼时效期间已经届满或不足 6 个月的，从新《虚假陈述规定》实施之日起诉讼时效继续计算 6 个月。

（二）明确虚假陈述侵权行为的认定标准

相较于之前，新《虚假陈述规定》明确规定了三种典型的虚假陈述侵权行为，分别为“虚假记载”“误导性陈述”“重大遗漏”，并对三类侵权行为的内涵作出了解释，同时将未按规定披露信息的内容进一步细化区分为虚假陈述、内幕交易和损害股东利益三类情形。

（三）具化“重大性”的判断标准，被告可进行相应抗辩

前置程序取消后，由于不再具有行政处罚决定或者人民法院的刑事裁判文书作为初步性证据依据，法院对虚假陈述内容具有“重大性”的判断标准将会变得更加重要。虚假陈述的内容属于《证券法》、监管部门制定的规章和规范性文件要求披露的“重大事件”，或者虚假陈述的实施、揭露或者更正对于证券交易价格或交易量有明显影响的，都可认定其具有重大性。如虚假陈述内容属于“重大事件”，但如果有证据证明虚假陈述并未导致相关证券交易价格或者交易量明显变化的，应当认定其不具有重大性。也即“重大性”的认定标准可以简要理解为“重大事项+价格显著变化”。规定同时指出，如被告能够证明虚假陈述不具有重大性，并以此

抗辩不应当承担民事责任的，法院应当支持。对这一抗辩理由的肯定，使被告因虚假陈述侵权行为产生的侵权责任认定，不再是行政性处罚或刑事处罚后的附带性确认，而是回归到因民事侵权行为导致的侵权责任范畴。

（四）完善因果关系的认定

证券虚假陈述侵权的因果关系，理论上包括交易因果关系和损失因果关系。交易因果关系是指原告进行证券交易与信赖虚假陈述有关，认定交易因果关系是否成立即是对该侵权行为能否导致原告受有损失的判断。如原告并非因信赖交易而发生投资损失，则不能认定为证券交易方构成虚假陈述侵权行为。损失因果关系是指被告需要对因虚假陈述行为导致的损失负责，除虚假陈述以外的其他原因所导致的损失，不属于被告承担虚假陈述侵权责任的范围。

此前在旧《虚假陈述规定》中，并未明确区分交易因果关系和损失因果关系，被告如以交易因果关系作为抗辩理由，并无可依据的裁判依据。而在本次修订的新《虚假陈述规定》中，明确提出了这一概念，并严格区分了交易因果关系和损失因果关系，将有利于更科学地裁判。

同时，新《虚假陈述规定》确定系统风险和非系统风险等因素导致的损失不属于因虚假陈述导致的损失，不具备损失因果关系，如造成投资者损失，应当予以扣除。该条规定对虚假陈述责任范围做了更具体细化的区分，更符合侵权责任的法理和构成要件。

（五）增加了对诱空型虚假陈述的规制

新《虚假陈述规定》明确将诱空情形纳入规制范围，并制定了损失赔偿认定规则。对于诱空型虚假陈述的规定，新《虚假陈述规定》规定，投资者在实施日至揭露日期间卖出股票的，推定其投资决策与诱空型虚假陈述行为具备交易因果关系。另外，新《虚假陈述规定》规定，诱空型损失的计算方式以投资者在基准日前是否买回股票为计算的区分标准，在实施日之后、揭露日或更正日之前卖出，在揭露日或更正日之后、基准日之前买回的股票，其投资损失为（买回股票平均价格-卖出股票平均价格）×买回的股票数量。对于在实施日之后、揭露日或更正日之前卖出，基准日之前未买回的证券，其投资损失为（基准价格-卖出股票平均价格）×未买回的股票数量。本次修订提出的“诱空型”损失计算方式，为各方提供了有效的计算参考指引，有利于司法效率提高。

（六）构建“预测性信息安全港”，鼓励积极、合法披露预测性信息

“预测性信息安全港”规则，是指为鼓励发行人和上市公司披露预测信息，限制预测性信息的虚假陈述民事责任范围，避免投资人滥诉。新《虚假陈述规定》首次提出了“预测性信息安全港”规则，明确规定预测性信息与实际经营情况存在重大差异的，不能当然认定为虚假陈述。

新《虚假陈述规定》规定，存在以下情形的预测性信息构成虚假陈述：一是信息披露文件未对影响该预测实现的重要因素进行充分风险提示的，二是预测性信息所依据的基本假设、选用的会计政策等编制基础明显不合理的，三是预测性信息所依据的前提发生重大变化时，未及时履行更正义务的。本次新增的“预测性信息安全港”规则，为发行人和上市公司积极适当披露预测信息提供了保障。

（七）细化“三日”的认定规则

“三日”包括实施日、揭露日和基准日。实施日、揭露日是为确定案件的索赔时间区间，投资者的交易在其区间范围内的，推定交易因果关系成立。基准日是为确定证券价格受虚假陈述信息影响的区间范围。前述“三日”区间，在法律实践中，也是法院判断案件信息的重要因素。对于新《虚假陈述规定》对“三日”区间的判断规则修订如下。

就实施日而言，确认规则包括发行人以公开渠道信息披露（即在证券交易场所的网站或符合监管机构规定条件的媒体上发布公告及新闻媒体采访发布）的方式实施虚假陈述情形下的实施日确认规则，以及虚假陈述信息在交易日收市后发布情况下的实施日确认规则。

就揭露日而言，新《虚假陈述规定》首先对于揭露日的界定为“权威媒体首次公开+市场知悉”，并以市场对信息反应情况作为认定投资者

是否知悉该虚假陈述的判断标准。其次，扩大了揭露途径，增加监管部门网站、交易场所网站、主要门户网站和行业知名的自媒体。再次，明确了虚假陈述呈连续状态以及独立状态下的揭露日确认规则。最后，规定当事人可以提出反证。

就基准日而言，新《虚假陈述规定》以换手率与固定日相结合的方式规定了基准日确定规则，将基准日限定在揭露日后 10 个交易日至 30 个交易日期间，缩短了揭露日至基准日的时间区间，避免因区间长度不适当而导致基准价“失真”。

（八）调整责任认定规则，完善责任主体和过错责任原则

新《虚假陈述规定》对归责原则、免责抗辩事由及共同侵权责任的相关内容作出了调整，主要如下。

扩大虚假陈述责任主体。新《虚假陈述规定》规定责任主体范围包括信息披露义务人及其董监高和其他直接责任人员、承销保荐机构及其直接责任人员、证券服务机构、发行人的控股股东和实际控制人、重大资产重组的交易对方及其他帮助造假者等。

完善过错责任认定规则。新《虚假陈述规定》规定了信息披露义务人的董监高及其他直接责任人员、证券服务机构、独立董事、承销保荐机构以及会计师事务所的过错认定依据。

（九）完善地域管辖规则

新《虚假陈述规定》第 3 条规定，无论投资者是否起诉发行人，均以发行人住所地确定地域管辖，废止了旧《虚假陈述规定》的复杂管辖规则，简化了管辖规则的适用难度。此举可促进法院“同案同判”，提高诉讼效率，并方便法院厘定赔偿范围，避免投资者超额受偿。

（十）变更诉讼时效起算点，保护集体诉讼缺席投资者的时效利益

由于前置程序废止，诉讼时效规定作出了相应更改。根据新《虚假陈述规定》第 32 条规定，诉讼时效以揭露日或更正日为起算点。揭露日与更正日不一致的，以在先的为准。

另外，新《虚假陈述规定》第33条规定，集体诉讼中缺席投资者的时效规定。在诉讼时效期间内，部分投资者向人民法院提起人数不确定的普通代表人诉讼的，人民法院应当认定该起诉行为对所有具有同类诉讼请求的权利人发生时效中断的效果。在普通代表人诉讼中，未向人民法院登记权利的投资者，其诉讼时效自权利登记期间届满后重新开始计算。投资者向人民法院登记权利后申请撤回权利登记的，其诉讼时效自撤回权利登记之次日重新开始计算。投资者保护机构依照《证券法》第九十五条第三款的规定作为代表人参加诉讼后，投资者声明退出诉讼的，其诉讼时效自声明退出之次日起重新开始计算。

五、《公司法》和《证券法》的联动修订

《公司法》与《证券法》为母法与子法的关系。《证券法》是《公司法》的特别法。《公司法》和《证券法》的联动修订为各界的基本共识。为提振投资信心，推动资本市场健康发展，全国人大常委会2005年10月27日同时修订了《公司法》与《证券法》。但全国人大常委会2013年10月30日公布的《十二届全国人大常委会立法规划》虽纳入《证券法》修订项目，却未提及《公司法》修订。

值得欣慰的是，为落实2013年11月12日通过党的十八届三中全会有关“推进工商注册制度便利化”的决策部署，2013年12月28日修正的《公司法》对公司登记制度特别是资本制度进行了大幅自由化改革。为放松股份回购制度，2018年10月26日《公司法》再度修正。

为追赶《公司法》修改步伐，《证券法》先后于2014年8月31日和2019年12月28日分别进行了修正和修订。新《证券法》在六处提及《公司法》，并在第二条重申了公司法的一般法地位：“在中华人民共和国境内，股票、公司债券、存托凭证和国务院依法认定的其他证券的发行和交易，适用本法；本法未规定的，适用《中华人民共和国公司法》和其

他法律、行政法规的规定。”①

2021年12月24日，经第十三届全国人大常委会第三十二次会议审议的《公司法（修订草案）》正式向社会公开征求意见。修订草案共15章260条，在现行《公司法》13章218条的基础上，实质新增和修订70条左右。主要修订内容包括坚持党对国有企业的领导，完善国家出资公司特别规定，完善公司设立、退出制度，优化公司组织机构设置，完善公司资本制度，强化控股股东和经营管理人员的责任、加强公司社会责任等7个方面。

六、证券期货行政执法当事人承诺制度的建立

2021年11月29日，国务院正式发布《证券期货行政执法当事人承诺制度实施办法》（国务院令第749号）（以下简称《办法》），自2022年1月1日起施行。据悉，经国务院批准，2015年中国证监会开始在证券期货领域开展行政和解试点，并印发了《行政和解试点实施办法》。此后，中国证监会采用行政和解方式处理了一些疑难复杂案件，对及时赔偿投资者损失、提高行政执法效能、尽快恢复市场秩序发挥了积极作用，获得市场总体认可。新《证券法》第171条对证券领域行政执法当事人承诺制度作了原则规定，并要求国务院制定具体办法。

2022年1月1日，中国证监会发布了《证券期货行政执法当事人承诺制度实施规定》（以下简称《规定》）。《规定》未分章节，共23条，在新《证券法》《办法》的基础上，主要细化规定了办理程序、承诺金的管理使用等内容。同时，中国证监会、财政部联合发布了《证券期货行政执法当事人承诺金管理办法》，其结合上位法和实践需要进行修改完善，将“和解金”相关表述调整为“承诺金”，并删除了相关定义条款。根据实践中出现的具体情况对承诺金的管理方式进行了完善。同时，加强投资者保护，鼓励当事人积极赔付投资者，为当事人自行赔付投资者预留了制度

① 刘俊海：《新〈公司法〉的设计理念与框架建议》，载《法学杂志》2021年第2期，第1—20页。

空间。

中国证监会表示，下一步将及时回应解决证券期货行政执法当事人承诺制度执行中出现的新情况、新问题，依法保护投资者合法权益，维护公开、公平、公正的资本市场秩序，促进资本市场平稳健康发展。

后　记

2020年是中国资本市场发展的30周年，同时迎来了修订后的新《证券法》的实施。两年来，新法的实践给资本市场的参与主体带来了发展机遇，也对违法违规主体形成了巨大的威慑，为了加深对新法实施的理解，我和我的团队一直希望围绕证券监管和上市公司开展系列研究，回顾新法实施的核心问题和里程碑事件，为上市公司和各方参与主体答疑解惑。《强责任时代》这本著作正是团队系列专题研究的成果合辑，这本书能够顺利出版，离不开团队小伙伴们的笔耕不辍，更离不开每一位支持本书出版的师友的关心和帮助，在此我们再一次深深鞠躬，以表谢意。

首先，我要感谢金祥慧、董胜堂两位搭档，我们三个“80后”自组建团队以来，共同切磋、互相配合，亲密无间地协作，一步步形成了属于我们自己的专业团队和服务特色，这本新书的出版正是我们以专业为依托、打造精品化服务的阶段性成果。景海蓉、黄捷、方荣杰三位“90后”，对待工作专业负责、严谨认真，在繁忙的业务工作之余，承担了大量的研究任务。景海蓉参与了本书主要章节的资料收集和写作，黄捷、方荣杰协助完成了全书最后的统稿和校对出版工作。2022年，团队成员已经完成了30篇原创研究推文，主讲了20多场学术讲座，完成了中国证监会上市部、中国上市公司协会等部门委托的专题研究，在核心期刊以及《新财富》等杂志发表多篇有影响力的文章，坚持成为律所中的“研值”担当。

其次，在团队发展以及本书结集出版的过程中，我们也得到了众多领导、师友的关心和支持，使我们的积累和学习能付梓印刷。特别感谢浙江天册总所创始人章靖忠主任为本书作序推荐，对我国资本市场未来的发展提出了宝贵建议。感谢冯果、冷静、刘燕、李有星、汤欣、朱慈蕴、张巍、张子学等专家学者的倾情推荐，他们对证券法和资本市场法律相关问题的研究是我们学习和进步的重要资源，在此对他们表达由衷的感谢！感谢浙江天册深圳分所曾浩波、文道军、康健、崔茜、韩云涵等律师同人对我们的帮助，感谢杨翊城、刘珂豪两位新人小伙伴的携手共进。特别感谢监管部门、交易所、上市公司的各位领导、老师和同事多年来的培养、支持和鼓励。

最后，我们要感谢中国法制出版社编辑部赵宏主任，赵宏老师已策划了多本具有市场影响力的资本市场实务著作，当我将本书出版的目录和计划提交给赵老师后，出版社用最快的速度确认了出版计划。感谢中国法制出版社陈晓冉编辑对本书尽心的审校，以及对专业术语、语言文字和出版事宜提出的宝贵建议。

“希望是一样好东西”（Hope is a good thing），带领团队成员不断学习、总结、写作，直至能够出版，是我对“希望”最好的一个诠释，不断地求真求知就是我们对未来、对生活的“希望”。

在此，将这部作品献给每一位关心关爱我们的亲人好友。

曾 斌

2022 年 6 月于天册深圳律师事务所

图书在版编目（CIP）数据

强责任时代：新证券法时代的上市公司监管与治理／曾斌，金祥慧著．—北京：中国法制出版社，2022.8（2023.12重印）
ISBN 978-7-5216-2751-0

Ⅰ.①强… Ⅱ.①曾… ②金… Ⅲ.①上市公司-监督管理-研究-中国 Ⅳ.①F279.246

中国版本图书馆 CIP 数据核字（2022）第115061号

策划编辑：赵　宏　　责任编辑：陈晓冉　　封面设计：周黎明

强责任时代：新证券法时代的上市公司监管与治理

QIANG ZEREN SHIDAI：XIN ZHENGQUANFA SHIDAI DE SHANGSHI GONGSI JIANGUAN YU ZHILI

著者／曾斌　金祥慧
经销／新华书店
印刷／北京虎彩文化传播有限公司
开本／710毫米×1000毫米　16开　　印张／22　字数／260千
版次／2022年8月第1版　　2023年12月第3次印刷

中国法制出版社出版
书号 ISBN 978-7-5216-2751-0　　定价：79.00元

北京市西城区西便门西里甲16号西便门办公区
邮政编码：100053　　传真：010-63141600
网址：http：//www.zgfzs.com　　编辑部电话：010-63141835
市场营销部电话：010-63141612　　印务部电话：010-63141606

（如有印装质量问题，请与本社印务部联系。）